全国老年服务与管理类专业
规划教材

NATIONAL PLANNED TEXTBOOK
FOR ELDERLY SERVICE AND
MANAGEMENT

老年社会工作实务

Social Work Practice for the Elderly

U0960229

主　编　唐娇华　史金玉
Chief Editor　Tang Jiaohua　Shi Jinyu

副主编　罗　雁　张梦林　曾树群
Deputy Editor　Luo Yan　Zhang Menglin　Zeng Shuqun

天津大学出版社
TIANJIN UNIVERSITY PRESS

内容提要

本书立足于老年社会工作岗位设置，以一名社会工作者新人的视角将学生从老年社会工作服务准备的知识学习，逐步带人具体的服务场景训练中。具体而言，本书项目一和项目二旨在帮助学生储备在老年社会工作中所需的知识；项目三和项目四则聚焦于常见的社区和养老机构两大具体服务场景，重点介绍老年社会工作在具体场景中的应用，让学生可以把所学知识与具体的实践场景进行有效结合。

本书既可以作为高等职业院校、中等职业学校老年服务与管理类专业以及老年社会工作、民政服务与管理等专业人才培养使用的教材；也可以作为各类养老服务机构、社区养老服务中心、企事业单位离退休工作办公室、干部休养所、老年大学等老年教育培训机构的培训或教学用书，为一线老年服务人员提供技术流程参考；还可以作为从事养老敬老相关工作的老年服务从业人员的职业技能培训用书。

图书在版编目（CIP）数据

老年社会工作实务：汉文、英文/唐娇华，史金玉主编；罗雁，张梦林，曾树群副主编. —天津：天津大学出版社，2023.7

全国老年服务与管理类专业规划教材

ISBN 978-7-5618-7519-3

Ⅰ. ①老… Ⅱ. ①唐… ②史… ③罗… ④张… ⑤曾… Ⅲ. ①老年人-社会工作-高等职业教育-教材-汉、英 Ⅳ. ①C913.6

中国国家版本馆 CIP 数据核字（2023）第 114504 号

LAONIAN SHEHUI GONGZUO SHIWU

出版发行 天津大学出版社
地　　址 天津市卫津路 92 号天津大学内（邮编：300072）
电　　话 发行部：022-27403647
网　　址 www.tjupress.com.cn
印　　刷 北京盛通数码印刷有限公司
经　　销 全国各地新华书店
开　　本 787 mm×1092 mm 1/16
印　　张 22.5
字　　数 524 千
版　　次 2023 年 7 月第 1 版
印　　次 2023 年 7 月第 1 次
定　　价 90.00 元

前 言

Preface

随着社会的发展和人口老龄化的加剧，老年社会工作备受关注。老年人作为社会的一支重要力量，他们的生活和福祉也越来越成为社会关注的焦点。老年社会工作的开展，可以为老年人提供必要的支持和服务，帮助他们应对生活中的各种问题和困难，提高他们的生活质量，增强他们的幸福感，同时也可以促进他们为社会创造更多的价值。老年社会工作的意义和重要性体现在以下几个方面。首先，随着社会保障体系的不断完善，老年人的福利和权益得到了更好的保障。老年社会工作的开展，可以帮助老年人更好地享受社会福利，提高老年人的生活质量。其次，老年人是一个家庭的重要组成部分，帮助老年人更好地参与社会生活，发挥他们的作用和价值，可以体现社会的责任和担当，促进家庭和谐。最后，老年社会工作对老年人、社会和国家都具有重要的意义，它能够帮助老年人享受更好的生活，为社会创造更多的价值，维护社会的公平正义，实现社会的和谐进步。

作为社会工作者，我们深知老年社会工作的重要性。老年群体是社会中最需要关爱和帮助的群体之一，而老年社会工作则是为了保障老年人的基本权益，增强老年人的幸福感，同时为社会创造更多的价值。本书参考和借鉴了国内外相关文献和实践经验，注重实践经验的分享和案例的分析讲解，旨在帮助读者更好地了解老年人的需求和特点，掌握老年社会工作的原则和方法，提高广大社会工作者的实践能力和综合素质。

本书引入项目化的教学理念，采取“项目引导，教、学、做一体化”的原则，以任务为主线，通过详细的工作任务，将理论知识与实践操作相结合。

本书由唐娇华、史金玉担任主编，罗雁、张梦林、曾树群担任副主编。田建军参与本书编写。具体分工如下：项目一由唐娇华和史金玉编写，项目二由罗雁和史金玉编写，项目三由曾树群和田建军编写，项目四由张梦林和唐娇华编写。唐娇华、史金玉负责统稿。其中，唐娇华、史金玉、罗雁、曾树群和张梦林来自重庆城市管理职业学院；田建军来自重庆市儿童福利院。

编者力求为学生提供一本既有理论指导，又有实践应用的教材，同时也希望能为关注老年群体的读者提供一本专业书籍。在本书编的写过程中，重庆市第一社会福利院范英和李光雪提出了许多宝贵的意见和建议，在此致以衷心的感谢。此外，还要感谢重庆城市管理职业学院民政与社会治理学院周良才院长、李飞虎副院长的帮助。由于编者水平有限，书中不足之处，敬请读者批评指正。

编　者

2023 年 1 月

Preface

With the development of society and the intensification of population aging, social work for the elderly has become a field of concern. The elderly, as an important force in society, are increasingly becoming the focus of social attention in terms of their lives and well-being. The provision of necessary support and services to the elderly through elderly social work can help them cope with various issues and challenges in their lives, improve their quality of life, enhance their sense of happiness, and also promote their ability to create greater value for society. The significance and importance of social work for the elderly are reflected in the following aspects. First of all, with the continuous improvement of the social security system, the welfare and rights of the elderly have been better protected. The development of social work for the elderly can help the elderly to better enjoy social security benefits and improve the quality of life of the elderly. Secondly, the elderly are an important part of a family. Helping them to better engage in social life and contribute their roles and values not only reflects social responsibility and commitment but also promotes family harmony. Finally, social work for the elderly is of great significance to the elderly, society and the country. It can help the elderly to get a better life, create greater value for society, uphold social fairness and justice, and achieve social harmony and progress.

As social workers, we are well aware of the importance of social work for the elderly. The elderly population is one of the groups most in need of care and help in the society, and the social work for the elderly aims at protecting their basic rights, improving their welfare and well-being, while also creating greater value for society. This book refers to the relevant literature and practical experience both domestically and internationally, pays attention to the sharing of practical experience and the explanation of case analysis. It aims to help readers better understand the needs and characteristics of the elderly, master the principles and methods of social work for the elderly, and improve the practical ability and comprehensive quality of social workers and service workers for the elderly.

The compilation of this book introduces a project-based teaching approach, adopts the principle of "project guidance, integrated teaching, learning, and doing", with tasks as the main line. It combines theoretical knowledge with practical operations through detailed work tasks. This book is chief edited by Tang Jiaohua and Shi Jinyu, deputy edited by Luoyan, Zhang Menglin, and Zeng Shuqun. Tian Jianjun participated in the writing of this book. The writing division of this book is as follows: Item Ⅰ was written by Tang Jiaohua and Shi Jinyu, Item Ⅱ was written by Luo Yan and Shi Jinyu, Item Ⅲ was written by Zeng Shuqun and Tian Jianjun, Item Ⅳ was written by Zhang Menglin and Tang Jiaohua. This book is compiled by Tang Jiaohua and Shi Jinyu. Tang Jiaohua, Shi Jinyu, Luo Yan, Zeng Shuqun, and Zhang Menglin all come from Chongqing City Management College; Tian Jianjun comes from Chongqing Children's Home.

The editors strive to provide a textbook with both theoretical guidance and practical application, and also hope to provide a professional book for readers who are interested in the elderly population. During the process of topic selection, writing and editing, we would like to extend our heartfelt gratitude to Fan Ying and Li Guangxue from The First Social Welfare Home of Chongqing for their valuable opinions and suggestions. We would also like to express our gratitude to Dean Zhou Liangcai and Vice Dean Li Feihu from the School of Civil Affairs and Social Governance of Chongqing City Management College for their assistance. Due to the limited expertise of editors and the deficiencies in the book, we kindly request readers to offer criticisms and suggestions for any shortcomings in this book.

Editors

January 2023

目　录 Contents

Contents

项目一
老年社会工作的服务准备

项目信息

任务名称

老年社会工作的服务准备。

任务目的

1. 了解老年社会工作的基础知识。
2. 了解老年社会工作的基本要素。
3. 了解老年社会工作的常见情景。
4. 了解老年社会工作的常见方法。

任务分解

任务一：掌握老年社会工作的基础知识。
任务二：认识老年社会工作的服务对象。
任务三：做好老年社会工作的服务准备。

任务一　掌握老年社会工作的基础知识

掌握老年社会工作的基础知识有利于帮助学习者更好地理解和把握老年社会工作的宗旨、目标、需求和服务方式等，是社会工作者提供有效服务的关键。

工作步骤

了解老年社会工作的基础知识

↓

熟悉老年社会工作的目标及作用

↓

掌握老年社会工作的内容及特点

活动内容

阅读案例，并帮助案例中的小林解答所遇到的问题：老年社会工作的内涵是什么？老年社会工作的服务内容包括哪些？

情景导入

小林是刚入职的社会工作者，她目前就职于一家养老服务机构。初来乍到，小林显得手足无措，对工作环境不熟悉，不知道如何将课堂所学的知识运用到具体的服务中，这让她对如何为老年人提供社会工作服务产生了极大的困惑。为了让小林更好地熟悉工作环境，帮助她更好地适应工作岗位，您认为小林需要做哪些准备？

思考与讨论

当你进入老年社会工作岗位时，你需要做哪些准备？

第一步　了解老年社会工作的基础知识

一、社会工作概述

社会工作是一个世界性的概念，既是一个专门的职业领域，也是一种职业的、专业化的助人活动，还是一门学科。

社会工作是一种为适应近现代工业社会的需要而发展起来的职业，它产生于英国、美国等西方发达国家，并逐渐扩散到其他国家。社会工作起源于一些有使命感的人士看到了社会不平等现象，并以志愿行动为弱势或贫穷群体提供服务，协助他们解决遇到的问题。随着时间的推移，社会工作逐渐专业化。社会工作者开始采用社会科学的研究方法了解弱势群体所遇到的困难，从而找到有助于解决问题的社会政策和社会实践方法，并逐渐发展出社会工作的专业知识及技能。因此，社会工作通常被认为是以利他主义价值观为指导，以科学知识为基础，运用科学的方法助人的职业化的服务活动。这一定义包含以下四个方面的内容。

第一，社会工作是以帮助他人（服务对象）为目的的活动。人们的行动有利己和利他之分。社会工作以帮助有困难、有需要的人为出发点，其动机是利他的而非利己的，尽管社会工作者通过提供服务也会得到社会所认可的报酬。

第二，社会工作是以科学知识为基础的活动。社会工作要解决的问题十分复杂，需要以多种科学知识为基础。

第三，社会工作有一套科学的助人方法。面对复杂的需要解决的问题，要有科学、系统的方法。这些方法是人们在助人实践中积累起来并得到实践检验的。

第四，社会工作是职业化的助人服务活动。社会工作是帮助人，特别是帮助在社会生活中陷入困境的人的活动。这种服务活动是职业化的，是一种社会分工。

社会工作是一种职业，本身包含完整的知识结构与职业道德体系。从事社会工作的人通常被称为社会工作者。与其他专业人士（如医生、护士、律师等）一样，社会工作者也需要经过专业的职业培训，并将职业道德准则付诸行动。

二、社会工作与老年社会工作

社会工作者致力于为各个年龄段的人提供合适的服务，社会工作包括儿童社会工作、青少年社会工作、老年社会工作等。老年社会工作是发展最迅速的社会工作之一。

联合国发布的老年研究报告指出，目前全球人口老龄化现象是前所未有的。人口老龄化的影响是广泛的，将影响全球的每个人。老年人数量不断增加将为家庭、医疗、经济、住房、城市规划、社会福利等社会体系带来不少机遇和挑战。

面对日益增加的高龄人口数量，社会需要更多服务于老年人的专业人士，如医生、护理人员和社会工作者，特别是老年社会工作者。为积极应对人口老龄化给社会带来的机遇和挑战，以及帮助老年人及其家人继续拥有高质量的生活，社会工作者必须接受老年社会工作和老年学的培训，这样才能掌握提供专业社会工作服务所需的知识和技能。

三、老年社会工作的含义

老年社会工作以社会工作的专业知识、职业操守和专业价值观照顾和支持老年人。具体而言，老年社会工作是指受过专业训练的社会工作者运用社会工作的专业理念、方法和技巧，以利他主义价值观为指导，为老年人及其家人提供社会保障和社会服务，以协助老年人解决生理、精神、情感和经济等方面的问题，使老年人能够参与社会生活，幸福安度晚年的专业服务活动。

老年社会工作的定义可以从以下几个方面来理解。

第一，老年社会工作的服务对象通常是老年人及其照顾者。人在老年阶段，面临着对自身身体、心理和社会转变的认识、接受以及对环境的适应等问题。老年社会工作就是针对老年人遇到的问题及老年人发展的需要提供的专业服务活动。此外，老年人的生活质量还与其家庭或照顾者，尤其是与家庭成员的关系有着紧密的联系。因此，老年人的家庭及其照顾者也是老年社会工作的主要服务对象之一。

第二，老年社会工作是一种在社会工作专业价值理念支配下的互动活动。因此，在开展老年社会工作的过程中，社会工作者需要始终坚持每个人都有与生俱来的价值和尊严的信念以及专业的基本原则。

第三，老年社会工作注重专业的方法，服务过程中应强调社会工作的专业性。

第四，老年社会工作的最终目标是挖掘老年人的潜能，提高老年人的能力和促进老年人的发展，以帮助老年人有尊严地老去。

四、老年社会工作的服务对象

从广义上来讲，所有的老年群体及其照顾者都可以成为老年社会工作的服务对象。但在实践中，社会工作者可能会特别关注一些处于弱势或者逆境中的老年人。根据我国的老年社会工作实践，老年社会工作的服务对象的划分标准有以下三种。

（一）以被服务的群体来分类

1. 遭遇困难的老年人

老年人可能在经济保障、医疗诊治、身心健康、人际关系等方面遇到困难。如果老年人要求外界提供帮助或者有接受服务的意愿，那么他们就是老年社会工作的服务对象。社会工作者应该运用专业的社会工作方法，帮助这些服务对象解决困难或者降低困难对服务对象的影响程度。

2. 老年人的家属及其照顾者

随着老年人生理机能的不断老化，他们的社会参与日益减少，活动范围也越来越小，最后会完全被限制在家庭内。因此，处理老年人与老年人家属的关系就显得至关重要了。例如，久居家中的老年人可能会面临对家人的长期照顾存在依赖、与家庭其他成员的关系不和谐等问题。此外，随着家庭结构的变化及养老方式的改变，不少老年人进入老迈阶段后子女并不在老年人身边或者忙于工作无暇顾及老年人，所以照顾老年人的生活起居工作往往由家属以外的亲友或者没有亲缘关系的护工承担。这些人长时期夜以继日地照顾老年人，会深感体力不支，从而容易有冲动的行为，如对待老年人的态度冷淡，责骂老年人，或者不满足老年人的基本需要。因此，老年人的家属及其照顾者都应该成为老年社会工作的服务对象。老年社会工作者应为这些人提供必要的帮助，如情感支持、照顾技能培训等，以更好地提高他们照顾老年人的能力，从而提升老年人的生活质量。

（二）以老年人遇到的问题来分类

不同年龄段的老年人在身体健康状况、生活自理能力、社会参与活动、婚姻状况、家庭关系、心理需要等方面有不同的特征。按照老年群体的共性需要及差异性特征，以老年人遇到的问题来分类也是一种常见的服务对象分类法。具体而言，可以将老年人分为以下几类。

1. 长期患病、身体机能严重衰退或者残疾的老年人

这类老年人由于久病不愈，非常需要医疗资源，或者入住疗养机构，或者由家人（或护工）照顾。由此老年人的家庭受到影响并可能引发其他问题，如家庭经济困难、家人因长期照顾老年患者而病倒、家中儿童及青少年因得不到良好的照顾而导致学习成绩不佳或行为失调等。

2. 经济困难的老年人

老年人退休后收入减少，而支出却随着身体的衰退和医疗费用的增加而增多，由此会逐渐陷入入不敷出的困境。少数无养老保险和医疗保险的老年人，生活会陷于绝境。面对这种情况，老年社会工作者可以设法动员老年人的家庭成员及其他亲友的力量，或者寻找其他社会资源来帮助老年人解决问题。

3. 退休后生活无法调适的老年人

这类老年人以男性居多，他们退休以后始终处于生活找不到规律、情绪波动的状态。对此，老年社会工作者除对老年案主进行个别辅导外，还可以根据老年人的真实意愿，如愿意再就业、愿意参加休闲娱乐活动、愿意从事义工服务、愿意参加老年教育项目等，提供相应的咨询服务，帮助他们找寻有关的社会资源，以及告知老年人参与的具体方法。

4. 人际关系不良的老年人

老年人人际关系不良包括：①与配偶相处不睦；②与儿子、儿媳或其他家庭成员有冲突；③与家庭以外的人，如亲家、邻居等有矛盾纷争；等等。面对这类老年人，老年社会工作者需要根据不同的情况来处理。第一类情况是问题出在老年人身上，即老年人固执己见，或行为乖张，或难以相处，等等。对此，老年社会工作者的工作重点应该放在老年案主身上，通过会谈和辅导的方式为老年案主提供与其他人的相处方法，并告知技巧。第二类情况是老年案主本身为受害者，经常受到配偶、子女或邻里的不良对待。在这种情况下，老年社会工作者需要给老年案主的配偶、子女做辅导工作，敦促他们逐渐修正或改变某些行为，以便他们能够与老年案主和睦相处，在必要的情况下，经由老年案主同意和授权可以协助老年案主通过法律的途径来解决问题。无论上述哪种情况，老年社会工作者都可以使用一个重要的介入方法，就是把老年案主的日常活动逐渐从狭窄的家庭空间引至更为广阔的社区活动中心、社区公园或者社区内的老年人团体之中，让其和其他老年人一起运动、学习技艺或者培养某种兴趣爱好，由此转移老年案主的注意力，使他们建立新的生活模式或生活规律。

5. 受虐的老年人

老年人受虐的情形包括忽视（如不为老年人提供日常生活必需品，不给老年人饭吃，对老年人提出的正当要求不理不睬，等等）、身体虐待（如对老年人进行打、拍、踢、咬、掐、卡脖子、掌掴、拉头发等身体上的攻击）、精神虐待（如对待老年人的态度恶劣，时常怒骂、讽刺老年人，或者故意损坏、丢弃老年人喜爱的物件，或者经常在深夜老年人熟睡时猛地打开收音机或电视机以惊醒老年人，等等，从而导致老年人在情绪和精神方面遭受严重伤害）。老年人受虐的案例在国内外都有缓慢上升的趋势，而且老年社会工作者对此的介入也存在一定的困难。因为老年人在思维尚未显著衰退、行动方便时遭到家人虐待，多数会受“家丑不可外扬”思想的影响，或者抱有息事宁人的心态而不告知他人，也不向公安部门报案。当长期卧病在床遭受虐待时，老年人则无法报案或请求别人帮助。因此，老年社会工作者应该密切关注这类老年人，并和社区有关团体和组织、公安部门、医院、司法部门等紧密配合，必要时采取法律手段切实保护老年人，同时对施虐者及受虐老年人进行必要的老年社会工作辅导。

6. 丧亲的老年人

老年人丧偶或者子女早逝，必定悲痛欲绝，悲伤的情绪常难以化解。美国医学专家研究发现，这时候老年人所遭受的生活压力分值，相比其他事件所带来的压力分值是最高的。面对这样的老年人，老年社会工作者要为老年案主提供心理上的支持和物质上的帮助，及早帮助老年人建立有效的社会支持网络，充分利用各种社会资源帮助老年人尽快走出丧亲的阴影，协助老年人度过人生的关键时刻。

（三）以老年人的需要来分类

1. 需要解决各种困难的老年人

老年社会工作的服务对象首先是有具体困难，渴望求得帮助的老年人。这些困难包括生活窘迫、乏人照顾、就医困难、关系不良、心理偏差、行为失调、遭遇重挫等。对此，老年社会工作者可以利用专业的方法为这部分老年人提供补救性的服务。

2. 需要获取发展的老年人

随着经济、社会的发展以及伴随而来的人们生活水平的逐渐提高，许多老年人的衣食住行等基本需要已经满足。对于这些老年人而言，接受老年教育、增加人际交往、参与社会生活、丰富闲暇时间、贡献经验智慧等，是他们晚年生活和发展的需要。所以老年社会工作者应该充分挖掘资源，提供机会，组织老年人开展各种满足其需要的活动并给予指导和协助。为更多的老年人提供发展性服务，这将是老年社会工作未来发展的趋势。

拓展阅读

新入职社会工作者的准备工作

人的一生中有许多的转折过渡时期。对绝大多数学生而言，完成专业训练步入职场就业恐怕是他们遇到的最大转折和挑战。在这个新阶段，除了期待和兴奋外，新入职的社会工作者更普遍地感到忧虑和害怕。适应困难可能会对新入职的社会工作者的长远发展造成不利影响，如果过渡不好，不但社会工作者的职业生涯会受到影响，还会为其带来心灵上的创伤。

对于新入职的社会工作者而言，他们所面临的入职新体验主要体现在以下几个方面。

一是新入职社会工作者角色的转换。初入职场者需要在身份、心态、角色、仪态等各方面做好准备，而这些准备都是为了帮助初入职场者做好从学生到职场人的角色转换。新入职者需要主动了解和认识机构，主动向有经验者请教，或者主动向督导和前辈学习。新入职社会工作者态度要积极，要正向思考并能够及时调整自己。积极的做法会呈现在态度上，态度往往决定行为，行为又决定人生。

二是快速适应工作岗位。大部分机构会为新入职社会工作者举办迎新活动，协助社会工作者尽快适应工作岗位和环境。首先，新入职社会工作者需要积极主动地结识新同事。拥有一两位相互支持的同事是十分重要的。对于新入职社会工作者来说，同事就是他们工作的最大动力和热情来源。其次，让新入职社会工作者充分熟悉机构及社区的环境，并帮助他们在工作岗位上尽快建立社会人际关系网络是非常有必要的。因此，社会工作者需要收集与其所工作的机构相关的资料，譬如机构的组织架构、详细业务内容等。如果能进一步了解机构的专业使命、价值观、愿景及运作特色等就更好了。

三是了解所工作的社区。建议社会工作者在所工作的社区里多走动，主动与社区中的居民交流，多了解社区的文化、特色等，这些都可以为后续服务提供帮助。

第二步｜熟悉老年社会工作的目标及作用

根据老年社会工作的定义，可以知道老年社会工作是针对老年人所面临的问题及发展的需要提供专业服务的活动。也就是说，老年社会工作的服务目标及作用需要因应老年人的常见需要和面临的常见问题。

一、老年人的常见需要

（一）经济保障

在传统社会中，老年人依靠子女供养，但在现代社会中，老年人通常将领取退休金、养老保险等途径作为经济来源，从而获得经济方面的保障。

（二）健康维护

老年期是疾病多发期，健康维护是老年人最为关注和渴望被满足的需要。老年人需要建立健康的生活习惯，期待得到适宜的生活照顾并享受康复服务。

（三）社会参与

老年人需要表达自己的意愿，维护自身的权益并发挥余热，因此社会参与是老年人的重要需要。老年人需要多方面地、深度地参与社会活动，而不是象征性地参与或简单地、被动地参与社会活动。

（四）就业休闲

许多达到退休年龄的老年人还有继续工作的愿望，因此重新就业成为其需要。也有许多老年人打算好好享受生活，因此养花、养宠物、练习书法、绘画等成为他们新的需要。老年人既需要发挥自己的专长，也需要发展自己的兴趣。

（五）婚姻家庭

伴侣和家人是老年人最重要的情感支持，老年人也有维持和向往美好婚姻家庭生活的需要。

（六）居家安全

家庭条件的改善、居住环境的安全，都是老年人所期盼的。

（七）善终安排

老年期是人生历程的最后一个阶段，因此许多老年人十分关心自己的身后事宜，需在离世前安排好子女的生活、财产的处置、墓地的购置、后事的操办等事宜。他们期望能够没有痛苦且有尊严地安心离世。

（八）一条龙照顾

随着年龄的增长，老年人会有不同的需要，可能需要接受居家养老、社区照顾、机构养老等不同类型的服务，这就需要不同类型的服务之间有良好的整合与过渡。

二、老年人面临的常见问题

老年人面临的常见问题包括因个人的老化而导致的问题和由于社会人口老龄化而出现的问题。在现代社会，老年人常面临以下方面的困境和问题。

（一）与疾病及医疗有关的问题

老年人，尤其是高龄老年人，往往因受到慢性疾病的折磨，生活质量有所下降。与之相关的医疗费用常常成为困扰老年人的一大问题，给老年人造成了经济上的紧张，甚至使老年人陷入困境。

（二）家庭照顾问题

城市化、家庭小型化、女性职业化、离婚率上升和年轻人口的高流动性等，都对家庭照顾老年人产生严重影响，特别是空巢、独居和失独老年人缺乏家庭照顾的问题尤为严重。

（三）宜居环境问题

老年人的居住环境中常存在安全隐患和物理障碍，这使老年人面临伤残风险和融入社会受到限制。此外，社会上存在的对老年人的刻板印象和歧视，也使建设老年人宜居环境十分困难。

（四）代际隔阂问题

在全球化、信息化和知识爆炸的时代，知识更新和增加的速度之快前所未有。老年人积累的知识和经验可能已经过时，而老年人学习机会和资源的减少使其难以掌握现代的知识和信息，因此老年人与年轻人的沟通常会出现信息不对称的情况，容易造成代际隔阂。

（五）社会隔离问题

老年人退出工作岗位或失去劳动能力后，其社会交往的圈子常常会大大缩小，同时疾病、失能、配偶和其他有亲密关系的人去世也可能造成老年人的社会接触非常有限，缺乏接触会导致严重的社会隔离问题。

三、老年社会工作的目标

整体而言，老年社会工作服务应致力于实现老有所养、老有所医、老有所为、老有所学、老有所乐。老年社会工作服务应遵循独立、参与、照顾、自我实现、有尊严的原则，促进老年人完成角色转换和社会适应，完善其社会支持网络，提高其晚年的生活和生命质量。

第一，调适生活环境，协助老年人适应不良社会环境，如经济困难、患有疾病、家庭关系不和谐、孤独等问题，以使老年人安度晚年。

第二，协调老年人的人际关系，鼓励老年人参与社会活动，如老年人教育、老年人义务工作、老年人娱乐团体等，以使老年人与他人互动，满足其精神生活的需要。

第三，协助老年人提高个人能力，预防其生理或心理功能迅速退化，如对老年人进行体能运动协助、营养指导、卫生健康指导、心理调适辅导等，以促进老年人身心健康。

第四，善用增权理念，鼓励老年人利用他们的才干和经验继续参与社会工作，发展老年人成为志愿者或义工，促使老年人成为社会人力资源再开发的重要组成部分。

第五，帮助老年人充分利用各种社会资源，既包括自然系统中如亲戚、朋友、邻里等所拥有的资源，也包括正式系统中如政府、企业、各类非营利组织等所提供的资源，从各个方面帮助老年人拥有健康、愉快的晚年生活。

第六，设计适老及完备的服务配套设施，让老年人能够选择自己喜欢的居住环境；建立对老年人友善的社区环境，鼓励年轻人与老年人互助学习，构建一个长幼共融的社区。

第七，提供老年人福利、老年人保障、老年人服务等各个方面的实际经验和理论总结，为有关部门制定、修正各项老年人政策和措施提供参考。

四、老年社会工作的作用

老年社会工作服务可以分为微观的直接服务和宏观的间接服务两种类型。

在微观层面，面向老年群体及其家庭提供直接介入服务，其主要目标及作用为协助老年人适应因年老而带来的角色转变，使其积极与社会保持接触，维持良好的日常生活功能。特别是在老年人遇到重大生活转变的时候，如住院、丧亲、入住养老机构、濒临死亡等，为老年人提供各种支持性服务。老年社会工作的重点是让老年人获得更好的社会支持，更好地运用社会网络和社会资源，增进福祉。

在宏观层面，社会工作者还应参与有关老年人的社会服务方案及相关政策的制定，致力于建立一个不分年龄、人人共享的社会。

拓展阅读

“以人为本”的全人照顾理念

全人照顾是根据老年人的“身、心、社、灵”多方面需要而弹性提供服务的一种理念。全人照顾的四个重要的核心要素为：重视老年人本身、将老年人视为独立的个体、从老年人的观点出发、提供社交心理支持。

1. 重视老年人本身

在传统的观念中，照顾者认为提供基本的护理就已足够，有时会抱怨老年人的一些行为带来了负面影响。但当运用全人照顾理念的观点去看待老年人的特殊行为时，照顾者就不会把焦点放在特殊行为所带来的负面影响上，而是关注和了解老年人行为背后的期望及表达的需要和信息，重视老年人本身的需要。

2. 将老年人视为独立的个体

每个老年人都应该被视为一个独立的个体，有着自己独特的背景、经历、关系，所以没有两个老年人的照护会完全相同。对老年人的照顾或护理都必须个人化，在“身、心、社、灵”各方面迎合老年人的独特性和满足他们不同的需要。

3. 从老年人的观点出发

应用全人照顾的理念设身处地地站在老年人的角度，了解老年人的需要和困难。例如：将老年人视为独特的个体给予他们应有的尊重；聚焦他们的能力；强调他们的独立自主性；尊重他们的过去；从成年人的角度与他们相处，让他们感到生活舒适，愿意表达，主动与人联系，关心别人，感受生活；等等。

4. 提供社交心理支持

当老年人尝试沟通或进行社交时，应尽量在第一时间响应，要多鼓励老年人与外界沟通及接触。良好的社会交往，可有效避免老年人出现社会隔离问题，让老年人保持身心愉悦。同时，受衰老的影响，很多老年人会变得消极、被动，甚至抑郁。而全人照顾理念则要求社会工作者让老年人感受到快乐、喜悦，点燃老年人对生活的希望，让他们更有信心及有能力面对疾病等带来的挑战。

| 第三步 | 掌握老年社会工作的内容及特点

根据老年人所面临的问题和需要，可以将老年社会工作的内容分为两大方面：一是因应老年人困难的帮助；二是回应老年人发展需要的服务。其中，因应老年人困难的帮助，主要指帮助和协助老年人解决经济困难、日常生活困难、机体健康方面的困难、夫妻关系或代际关系处理困难等。回应老年人发展需求的服务，主要指满足老年人在退休后可能产生的一些新需求，如接受继续教育的需要、人际交往的需要、参加志愿组织服务他人的需要、有质量地参与休闲娱乐活动的需要等。

一、老年社会工作的主要内容

根据民政部发布的《老年社会工作服务指南》（MZ/T 064—2016），老年社会工作服务的内容主要包括救助服务、照顾安排、适老化环境改造、家庭辅导、精神慰藉、危机干预、社会支持网络建设、社区参与、老年教育、咨询服务、权益保障、政策倡导、老年临终关怀等。

（一）救助服务

救助服务主要包括以下内容。

（1）评估老年人，特别是空巢、高龄、失能、计划生育特殊家庭老年人基本物质生活条件和经济状况。

（2）协助符合条件的老年人申请政府最低生活保障、特困人员供养、受灾人员救助、医疗救助、住房救助、临时救助等社会救助。

（3）协助有需要的老年人获得单位和个人等社会力量的捐赠、帮扶和志愿服务。

（4）提供相应的心理疏导、能力提升、社会融入等服务。

（二）照顾安排

照顾安排主要包括以下内容。

（1）组织开展老年人能力评估，包括日常生活活动、精神状态、感知与沟通、社会参与等方面内容，为老年人建立照顾档案。

（2）协助有需要的老年人获得居家照顾和社区日间照料等服务。

（3）协助有需要的老年人申请机构养老服务。

（4）协调老年人的长期照顾安排，特别是居家照顾、社区日间照料和机构照顾之间的衔接。

（5）协助照顾者提升照顾技能。

（三）适老化环境改造

适老化环境改造主要包括以下内容。

（1）协调开展老年人居住环境安全评估。

（2）帮助老年人，特别是失能、失智等有需要的老年人及家庭申请政府与社会资助，改造室内照明、优化防滑措施、安装浴室扶手等，降低老年人跌倒等意外风险。

（四）家庭辅导

家庭辅导主要包括以下内容。

（1）协助老年人处理与配偶的关系。

（2）协助老年人处理与子女等的家庭内代际关系。

（3）提供老年人婚恋咨询和辅导。

（五）精神慰藉

精神慰藉主要包括以下内容。

（1）识别老年人的认知和情绪问题，必要时协调专业人士进行认知和情绪问题的评估或诊断。

（2）为有需要的老年人提供心理辅导、情绪疏解、认知调节，帮助老年人摆脱抑郁、焦虑、孤独等心理问题困扰。

（3）协助老年人获得家属及亲友的尊重、关怀和理解。

（4）帮助老年人适应角色转变，重新界定老年生活价值，认识人生意义，激发生活的信心和希望。

（六）危机干预

危机干预主要包括以下内容。

（1）识别并评估老年人所面临的危机，包括危机的来源、危害程度、老年人应对危机的能力、以往的应对方式及效果等。

（2）统筹制订危机干预计划，包括需要干预的问题或行为、可采用的策略、可获得的社会支持、危机介入小组的建立及分工、应急演练、信息沟通等。

（3）及时处理最迫切的问题，特别是自杀、伤及他人等可能危及生命安全的行为问题。必要时，协调其他专业力量的支援，对老年人进行身体约束或其他限制行为。

（4）进行危机干预的善后工作，包括对介入对象的回访、开展危机介入工作评估和小结、完善应急预案以预防同类危机的再发生等。

（七）社会支持网络建设

社会支持网络建设主要包括以下内容。

（1）对老年人的社会支持网络进行评估，包括个人层面可给予支持的人数、类型、距离及所发挥的功能，以及社区层面老年人群的问题与需求、资源配置情况及需求满足情况。

（2）综合使用各种策略以强化老年人社会支持网络，包括个人增能与自助、家庭照顾者支持、邻里互助、志愿者链接、增强社区权能等。

（3）巩固社会支持网络成效，建立长效机制。

（八）社区参与

社会参与主要包括以下内容。

（1）开展适合老年人的文化、体育、娱乐等各项活动，培养老年人兴趣团体，提升老年人的社会活跃度，丰富老年人的社会生活。

（2）组织老年人积极参与各项志愿服务，培育老年志愿者队伍，发展老年志愿服务团体。

（3）支持老年人参与社区协商，为社区发展出谋划策。

（4）拓展老年人沟通和社区参与的渠道，促进老年群体的社会融合。

（九）老年教育

老年教育主要包括以下内容。

（1）评估老年人兴趣爱好及教育需求。

（2）推动建立老年大学、老年学习社等多种类型的老年人学习机构和平台。

（3）开展有关健康教育、文化传统、安全防范、新兴媒介使用等方面的学习培训课程。

（4）鼓励和支持老年人组建各种学习交流组织，开展各种学习研讨活动，扩大老年人的社会交往范围。

（5）鼓励老年人将学习成果转化运用和传承，鼓励代际相互学习、增进理解。

（十）咨询服务

咨询服务主要包括以下内容。

（1）协调相关专业人士为老年人提供政策咨询、法律咨询、健康咨询、消费咨询等服务。

（2）完善老年人信息提供和问询解答的机制和流程。

（十一）权益保障

权益保障主要包括以下内容。

（1）维护和保障老年人财产处置和婚姻自由的权益。

(2) 发现并及时举报老年人被虐待、遗弃、疏于照顾等权益损害事项。

(3) 开展社会宣传和公众教育，防止老年人受到歧视、侮辱和其他不公平、不合理对待。

(4) 协助符合条件的老年人享受社区和机构的各项养老服务，获得老年人补贴和高龄津贴等。

(十二) 政策倡导

政策倡导主要包括以下内容。

(1) 研究、分析与老年人相关的法律法规及社会政策在制定和执行中的不完善与不合理内容，向相关职能部门提出政策完善建议。

(2) 对社会公众进行教育、宣传，使老年群体获得客观、公正的社会评价。

(十三) 老年临终关怀

老年临终关怀主要包括以下内容。

(1) 开展生命教育，帮助老年人树立理性的生死观。

(2) 协调医护人员做好临终期老年人的生活照料和痛症管理。

(3) 密切关注老年人的情绪变化，提供相应的心理支持。

(4) 协助老年人完成未了心愿及订立遗嘱、器官捐献等法律事务。

(5) 协助老年人完成与家属、亲友和解、告别等事宜。

(6) 为老年人提供精神层面的支持。

(7) 为有需要的老年人及其家属提供哀伤辅导服务。

二、老年社会工作的特点

老年社会工作的对象主要是老年人及其家人。老年人的生理特点、心理状况及社会处境的特殊性，使得老年社会工作者经常遇到许多特定的问题，这也是老年社会工作区别于其他领域社会工作的原因。

(一) 服务对象常因年龄受到歧视

社会上有些人对正常的衰老有恐惧和误解，对老年群体抱有偏见。而老年社会工作者又常常接触老年群体中境遇最差和伤残最严重的人群，因此，尽管接受社会工作服务的老年人数量在老年人口中所占的比例并不高，但社会工作者因自身的经验不足等原因仍可能对老年人形成消极的看法并影响对待老年人的态度。老年人受到歧视还会使为老年人制定的服务方案受到影响，并造成应有服务的缺失。因此，在开展老年社会工作时，社会工作者要认真反思自己的价值观，学习有关老年学的知识，以消除对老年人的错误理解和认识。

(二) 社会工作者易于对服务对象产生反移情

在老年社会工作中，社会工作者可能会出现反移情，不仅表现为对老年人缺乏耐心和关怀，还表现为对老年人过度保护，想要“拯救”老年人。当试图“拯救”老年人失败后，社会工作者容易把挫折感转成对老年人的愤怒和敌意。社会工作者注意反移情问题，时常反思自己对老年人的所作所为，对从事老年社会工作来说很重要。

(三) 社会工作者易于产生替代性创伤

同老年人打交道会时刻提醒社会工作者关注生命的进程，社会工作者看到由生到死的不可逆转的过程，有可能会产生深深的无力感，并可能会引起社会工作者对死亡的焦虑和哀伤反应。所以，在进行对老年人的辅导工作时，社会工作者应该审视自己对老年人的态度和面对垂死和死亡的感受。在工作中，社会工作者要善于运用督导机制解决工作职责、专业技能和情绪困扰方面的问题。

(四) 服务对象的问题常需要多学科合作解决

老年人的问题常常错综复杂，涉及许多方面，进行为老年人服务的工作需要多学科的合作。社会工作者要懂得协调、配合不同的学科共同开展老年服务工作，这样才能使工作取得更好的成效。

拓展阅读

从生命历程出发去了解老年人

从生命历程的角度看待老化过程会发现，老化是人生成长发展的延续。老年人在老化过程中怎样面对挑战和解决问题与老年人的个性和处理问题的方法有关。

人在生命历程中的每一个阶段都受社会角色和社会文化影响。在身体方面，人从出生开始，经历幼年、少年、青年、中年和老年几个阶段。每个人在各阶段的发展会因生活方式、疾病等而有所差异。老年阶段是人生命历程中的一个阶段，老年人的健康会受此前身体状况及生活经验的影响。因此，预防疾病和强化身心健康的工作须尽早开始。而人的所有发展和适应亦非终止于童年。人在生命历程中不断调整和学习，以适应各阶段的身体、心理状况和社会角色。

人在每一个阶段通常都有与之相关联的一系列发展和成长任务。少年阶段需要建立自我身份，并且将重心由出生的家庭转向朋辈。青年阶段则需要在事业上做出抉择以及选择终身伴侣。在青年阶段与中年阶段之间的一段时间，个人的注意力则多集中于成家立业上。而对于老年人来说，在现今的生活环境中，他们会面临很多不同的选择，需要完成很多继续发展的任务。老年人根据自己的受教育程度、工作性质和经济条件，可能选择完全退休，做自己喜欢做的事，如做义工、进修等；或者选择半退休，用自己的专业经验继续支持后辈；又或者继续做自己喜欢做的工作，全情投入。经济条件好的老年人可以有比较多的选择，而没有家庭支持或经济资源缺乏的老年人，老化对他们来说可能更具挑战性。所以社会服务的发展应该是多元化的，能够为老年人提供不同的就业训练或就业服务，对于因疾病而需要支持的老年人要设立有长期照顾的友善的服务环境、居住环境和学习环境。无论老年人身体是否健康，都需要社会为其提供继续成长、学习和贡献的机会。

社会工作者需通过老年人的生活经历了解老年人的个性、社会和家庭支持系统、身体及心理健康状态、应对过的问题和以往解决问题的方法，从而以老年人及其家人认为合理的方式增强老年人的自主权，支持他们积极面对和解决问题。

任务工单

新入职社会工作者的知识准备

任务名称		学时		培训对象	
学生姓名		联系电话		任务成绩	
任务设备		操作时间		操作地点	
情景导入	小张是刚刚进入养老机构的实习生。养老机构为了帮助小张更好地适应工作岗位及了解本机构的服务项目，安排社会工作者老张带领小张进行社区走访。在社区走访的过程中，小张发现：有些老年人表示自己的问题能够自己解决，不需要其他人的帮助；有些老年人年老体衰，行动不便；有些老年人没有退休金，生活困难；有些老年人经济条件虽好，子女却不在身边，时常感到孤独寂寞；有些老年人反映社区文化活动太少，缺少展示才艺的舞台；有些老年人被家人忽视，甚至受到虐待，合法权益难以得到保障。面对错综复杂的社区情况，小张产生了一系列疑问，如：老年社会工作的服务对象有哪些？我们能够提供的服务内容有哪些？服务目标是什么？ 回到机构后，小张将自己的疑问一股脑地抛出来，想要获得督导的帮助。督导在了解了小张的疑问后，并没有直接回答小张，而是陪伴小张阅读了很多有关老年社会工作的资料，并建议小张做好入职前的准备				
任务描述	如果您是督导，您该如何帮助小张做好入职前的准备呢？				
任务分析	对于新入职的社会工作者而言，他们往往对所服务的领域及工作环境具有较强的陌生感。因此，我们可以帮助他们从了解和熟悉老年社会工作的基本概念、服务对象的类型和特点等基础知识入手，使他们更快地了解所服务的领域。同时，鉴于他们对服务环境不熟悉，我们也可以通过组织迎新会、社区探访，或是安排有经验的员工进行分享等方式帮助新入职员工熟悉环境				
任务目的	1. 了解老年社会工作的定义； 2. 熟悉老年社会工作的目标及作用； 3. 掌握老年社会工作的内容及特点				
操作注意事项	1. 进行任务分析时，应注意有经验者与无经验者、接受过社会工作专业训练与相关专业训练者与未接受过社会工作专业训练与相关专业训练者对这一部分任务的需求度不同； 2. 在安排活动方式时，应注意满足科学性和多样性需求； 3. 活动过程中，应注意到个体的差异性				

（续）

任务实施	准备工作	
	实施流程	
	实施总结	
	实施评价	
教师评价		

任务二　认识老年社会工作的服务对象

老年群体是老年社会工作的主要服务对象之一。因此，对老年群体的深入认识既可以帮助社会工作者更好地了解服务对象，强化对服务对象思维、行为的理解，也便于社会工作者在后续服务中，从群体性规律中找到潜在的服务需求。

工作步骤

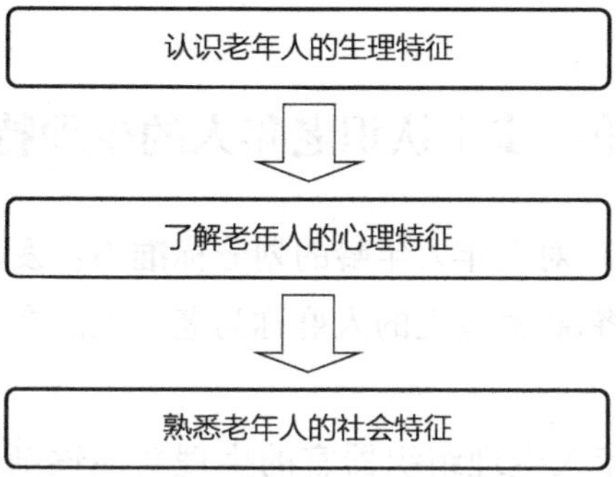

活动内容

阅读案例，分析案例中姚院长和澧县的退休老年人为什么在退休后还要积极参与社会活动？积极参与社会活动，对于老年人的生理、心理状况，社会交往有着怎样的影响？

情景导入

三年前，退休后的自行车厂职工医院的姚院长在社区主任李女士的邀请下，来到社区办公室当起了社区保健医生，每月两次为居民义务测量血压，并提供病情指导。三年来姚院长的义诊之举风雨不改，从不间断，有时一坐就是三个多小时。由于长时间戴听诊器，姚院长的耳朵疼得不敢碰，但他还是强忍着疼痛耐心地为居民解答疑问。在三年多的时间里，姚院长共接待4 000余名病人。姚院长说："如果要挣钱，我可以到医院坐诊，但我认为没有必要太追求物质生活，精神充实才是最重要的。为居民服务，我感到快乐，居民也信任我，这就足够了。"

澧县百名退休老年人自发筹款办起澧浦诗社。他们希望通过自己的努力做到老有所为，对社会有所贡献。正所谓"老夫聊发少年狂"，通过诗歌，他们赞美美好的岁月、壮丽的山河、改革的辉煌，弘扬真善美，传播知识和文明。据澧浦诗社负责人介绍，该诗社自1983年成立以来，成员每月坚持两次集会，学习中华诗词，互相分享诗作。老年人在活动中享受益智活动和社交过程。同时这样的活动也改善了老年人的身体状态和心理情绪，提高了他们的社交和认知能力。对生活的赞美和美的感知使老年人拥有更积极健康的心态。

思考与讨论

试想一下，当你老了，你会怎么安排你的退休生活呢？请说明理由。

____

____

|第一步|认识老年人的生理特征

世界卫生组织（WHO）对老年人年龄的划分标准为：发达国家将65岁以上的人群称为老年人，发展中国家将60岁以上的人群称为老年人。在我国，通常将60岁及以上的人称为老年人。

随着年龄的增长，老年人生理组织器官的生理功能逐渐衰退，机体代谢和内分泌等发生改变。衰老不仅体现在外貌特征方面，还体现在组织和器官结构和功能的退行性改变方面。功能方面表现为机体的环境稳定调节范围变窄，反应力、适应力、免疫力和抵抗力下降，个别器官甚至功能丧失；结构的基本变化体现在细胞数量减少，细胞萎缩，细胞间质增多，细胞内脂褐素沉积，组织纤维化和硬化等方面。

一、神经系统的改变

老年人脑的体积逐渐缩小，质量也逐渐减小。脑的老化引起衰退的主要表现为：健忘、感知觉减退、思维敏捷性降低、学习和语言能力明显下降，但智力水平一般不降低；情绪体验的强度和持久性提高，如易激惹、爱唠叨等；对事物的兴趣范围变小，易形成孤独感、自卑感，行为、思维变得刻板，易产生焦虑、恐惧、抑郁等心理。

二、感觉器官的改变

感觉包括视觉、听觉、味觉、嗅觉和本体觉等。感觉器官是人感知周围变化的一类器官，包括眼、耳、鼻、舌、皮肤等。感觉器官的结构萎缩退化对老年人的生理和心理影响较大。老化和疾病状态可使感觉器官的功能减退，使感觉器官接受和感知信息的能力降低。此外，老年人的触觉、温度觉、运动位置觉、痛觉等都有不同程度的减退。老年人逐渐出现一种自己与周围环境隔离的感觉，认为周围的一切都与自己无关，进而产生孤独感、淡漠感，甚至出现多疑、抑郁等心理反应。

三、运动系统的改变

人在50岁以后，肌纤维逐渐萎缩，肌肉变硬，肌力衰退，体力活动能力下降，易疲劳、腰酸腿痛、驼背及骨折。另外，由于腹壁变厚，腰围变大，老年人的动作逐渐笨拙迟缓。

老年人骨钙流失日趋严重。性激素水平下降直接影响骨转换，导致骨钙大量流失、骨质疏松。骨质疏松多发生于长骨、头骨及骨盆等处，尤以女性多见。这可能与性激素的同化作用丧失有关。几乎所有老年人都伴有不同程度的骨质增生，且骨质增生多发生于脊柱的骶段或腰骶段。

关节软骨磨损并纤维化，关节囊硬化，使老年人关节的灵活性降低。椎间盘萎缩变薄，脊柱变短，且易弯曲，使老年人身高降低。

此外，随着年龄的增长，骨骼中蛋白多糖含量的下降，生存环境的长期刺激，包括机械和外伤等，以及自由基对软骨细胞的损伤，都易使老年人出现退行性骨关节炎。

人到老年以后，由于牙根和牙龈组织萎缩，牙齿会动摇，甚至脱落。

四、心血管系统的改变

老年人心血管系统的改变主要体现为冠状动脉硬化、管腔狭窄、心肌血液供应减少、心肌营养不良、心肌细胞萎缩、心肌内纤维组织浸润、脂褐质沉积并发生纤维化。心肌长期重负荷可使心肌肥厚，尤其以左室肥厚最明显，心瓣膜也进一步老化进而影响瓣膜的功能。由于心肌硬度增加，顺应性降低，心脏的代偿能力下降，老年人易发生心力衰竭。

随着年龄的增长，老年人全身的血管也会出现退行性改变和病理性粥样硬化。因为毛细血管壁弹性差，脆性、通透性增加，血流缓慢，所以老年人轻微外伤易出现瘀斑。由于颈动脉窦、主动脉弓压力感受器敏感性降低，血压易受体位改变的影响，老年人易发生直立性低血压。由于全身血管退化，老年人各器官血液灌注量均减少，其中以脑动脉、冠状动脉及肝、肾的血流减少最明显。

五、消化系统的改变

消化系统是人体获得营养、赖以生存的重要组织器官，由消化管和消化腺组成，其基本功能是摄取、吸收营养，排泄消化吸收后的食物残渣。随着年龄的增长，老年人的日常活动减少，基础代谢率下降，消化器官功能减退，各种胃黏膜保护机制减弱，这些变化导致老年人易出现胃溃疡、胃癌、胆囊结石、大肠癌等消化系统疾病。

老年人唾液腺萎缩，唾液分泌减少，易造成口腔干燥，使口腔天然的清洁和保护功能降低，进而导致老年人口腔黏膜发生感染、溃疡。随着年龄的增长，牙齿咬合面的釉质和牙本质逐渐磨损，易导致老年人牙龈萎缩，齿根外露；味蕾的逐步萎缩和减少，易导致老年人味觉减退、口味变重；舌和咬肌萎缩，咀嚼无力，易导致老年人食欲下降。

老年人食管平滑肌萎缩，收缩力减弱，易导致食物排空延迟，吞咽功能下降。部分老年人因食管下端括约肌压力下降，易发生反流性食管炎、食管裂孔疝。

老年人胃黏膜变薄，腺细胞萎缩、退化，胃液分泌减少。胃肠道平滑肌的萎缩使胃肠蠕动减弱，食物排空延迟，消化酶分泌减少，从而易引起老年人消化不良和便秘。

老年人消化吸收功能差，易引起蛋白质等营养缺乏，导致肝脂脂肪沉积。老年人胆囊及胆管壁变厚、弹性变差，胆汁分泌功能有所下降，容易出现胆汁淤滞、变稠，而胆汁中含大量胆固醇，故而老年人易发生胆囊炎、胆石症。

老年人因胰腺萎缩，胰液分泌减少，消化酶量及活性下降，影响淀粉、蛋白质、脂肪的消化吸收。胰岛细胞变性，会使胰岛素分泌减少或延迟，进而对葡萄糖的耐量下降，增加了老年人发生 2 型糖尿病的危险。

六、泌尿系统的改变

随着年龄的增长，人体渐渐衰老，泌尿系统也同样发生了一系列衰老性的改变和功能退化。肾脏会发生一系列解剖生理及病理生理方面的改变：①肾脏质量减小，皮质减少；②肾血流量减少，皮质血流量减少，对血管扩张的反应性下降；③肾小球滤过率下降；④肾小管功能改变，包括潴钠及排钠功能受损、浓缩及稀释功能受损、尿酸化功能受损等。

老年人膀胱肌肉萎缩，肌层变薄，纤维组织增生，膀胱肌肉收缩无力，容量减少，50 岁以后膀胱的容量与 20 岁时相比减少 40% 左右。

拓展阅读

健康的生活方式可降低患阿尔茨海默病的风险

美国宾夕法尼亚大学一项研究显示，尽管目前阿尔茨海默病还无法治愈，但健康的生活方式可以降低其发病风险。

阿尔茨海默病分为早发型和晚发型两种。前者主要影响 65 岁以下的老年人，通常与家族遗传有关；后者影响 65 岁及以上的老年人，病因目前尚不清楚，但研究人员认为，其病因可能是生活方式、环境因素和遗传等多种因素综合作用的结果。阿尔茨海默病患者的大脑中会形成一种异常的蛋白质，并扩散到大脑的其他部位，致使正常的脑细胞死亡。其早期信号有记不住老朋友的名字、反应迟钝，此后出现易迷路、重复讲述同一件事、忘记吃药等症状。

研究人员称，健康的生活方式可降低患阿尔茨海默病的风险。拥有健康的生活方式的最有效的方法是坚持体育运动、保持健康的饮食和保证充足的睡眠，如坚持进行快走、慢跑、骑自行车、游泳等有氧运动，少吃红肉、限制饮酒等。美国阿尔茨海默病协会还建议老年人进行正常的社交活动，以使大脑思维保持活跃。

|第二步|了解老年人的心理特征

人生像是交响乐，虽然整首曲目有起有落，但高潮在终乐章——老年阶段。一个完整的人生历程不仅包括青年阶段和中年阶段，也包括老年阶段。早晨的阳光美丽、中午的阳光灿烂，而老年生活也有其与众不同的乐趣，并不逊色。

一、老年人的认知功能与智力

大多数老年人仍拥有完整的、灵活的心智。对老年阶段智力退化产生的恐惧，以及对老年人的歧视和负面的认知都是社会对老年阶段和老年人的偏见和误解。虽然部分老年人因为疾病出现智力功能退化的现象，但认知功能降低并不是正常老化过程的一部分，大部分老年人仍有足够的能力和智慧创造和享受一种有意义且满意的生活。

老年人认知功能的三个方面如下。

1. 智力（intelligence）

智力指个人表现的极限，取决于生理及基因因素，但是达到极限的能力又会受环境、机遇、教育和训练的影响。

智力主要包括晶体智力和流体智力两种形式。晶体智力又称为累积智力，是个人通过教育和生活经历获得的知识和能力；流体智力指由生理方面决定的技能，与经验和学习无关，这种技能被普遍认为是“天生的智力”。

2. 学习（learning）

学习是指将新的信息或技能储存到记忆系统中的一个过程。

3. 记忆（memory）

记忆是指在需要时寻回或者回忆起存储在脑里的信息的过程，包括智能和知识性技巧。记忆是一种思维方式，一个人通过这种思维方式获得信息并加以分析，建立新的思想，并把这种思想用于日常生活。

二、老年人心理健康的标准与心理特征

进入老年阶段，人体各种生理功能衰退，同时，老年人经常面临社会角色改变、

疾病、丧偶等生活事件，老年人在这一特殊时期如果适应不良，常会引起心理问题，甚至出现严重的精神障碍，从而损害老年人的健康，降低老年人的生活质量。因此老年人的心理健康问题必须受到高度关注，同时应给予老年人充分的社会支持，帮助老年人提高社会适应能力，以促进其适应老龄化。

（一）老年人心理健康的标准

关于老年人心理健康的标准，多位学者提出了各自的观点。综合国内外心理学专家对老年人心理健康的标准的研究，结合我国的实际情况，我国老年人心理健康的标准包含以下6个方面。

1. 认知正常

认知正常是老年人正常生活的最基本的心理条件，是心理健康的首要标准。老年人的认知正常体现在：①感知觉正常，判断事物基本准确，不产生错觉；②记忆清晰，不遗忘重大事件；③思路清楚，不出现逻辑混乱；④具备想象力，平时生活中有比较丰富的想象力，并善于用想象力为自己设定一个可实现的奋斗目标；⑤具有维持日常生活的一般能力。

2. 情绪健康

情绪稳定是情绪健康的重要标志。心理健康的老年人能正确评估个人能力，做力所能及的事，经常保持愉快、乐观、开朗豁达、安定平稳的情绪；遇到困难和不幸时，能理智地驾驭情感，适度地宣泄不良情绪，并很快恢复平静，重新适应环境。

3. 关系融洽

关系融洽的老年人乐于与人交往，与家人感情融洽，关心他人，并能得到家人发自内心的理解和尊重；有经常交流的朋友，能够宽以待人，在交往中保持独立完整的人格。

4. 环境适应

环境适应体现在：老年人能与外界环境保持适度接触，愿意主动通过多种渠道了解社会上的各种信息，善于学习新鲜事物，能够正确认识和评价社会现状，并努力适应新的生活方式。

5. 行为正常

行为正常的老年人能够完成正常的生活、工作、学习和娱乐活动，其行为特征符合其年龄、身份、地位和个人修养。

6. 人格健全

人格健全主要体现在：①保持积极进取的人生观，积极情绪多于消极情绪；②正确评价个人和外界事物，善于听取他人的意见，能够有效控制个人行为，减少盲目性和冲动性；③意志坚强，能经得起外界事物的强烈刺激，适度发泄情绪，沉着应对各种困难；④能力、兴趣、性格与气质等各项心理特征和谐统一。

（二）老年人的心理特征

随着生理功能的衰退和社会角色的改变，老年人的心理状态发生了一些特殊变化，并影响着他们的精神状态、身体健康以及疾病的防治与预后，因此必须掌握老年人的心理特征及其影响因素，有针对性地采取措施来维护和促进老年人的心理健康。老年人的心理特征表现为以下 6 个方面。

1. 感知方面

感知觉是个体发展最早，也是衰退最早的心理机能。老年人的心理变化是从感知觉渐变开始的。各感知器官老化、功能衰退，导致老年人的视觉、听觉、嗅觉、味觉等感觉功能下降，其中视觉、听觉的下降最明显，其次是味觉、痛觉等；引起老年人反应迟钝、行为迟缓、注意力不集中、易跌倒等；使老年人产生悲观、孤独、冷漠、猜疑等心理。

2. 记忆方面

记忆是指人感知或经历过的事物的印象在大脑内识记、保持及恢复的过程。老年人的记忆力会逐渐减退，其记忆特点为：①随着年龄的增长，记忆能力下降；②以有意识记忆为主，以无意识记忆为辅；③意义记忆完好，机械记忆较差；④再认能力尚好，回忆能力较差，如能认识熟人但叫不出名字；⑤远期记忆尚好，近期记忆较差。

3. 智力的变化

智力是学习的能力或通过实践经验获得的能力。老年人的脑组织逐渐萎缩，智力降低。智力的变化主要表现在：操作智商明显减退，学习新东西较难；语言智商衰退并不明显，综合、归纳、概括、判断及推理方面的能力，会因具有多年的生活经验而变得更好。所以，老年人智力的变化存在不平衡趋势，具有多维性和多向性的特点。

4. 思维的变化

思维是人脑对客观现实概括的、间接的反映，它反映的是事物的本质和事物间规律性的联系，包括逻辑思维和形象思维，心理学上专指逻辑思维。老年人由于记忆力减退，在概念形成、问题解决、创造性思维和逻辑推理方面都受到影响，尤其是思维的敏捷度、灵活性、流畅性、变通性及创造性比中青年阶段差，而且个体差异很大。

5. 人格的变化

在心理学上，人格指个人的特质或个性，主要是指人所具有的独特而稳定的思维方式和行为风格，包括人生观、价值观、能力道德、个性习惯、兴趣爱好等。到了老年阶段，人格也有了相应的变化，如因对健康、经济过分担心与关注而产生焦虑不安、保守、孤独、任性等情绪，因把握不住现状而产生怀旧和愤世等心理。

6. 情感与意志的变化

情感是人对客观事物所持的态度体验，更倾向于社会需求欲望上的态度体验。因社会地位、生活环境和文化素质的不同，老年人的情感和意志的变化存在较大差异。生活条件和社会地位的变化均可造成情感的变化，而非年龄本身所造成的。

（三）老年人心理特征变化的影响因素

1. 生理功能减退

步入老年阶段，人的组织器官会出现老化现象，生理功能也随年龄的增长而衰退。当老年人的视觉、听觉功能，特别是听觉功能明显下降时，老年人对他人语言的理解能力下降，尤其是对某些不熟悉的内容，理解能力下降得更为明显。而味觉和嗅觉功能的下降，会使老年人觉得食而无味，变得容易挑剔。

2. 社会角色的变化

老年人离开工作岗位后，由于社会角色的改变，社会地位、经济地位及家庭人际关系方面均可能会发生改变，老年人的主导作用减小。因此，老年人常感到自己的意见不再像以往那样被别人重视，容易产生精神空虚、情绪消沉等心理问题。

3. 疾病

很多疾病都会影响老年人的心理状态，例如：脑动脉硬化，可导致老年人脑组织供血不足，脑功能减退，记忆力下降；脑梗死、慢性心力衰竭等，可导致老年人生活部分甚至完全不能自理。一些疾病久治不愈，也容易使老年人产生悲观、孤独、绝望等心理问题。另外，患有较严重疾病的老年人会对衰老、死亡有忧虑感和恐惧感。

4. 营养状况下降

调查显示，我国老年人群对钙、锌等营养素的摄入量明显低于推荐量，从而导致某些营养素缺乏。当营养素摄入量不足时，人体可出现精神不振、乏力、记忆力减退、冷漠甚至发生抑郁及其他精神、神经症状。

5. 丧偶

配偶是老年人最重要的伴侣和主要照顾者，俗话说“少年夫妻老来伴”。在老年阶段失去伴侣的伤痛，对于老年人来说是无法承受的，将对老年人的精神造成严重的影响。老年人丧偶后悲伤情绪的流露是机体适应危机的一种心理反应，但若长期沉浸在悲伤状态中则会有损健康。

拓展阅读

不同学者提出的老年人心理健康的标准

美国心理学家马斯洛（Maslow）和米特尔曼（Mittleman）提出的心理健康的10条标准被认为是“最经典的标准”：①有充分的安全感；②充分了解自己，并能对自己的能力做出恰当的估计；③有切合实际的目标和理想；④与现实环境保持接触；⑤能保持个性的完整与和谐；⑥具有从经验中学习的能力；⑦能保持良好的人际关系；⑧能适度地表达与控制自己的情绪；⑨在不违背集体意识的前提下，有限度地发挥自己的才能与兴趣爱好；⑩在不违反社会道德规范的情况下，能适当满足个人的基本需要。

我国著名的老年心理学专家许淑莲教授概括老年人心理健康的标准为：①热爱生活和工作；②心情舒畅，精神愉快；③情绪稳定，适应能力强；④性格开朗，通情达理；⑤人际关系适应性强。

｜第三步｜熟悉老年人的社会特征

一、老年人的社会角色与社会支持

（一）社会角色

随着老化过程的推进和年龄的增长，人们面对社会角色和人际关系的改变需要重新适应和调整。老化过程是每个人生命成长和成熟（growing old and growing up）的过程。在这个过程中，老年人与年轻人面对就业、结婚、生儿育女等社会角色和人际关系的改变一样，需要及时适应和调整。

老年人的适应和调整主要包括身体状况、心理需要、家庭关系、工作或退休生活各方面。例如：有些老年人退休后因减少了日常性的社会接触，可能会与往日的朋友渐渐失去联系；有些老年人退休后可能会继续参与不同的活动，重新建立新的朋友关系，或重拾与因工作忙碌而不经常联系的旧朋友的友情。这些朋友及其他和谐的人际关系是老年人重要的支持，以及他们快乐和归属感的来源。

（二）社会支持

老年人退休之后，若成年子女已另组家庭，则家中可能只有自己和老伴，这对老年夫妻的关系是一个极大的考验。两人朝夕相伴、形影不离，需要夫妻各自用心去适应和调整。有意义的老化过程具备三个重要的因素——经济状况、夫妻关系和朋友情谊，即通常所说的“老本、老伴、老友”。后两个因素是老年人除子女和孙辈外重要的社会支持。经济状况是影响老年人生活质量的重要因素。如果需要，晚年就业也可以改善老年人的经济状况。人的一生中总是充满机遇和挑战。老年人在很多方面与其他年龄段的人不同，因为他们对生活有不同的期待。引导和鼓励老年人建立和谐的婚姻、家庭及其他人际关系，构建稳固的社会支持系统（social support system）非常重要。

理论上，社会支持系统包括非正规社会支持系统和正规社会支持系统。家庭或朋友是老年人的非正规社会支持系统，对老年人的生活满意度和归属感有极重要的支持作用。正规社会支持系统是指正规的社会服务系统。社会工作者评估老年人的社会支持系统除评估它的质和量对老年人的影响外，还评估包括心理或实质的支持、支持的频率和程度，以及老年人对支持是否感到满意。老年人与家人和朋友间的双向关系对老年人的身心健康和生活质量有极重要和决定性的影响。老年人和他的家人、朋友保持良好的关系，可以为有意义的老化过程带来一定的贡献。反之，极度的与社会隔离、不和谐的人际关系可导致老年人死亡率提高。

老年社会工作者在照顾老年人的过程中要尊重老年人、增强老年人的信心，站在老年人的角度思考、讨论他们遇到的难题，并协助他们积极面对因老化带来的身体、心理和社会角色改变的挑战。老年社会工作者还要帮助老年人评估家庭和环境对老年人的生活质量和独立能力有哪些正面或负面的影响。

二、老年人社会角色的改变与家庭关系的重整

因为女性的寿命一般比男性长，所以老年男性有较多机会与配偶一同生活，而老年女性有可能面对丧偶后的孤单生活。由于两性寿命的差距，老年女性在65岁之后独居的概率比较高，这是一个世界普遍的现象。虽然老年夫妇的数量会随着年龄的增长而下降，但依然有不少老年夫妇可以共度晚年。老年人在晚年相伴是一件幸福的事，但他们也得适应生活各方面的改变和面对各种挑战，包括夫妻关系、父母和成年子女之间的关系、疾病、财政等问题。成年子女完成学业，多数会建立自己的家庭，很少跟父母住在一起。所以老年夫妇会重返二人世界，并要学会慢慢适应空巢。在子女年幼时，很多夫妇都围绕着子女生活，并以此维持和谐的夫妻关系。对于这些夫妇，养育子女的责任是维系婚姻关系的关键，而夫妻关系则被放在了次要位置。所以当成年子女离开家之后，夫妇二人可能像陌生人一般，他们只把对方当作子女的“爸爸”或“妈妈”，夫妻关系并不亲密。这些老年夫妇有必要重新适应和调整两人的关系，重新建立相处模式。

大多数老年夫妇对家庭及子女成长的各阶段有不同的期望。老年社会工作者要根据不同家庭的特点进行评估。研究指出，每对夫妇对共同生命历程的看法和反应都不

一样，在概念上分为两大类：一类是被动适应和调整，另一类是主动选择适应和调整。这些不同的心态，会直接影响老年人晚年的生活质量。

第一类心态会使老年人感到悲伤和无力，因为他们觉得自己没有任何控制的能力。第二类心态会使老年人主动选择适应和调整空巢生活。实际上，第二类心态会促使老年人为晚年生活提前做好准备，享受二人世界。例如，老年人可以计划旅行、上老年大学、做志愿者等等。他们会期待成年子女快些独立，离开家。这些老年夫妇会享受二人世界和自由自在的日子，并为完成自己作为父母的责任而感到轻松和高兴。这类老年人比较潇洒，愿意对子女放手让他们有更多的发展空间，而自己也把握机会学习新知识，做个自由开放、"人见人爱"的老人家。根据老年心理学，人的性格不会因老化而改变。换言之，性格取向是相当稳定的。固执的年轻人将变成固执的老年人，浪漫的年轻人将变成浪漫的老年人，潇洒可爱的年轻人将变成潇洒可爱的老年人。作为年轻人，可以想象到当你成为老年人的时候，你的性格将会和现在一样。或者说，这颗年轻的心将会永驻你老化的身体。所以无论老年人的年纪有多大，都可以与老伴共享和谐、浪漫的婚姻关系，并在生活中继续学习，共同面对婚姻中的每一个考验。有些老年夫妇选择帮助子女照顾孩子，争取当好祖父母的角色，重新参与家庭生活并继续为家庭做贡献。有些老年夫妇可能会选择分别追求自己的晚年梦想，如学法律、文学、中医等，各适其适。这些都是新的改变及对生命和生活的调整。一些坐轮椅的老年人，他们学习轮椅舞蹈，同样生活得很精彩。晚年生活的选择和斗志因人而异，无论老年人的身体状态如何，都应鼓励老年人参加有意义的活动，老有所为。研究证实这些有意义的社会参与对老年人的身体、心灵都有积极的影响。

三、老年人在转变中的社会适应

社会工作者需协助老年夫妇在转变中学习如何面对"失去"，例如失去健康、失去至爱、失去和谐的家庭关系、失去好朋友，或因晚年生活方式的改变而感到失去自主的机会。社会工作者需要明白不同类型的"失去"对老年人的个人意义和"失去"对他们心理的影响。例如，一些老年人可能认为其伴侣患病后失去做饭或处理家务的能力，他们便要入住养老院。此时社会工作者要协助他们认识到这个决定将会带来其他更严重的"失去"，如入住养老院之后会失去独立感、自由感、安全感、夫妻关系的亲密感等。在这种处境下，社会工作者可以帮助主要照顾者和被照顾者学习新技能或使用支持服务，让老年夫妇继续在家共同生活。在地养老或者称居家养老对老年人非常重要。

老年夫妇还会面对"失去"带来的其他困境。例如，已退休的丈夫会终日留在家中，与妻子一起处理家务。这些丈夫经常将其工作时"行政和管理"的那一套"学问"应用在家中。妻子会觉得自己失去了在家的自主权，而丈夫会因为退休后无所事事而感到自己无价值、无作为并表现出焦虑。老年社会工作者需要帮助他们利用创意来解决家庭分工的问题，或者为他们提供学习或参加社交的机会，扩大他们的生活圈子，从而建立夫妻关系以外有意义的人际关系。

除此以外，社会工作者还可以为老年夫妇创造机会，让他们掌握和控制自己的生活，例如，学习一种新乐器、一门语言或者做志愿者去帮助其他需要他人帮助的人。让老年人有信心面对身体老化带来的各种改变也是很重要的。老年人若感觉自己能够掌控自己的生活，则对预防老年抑郁症有重要的作用。面对“失去”带来的挑战，其实可以灵活应对。患病的妻子虽然不能再做饭，但她可以指导老伴做饭，或对菜谱提出建议。患病的丈夫虽然不能维修家中的电器，但他可以指导妻子具体怎么操作。在双方愿意互相体谅和尊重的情况下，社会工作者可以协助他们发掘一些他们力所能及的事情，让他们重新界定和维持自己觉得有意义的角色，从而帮助他们避免经历紧张的婚姻关系。和谐及有深度的婚姻关系是需要努力耕耘的。

当夫妻中的一方因疾病而“失去”婚姻中原有的角色时，他们可能会为此而感到忧虑。身为家中顶梁柱的丈夫，退休后可能因自己对家庭再无贡献而感到忧虑。一直负责处理家务的妻子亦可能因身患疾病认为自己对家庭无贡献而感到抑郁。夫妇之间需要持续肯定对方在婚姻关系中的角色。社会工作者也要让他们相信婚姻关系是一生的承诺，任何生命中的挑战都不会改变这一关系。用下面的比喻可以更加形象地解释婚姻关系。如果婚姻是划船，当暴风雨来临时，最需要的是船上的人相互配合和支持，这样才能使船保持平稳。如果婚姻是一幅拼图，夫妻双方花了很长时间才拼好，那么他们没必要因为其中几块不合适（生命挑战）而将整幅拼图都扔掉。

在老化过程中，夫妻或许会面临各种各样的来自生理和心理的挑战，他们最需要的是通过掌握的知识和技能来应对这些挑战。知识就是力量。社会工作者需要为老年夫妇及其家人提供这方面的知识。老年夫妇在面对身体疾病或其他困难时，可能会暂时失去应对的能力。在这种情况下，社会工作者要帮助他们了解自己的需求，并协助他们利用有关的资源满足需求。向别人求助时，老年人可能会有挫败感和感到尴尬。社会工作者要鼓励老年人向家人或专业人士求助，并避免伤害老年人的自尊心。

社会工作者在一线协助和辅导老年人时，用词要谨慎，尽量避免用“帮助”这一类的字眼，因为帮助意味着社会工作者能力强，高高在上。为表达尊重和平衡权力，应询问老年人是否愿意给社会工作者一个机会去支持他们。还有就是必须维护老年人的尊严，这是社会工作者最基本的职业素养。事后要感谢老年人愿意接受服务，并表明这是他们明智和勇敢的选择。

拓展阅读

老年人的自尊和自我效能

随着老年人社会角色的转换，第三年龄老年人最主要的调整是对自我概念和自我认知进行重新界定。自我概念来自个人和社会环境、社会角色和成就的相互影响。第三年龄老年人的自我概念建立于他在第三年龄的社会角色（家庭角色、职业角色、专业角色）及别人对他的期望的基础上。相关角色的失去对他们的自尊心有很大的影响。自尊指的是个人参照某种理想或标准，对自己身份的评估或感受。自尊以自我的感情性评估为基础，而自我概念则是对个人身份的认知性定义。男性的成就感和领导能力的高峰期在35岁至49岁之间，之后逐渐下降。相反，女性的成就感和领导能力的高峰期多在怀孕和抚养孩子阶段，然后逐渐下降直到65岁又重新上升。生命周期中的自尊波动，反映了人们对生活责任的认识程度和承担这些责任的能力。

老年人如果对生活感到满意，适应环境的能力就会大大提高。心理学家研究了生活满意程度和成功适应之间的关系，指出当老年人面对生活中的挑战和压力可以较好地适应时，他们对生活更满意，因为有更强的成就感。无论老年人对生活满意的程度怎样，他们都能在晚年生活中发现一些有意义的活动，以补偿老年生活中某些角色的失去。

任务工单

认识老年社会工作的服务对象

任务名称		学时		培训对象	
学生姓名		联系电话		任务成绩	
任务设备		操作时间		操作地点	
情景导入	李奶奶今年 82 岁，她的老伴去年去世了。李奶奶有两个子女，都已经成家立业。其儿子大学毕业后去美国留学，完成学业后便在美国定居。其女儿从师范学校毕业后到外地工作，后与当地人结婚并在外地定居。李奶奶的两个子女都很少回来看望她。 自从老伴去年去世后，老房子里便只剩下李奶奶一个人。前几年李奶奶的身体还很硬朗，可自从老伴去世后，李奶奶的身体一日不如一日，还曾经昏倒在老房子里，是邻居发现后才将她送往医院治疗。 以前在老伴的陪同下李奶奶经常参加社区里的老年活动，可今年李奶奶除了购买日常生活用品外，几乎没有出过门，特别是现在身体不好，更不出门了，与社区里关系要好的老年人也都断了联系。李奶奶的情绪很低落，认为自己快要不行了				
任务描述	根据上述情景，思考李奶奶面临哪些困境以及有哪些具体问题？				
任务分析	可以尝试从有利于维持身体健康、保持社交等多个方面进行分析				
任务目的	1. 了解老年群体的生活状况； 2. 分析老年群体的心理状况； 3. 掌握老年群体的社会状况				
操作注意事项	1. 任务分析不仅能够帮助社会工作者了解老年人，也为后续提供专业的服务做准备； 2. 在操作过程中，可以尝试以小组或社区为单位让更多的老年人积极参与社会活动				

（续）

<table>
<tr><td rowspan="4">任务实施</td><td>准备工作</td><td></td></tr>
<tr><td>实施流程</td><td></td></tr>
<tr><td>实施总结</td><td></td></tr>
<tr><td>实施评价</td><td></td></tr>
<tr><td>教师评价</td><td colspan="2"></td></tr>
</table>

任务三　做好老年社会工作的服务准备

面对纷繁复杂的老年人需求及问题，能够在不同的养老服务情景中，选择适宜的服务方式显得至关重要。因此，在开展老年社会工作前，除了解基本的知识内涵外，还需要从服务情景、服务角色、方法和步骤这三个方面做好服务的准备工作。

工作步骤

熟悉老年社会工作的服务情景

↓

了解老年社会工作的服务角色

↓

选择合适的方法和步骤

活动内容

1. 分析老年社会工作的常见工作场所有哪些？
2. 分析在不同的养老场所，老年社会工作者的服务重心分别是什么？

情景导入

小曹和小陶都毕业于某大学社会工作专业，他们进入了不同的单位，但都从事老年社会工作方面的服务。小曹在一家养老机构做专职社会工作者；小陶去了一家民办非企业单位，她所在的单位也在社区内开展老年社会工作服务。忙忙碌碌地工作了一个月后，小曹和小陶总算有机会再聚聚了，当他们聚在一起讨论自己的工作时，却发现虽然都从事老年社会工作，但工作内容和工作角色有很大不同。

思考与讨论

请尝试分析，小曹和小陶所提供的老年社会工作服务有哪些不同的地方？导致这些不同的原因是什么？

| 第一步 | 熟悉老年社会工作的服务情景

老年社会工作的场所范围比较宽泛，形形色色。护理院和医院常常被视为老年社会工作最重要的场所。但实际上老年社会工作很少在护理院开展，因为只有极少量的老年人住在护理院，老年社会工作大多在社区开展。

一、老年社会工作的主要场所

一般而言，社会工作机构、社区居家养老服务中心、养老服务机构、医院、成人日间护理机构和支持性住所是老年社会工作的主要场所。

（一）社会工作机构

社会工作机构通常有大量专业的社会工作者。其中有些社会工作者在老年工作方面有特长，可以根据老年人的需求提供必要的专业服务。通常而言，社会工作机构以主动拓展和被动接收两种形式提供服务。

主动拓展是指社会工作机构根据其承接项目的要求或服务宗旨，主动地、有计划地为老年人提供专业性服务。社会工作者在实施评估的基础上，先确定什么服务可能对老年人有帮助，然后根据服务所需，提供直接的服务或者是资源链接等。

被动接收是指老年人及其家属因面临老迈所带来的挑战而主动接触社会工作机构，希望得到必要的帮助。这种情景往往发生在老年人及其家属遇到突如其来的危机的情况下，老年人希望得到宽慰、支持以及有价值的信息，以使他们摆脱当下的困境。

（二）社区居家养老服务中心

大部分老年人居于社区中，为他们提供的社区老年社会工作服务主要满足他们在健康、情绪、居住及社会参与上的需要。社区老年社会工作服务的范围通常包括老年人活动中心、志愿者服务团体、社区卫生院、老年人社区中心等，多由地方政府拨款或慈善基金资助。

（三）养老服务机构

养老服务机构是为老年人提供专业性生活服务的场所。养老机构的社会工作者还向老年人及其家属提供支持性和教育性服务。例如，社会工作者早在老年人入住养老机构前就已经着手做老年人及其家人的工作，为他们安排入住前的参观访问，进行初步评估，确定能满足老年人需要的服务。一旦老年人入住了养老服务机构，社会工作者既要帮助老年人调整自己的生活习惯以适应养老服务机构的作息制度，还要鼓励老年人参与养老服务机构的各项活动，以使老年人更快、更好地适应养老服务机构的生活。除此之外，在养老服务机构中，社会工作者常常会提供一些常规的老年服务项目，如游戏、音乐会等社交活动，太极、美术、门球等兴趣小组，以丰富老年人的生活。

以上三种场所是绝大多数社会工作者施展身手的主要地方。此外，还有医院等其他老年人活动场所也需要大量的社会工作者，这里就不一一赘述了。

二、老年社会工作的主要服务情景

（一）老年社区照顾

社会工作者在老年社区照顾中的工作重点是社会性照顾。主要内容包括：一是对日常生活的实际协助；二是为老年人遇到的日常问题提供建议和帮助；三是教授和指导老年人掌握新技能，或者强化其现有的技能；四是制定专门的社会照顾评估、处置和康复方案，目的是改善老年人的社会功能，让他们生活得更自由、更独立；五是保护老年人中的高风险人群。

老年社区照顾的目标人群包括“五保”（保吃、保穿、保住、保医、保葬）老人、“三无”（无法定赡养或扶养义务人，或者虽有法定赡养或扶养义务人，但是法定赡养或扶养义务人无赡养或扶养能力；无劳动能力；无生活来源）老人、空巢老人、高龄老人、伤残老人、失独家庭老人和其他困难老人。

1. 老年友好型城市与老年宜居社区

老年友好型城市是在城市建设、规划和发展中，通过政策的引导和科学的管理，以积极的姿态，发掘老年人和城市的潜能；通过社会服务、场所和设施的支持，鼓励社区、企业、社会组织、家庭和个人积极参与，为老年人提供适宜的公共社会资源和人文环境；营造全社会尊重、包容老年人的氛围，促进老年人全面融入社会，让老年人拥有更多自主生活和社会参与的机会，享有健康和有尊严的老年生活。我国自2009年开始大力推动老年友好型城市与老年宜居社区的建设，推出了一系列指导性文件，为社区工作者设计工作方案提供了参考。

2. 社区照顾

社区照顾的核心是“正常化”和独立自主的选择性，其内涵包括长期护理照料、非机构化、减少公共依赖、非正式照顾、选择与参与、需求导向的服务、成本效益七个方面。它倡导的是让老年人在不脱离家庭与熟悉的社区环境的情况下接受照顾服务，使他们尽可能过正常的社会生活。

贝利（Bayley）根据被照顾老年人的身体、心理、社会等状况，把社区照顾分为

“由社区照顾（care by the community）”和“社区内照顾（care in the community）”两种模式。“由社区照顾”主要是非机构、非住宿、非隔离式的照顾方式，是受助人居家接受由政府、社会、家人等社区内专业、非专业的服务人员所提供的综合性照顾，是一系列的支援性服务。“社区内照顾”主要是机构形式的照顾，是指受助人依赖社区内的专业机构或受过训练的专业工作人员照顾。

“由社区照顾”包括以家庭为中心的家庭照顾（非正式照顾）、居家照顾与日托照顾三种形式，其中居家照顾与日托照顾为“由社区照顾”的主要模式。

（二）老年机构照顾

社会工作者在机构照顾中的主要工作有：需求评估，入住引导，协助入住者及其家庭运用社区资源解决由入住机构带来的经济、法律、精神健康和其他方面的问题，制订机构的社会工作服务计划，协调各项社会服务方案，落实社会支持，进行个案管理，转介，等等。

我国常见的养老机构类型如下。

（1）托老所：提供短期老年人托管服务的社区养老服务场所，设有生活起居、文化娱乐、康复训练、医疗保健等多项服务，分为日托、全托、临时托等。

（2）老年公寓：专供老年人，通常是生活能够自理的老年人集中居住的公寓或老年住宅，设有餐饮、清洁卫生、文化娱乐、医疗保健等多项服务。

（3）护老院：专为生活需要一定协助的介助老人安度晚年而设置的社会养老服务机构，设有生活起居、文化娱乐、康复训练、医疗保健等多项服务。

（4）敬老院：在乡（镇）、村设置的供养“三无”老人、“五保”老人，以及接待社会上的老年人安度晚年的社会养老服务机构，设有生活起居、文化娱乐、康复训练、医疗保健等多项服务。

（5）老年福利院：由国家出资兴办、管理的综合接待“三无”老人、自理老人、介助老人、介护老人安度晚年的社会养老服务机构，设有生活起居、文化娱乐、康复训练、医疗保健等多项服务。

（6）养老院或老人院：专为自理老人或综合接待自理老人、介助老人、介护老人安度晚年而设置的社会养老服务机构，设有生活起居、文化娱乐、康复训练、医疗保健等多项服务。

（7）老年护理院：专为生活自理有困难的介护老人安度晚年而设置的社会养老服务机构，设有生活起居、文化娱乐、康复训练、医疗保健等多项服务。

（三）养老机构中社会工作服务的具体目标

长期照顾机构中的社会工作服务的具体目标包括以下几个方面。

（1）协助居住者及其家庭最大限度地利用本机构和社区相应的社会资源和健康资源。

（2）增强居住者及其家庭与机构员工之间的沟通。

（3）协助本机构创造并维护具有治疗作用的环境。

（4）通过鼓励社区参与本机构的事务以及居住者和员工参与社区的事务，推动本机构与社区互动及与更多的社区资源建立合作关系，促进本社区参与与其他长期性的社会服务和健康照顾资源有关的服务计划评估工作和规划工作。

（四）养老机构中社会工作者的工作内容

社会工作者在养老机构中扮演着非常重要的角色，其主要工作内容如下。

（1）接收老年人前的服务，包括进行生理、心理和社会功能评估，参与多学科人员对老年人是否需要院舍照顾的评估，并做好接待入住的老年人的准备工作。

（2）识别各种需求，协调各项服务，确保每位居住者在生理、心理和社会方面的需求都能得到满足。

（3）根据需要参与制订和重新评估用来满足每位居住者的生理、心理和社会方面的需求的个性化的社会服务计划和多学科照顾计划。

（4）协助居住者及其家庭落实和运用经济、法律、精神健康和其他方面的社区资源。

（5）提供个人、家庭和小组服务，保持或强化居住者的生理、心理和社会功能。服务包括协助居住者处理下述事宜：与疾病、伤残、财物和医疗方面的决定有关的事宜；在机构内部或机构间的转换、人际关系；重建社区生活；应对分离、丧失、濒临死亡和死亡事宜。

（6）通过制定和执行政策，让居住者及其家庭、机构员工了解居住者的权利，倡导给居住者提供适当的照顾和服务。

（7）协助居住者获得或保持身心健康的最佳状态，同时使在精神或心理社会功能方面有困难的居住者得到适当的照顾和服务。

（8）协助参与干预行动的员工。

（9）落实多学科合作的出院计划和追踪服务，为居住者安全地融入社区提供便利。

（10）参与本机构制订整体服务计划和制定政策的工作。

（11）根据需要或要求参与建立院民组织和家属组织。

（12）与医护人员和机构员工一道，与有行为能力的居住者及其家庭讨论预留医疗指示问题和财物问题；对于失去行为能力的居住者，参与讨论监护权问题和指定做决定的代理人问题。

（13）对志愿者进行引导和督导。

（14）开发社区资源，促进居住者的身体健康、精神健康并满足他们的其他福利需求。

（15）对社会工作实习生进行督导。

（16）参与独立进行或合作进行的研究项目和示范项目。

| 第二步 | 了解老年社会工作的服务角色

通常而言，在复杂的社会工作实践中，社会工作者要承担多种角色，提供多种服务，以帮助服务对象走出困境。

在老年社会工作服务领域中，社会工作者通常扮演直接服务角色、间接服务角色与合并服务角色这三类角色。其中，直接服务是社会工作者面对服务对象直接提供的服务，是老年社会工作中最基本的服务。间接服务是指社会工作者借助其他程序向服务对象提供帮助。合并服务是直接服务与间接服务兼而有之。

一、社会工作者的直接服务角色

1. 服务提供者

社会工作者首先是向服务对象提供服务的人，这里的服务既包括提供物质帮助和劳务服务，也包括提供心理辅导、意见咨询帮助和关系支持。由于社会工作者面对的是困难人群，所以提供物质、劳务和心理方面的服务和帮助是社会工作者的首要职责。

2. 治疗者

社会工作者作为治疗者已经有很长的历史了。传统的治疗对象集中于出现问题的个人，现在已经扩展到了团体和社区。治疗是站在“病理学”的角度，认为服务对象出了问题、有行为偏差，因而其需要帮助和矫正。治疗的目的是系统地影响服务对象的人际互动或内在心理功能，控制或减轻服务对象的症状。在帮助边缘群体进行社区矫正，帮助他们戒毒和治疗网瘾等工作中，社会工作者经常扮演治疗者角色。

3. 支持者

社会工作者面对服务对象（受助者）不但要提供直接服务或帮助，还要鼓励其在可能的情况下自强自立、克服困难，即“助人自助”。因此，社会工作者应该成为服务对象积极反应的支持者、鼓励者，并应尽量创造条件使其自立或自我发展。在这里，对服务对象的授权和增能是社会工作者支持者角色的重要工作组成部分。

4. 使能者

使能就是使服务对象有能力面对问题和解决问题。社会工作者主要靠激发服务对象的内在能力来解决问题，所以社会工作者要根据服务对象所面对的现实问题，帮助他们克服畏难情绪，激发其潜能，增强其自信心，同时提高其解决实际问题的能力，以改善服务对象的不良境遇。这时，社会工作者扮演着使能者角色。

5. 倡导者

倡导就是率先倡议实施某种行为。社会工作中的倡导包括对政府行为的倡导和对服务对象行为的倡导。前者可以称为政策倡导，后者可以称为社会倡导。社会倡导属于直接服务，即社会工作者直接向服务对象提倡某种行为。在服务对象必须采取新的行动才有助于其走出困境，但服务对象对新的行动又不了解时，社会工作者应该成为服务对象采取某种行为的倡导者，即向服务对象倡导某种合理行为，并指导他们以使其成功。当然，这里的倡导不是不顾服务对象接受程度的强行推动。

6. 关系协调者

在许多情况下，服务对象没能处理好与周围的人、群体或社会组织的关系，即服务对象的人际关系和社会关系失调，这会使服务对象陷入困境。这时，社会工作者要面对不同个人、不同群体之间的矛盾或冲突，承担起协调关系、缓解和处理矛盾的任务。社会工作者希望自己的介入能够促进矛盾、冲突双方的互相沟通和理解，从而缓和、解决矛盾，使双方建立和谐的关系。这需要社会工作者全面深入地分析问题，谨慎地选择工作方法，有策略性地应对问题。

二、社会工作者的间接服务角色

社会工作者不但要面向服务对象提供直接、有效的服务，还要为这种服务提供支持，即进行间接服务。在这方面，社会工作者承担的角色主要包括以下几种。

1. 行政管理者

社会工作者在社会工作过程中应该进行有效控制，同时必须对与助人相关的诸多资源、信息进行协调、安排和管理，以提高服务的效率，并注意不要发生伤害服务对象的意外事件。行政管理者的角色不但对福利机构的运行十分重要，而且在个案管理、社区工作中也很重要。

2. 资源筹措者

为了有效助人，社会工作者常常需要联络政府部门、企事业单位、社会组织（包括基金会）和广大社会成员，向他们筹集服务对象所需要的资源。可以说为服务工作的顺利开展而筹措资源是社会工作者的重要责任。筹措资源完成后，社会工作者或将资源传递到服务对象手中，或将资源同服务对象链接起来，这种角色又叫资源链接者。

3. 政策影响者

社会工作者可以而且应该影响社会政策，使之更加完善，这时社会工作者扮演着政策影响者的角色。由于某些社会问题是由制度因素造成的，因此对现有的政策或制度进行完善是有必要的。社会工作者在服务过程中发现某些问题具有普遍性时，应该提出建议以影响和改善社会政策，解决社会问题，避免社会问题再次发生。政策影响者常常有比较明确的政策主张，故又称政策倡导者。

4. 研究者

从某种意义上说，每一个社会工作者都是研究者。社会工作者对自己的服务实践进行研究，可以提高自己的专业服务水准，丰富自己的社会工作专业知识与理论，也可以为社会政策的制定提供依据。实际上，细致地了解服务对象的问题并给出合理的建议也是在研究问题。

三、社会工作者的合并服务角色

社会工作者的合并服务角色是指包含了多种功能的综合角色。这种合并服务角色既包括直接服务也包括间接服务，还可能包括不同角色互相连带的服务。比如关系协调者提供的协调服务包括服务对象与环境之间的协调、各环境因素之间的协调、不同服务提供者行动的协调等。实际上，直接服务和间接服务并不能完全清楚地分开，各种服务是互相关联的。各种服务之间的相关性使得社会工作者的服务具有整体性、综合性的特点。所以，合并服务角色是社会工作者的重要角色。

第三步 | 选择合适的方法和步骤

一、老年社会工作服务的主要方法

老年社会工作服务的主要方法分为两类：一类是通用社会工作的基础方法，另一类是老年服务领域独特的工作方法。

（一）基础方法

老年社会工作者可以根据实际情况综合运用个案工作方法、老年小组工作方法、社区工作方法等社会工作直接服务方法及社会工作行政方法、社会工作研究方法等间接服务方法。

1. 个案工作方法

个案工作是指以生活适应不良的老年人及其家庭为工作对象，以专业社会工作的价值理念为基础，运用有关人类关系及个人发展的各种科学知识和专业技术，针对老年人的特殊情况和需求，以个性化的方式帮助老年人及其家庭减轻压力、调适社会关系，并运用社会资源来改善或恢复老年人的社会功能，激发老年人的潜能，增强老年人的社会适应能力，提高老年人的生活质量的工作过程。

2. 老年小组工作方法

小组工作是针对社区内或机构内的老年人的心理、生理、社会适应等方面的问题，通过提供不同目标模式的小组方案进行辅导与治疗，增进小组成员的相互支持，改善其态度、人际关系和应对实际生存环境等的社会生活功能，以及满足老年人工具性和情感性需求的过程。

3. 社区工作方法

社区工作是社区工作方法在老年社会工作领域的具体运用。社区工作方法通过老年社会工作者的介入，组织社区中的老年人有计划地参与集体活动，以解决社区中老年人的社区生活问题，满足社区老年人的需要，达到改善老年人的生活环境、提高老年人的生活质量的目的。同时在参与过程中，该方法可以使老年人建立社区归属感，培养老年人的自助、互助及自决精神，增强老年人的社会参与意识及能力，发挥老年人的潜能。

（二）独特方法

除运用通用社会工作的基础方法外，老年社会工作服务还拥有一些独特的方法，如缅怀治疗、人生回顾、现实辨识、动机激发、园艺治疗和照顾管理等。

1. 缅怀治疗

老年社会工作者协助老年人缅怀过去，回忆以往的正面事件和感受，从正面的角度去理解和面对过去的失败与困扰，从而肯定自己，以适应现在的生活状况。

缅怀治疗主要适用于帮助老年人缓解抑郁症、轻度失智症等问题。

2. 人生回顾

老年社会工作者引导老年人通过重温往事的方式，帮助老年人处理在早年生活中没有妥善处理的问题，从而解开老年人长期的心结。

人生回顾主要适用于帮助老年人处理长期的情绪问题。

3. 现实辨识

老年社会工作者通过向老年人提供持续的刺激和适当的环境提示，帮助他们与现实环境接轨。

现实辨识主要适用于预防和缓解老年人认知混乱、记忆力减退。

4. 动机激发

老年社会工作者通过协助老年人接触他人、参加群体活动，激发老年人对现在和未来生活的兴趣。

动机激发主要适用于预防、缓解老年人社交能力受损、负面情绪等。

5. 园艺治疗

老年社会工作者组织和协助老年人参加园艺活动，接触自然，舒缓压力，复健心灵。

园艺治疗主要适用于预防和缓解老年人身体和精神的衰老。

6. 照顾管理

老年社会工作者综合评估老年人的需求，并计划、统筹、监督、再评估和改进服务，实现对老年人持续、全面的照顾。

照顾管理主要适用于需要长期照护的老年人，以及具有多重问题和复杂需求的老年人。

二、老年社会工作服务的流程步骤

我国民政部发布的《老年社会工作服务指南》（MZ/T 064—2016）指出，老年社会工作服务流程和步骤遵循通用社会工作服务流程。具体包括以下流程及步骤。

（一）接案

老年社会工作者在接案过程中应完成下列工作，包括但不限于：

（1）收集老年人资料；

（2）了解老年人的问题和需要，决定是否需要紧急介入；

（3）评估老年人的问题解决是否在老年社会工作者的能力范围和机构能力范围内，必要时予以转介；

（4）与老年人或其主要照顾者建立专业关系。

（二）预估

老年社会工作者在预估过程中应完成下列工作，包括但不限于：

（1）优先评估老年人面临的风险，如健康、受虐、抑郁、自杀等；

（2）根据实际情况，协调进行跨专业、综合性评估，包括老年人的问题、需求和资源状况等；

（3）与老年人共同决定解决问题的优先次序。

（三）计划

老年社会工作者在计划过程中应完成下列工作，包括但不限于：

（1）邀请老年人及其家庭参与服务计划制订；

（2）设定服务计划的目的和目标；

（3）目标的制定应符合具体、可衡量、可达成、可评估、有时限的 SMART 原则；

（4）制定介入策略、行动步骤及进度安排；

（5）拟定预期存在的困难、风险及其应对策略和预案；

（6）明确社会工作者、老年人和照顾者各自的任务和角色；

（7）制定过程评估和成效评估计划及指标；

（8）拟定服务所需的人力、经费、设备设施等资源保障。

（四）介入

老年社会工作者在介入过程中应完成下列工作，包括但不限于：

（1）促使老年人及其家庭以及相关人员学会运用现有资源；

（2）对老年人与环境产生的冲突进行调解；

（3）运用各种能够影响老年人的力量帮助老年人实现积极的改变；

（4）从优势视角，鼓励和协助老年人发挥潜能；

（5）注意发掘和运用老年人所在社区或机构的资源；

（6）协调和链接各种为老年人服务的资源和系统；

（7）促进老年人所处的环境的改善；

（8）促进与老年人有关的政策的改善。

（五）评估

老年社会工作者在评估过程中要完成下列工作，包括但不限于：

（1）根据服务计划中制订的过程评估和成效评估计划开展评估；

（2）通过多种方式收集和分析与服务相关的资料，包括客观资料、主观感受与评价等；

（3）撰写评估报告。

（六）结案

老年社会工作者在结案过程中应完成下列工作，包括但不限于：

（1）根据服务效果和具体情况确定能否结案；

（2）巩固老年人及所处环境已有的改变；

（3）增强老年人独立解决问题的能力和信心；

(4) 避免或妥善处理因结案产生的负面情绪；

(5) 结案后提供跟进服务。

拓展阅读

老年个案工作常用技巧

在开展老年个案工作中，社会工作者不可预设老年案主到了人生晚年，就对自己了解得十分透彻。每个人都有认识上的盲点，老年人也是如此。因此，社会工作者要帮助老年案主进行自我探索，让他们更深入、更仔细地了解自己的心态和感受，以便为实现预期的改变而创造条件。老年个案工作技巧大致有如下几种。

(1) 工作初期避免使用劝告技巧。

劝告技巧是个案工作过程中的一种介入方式，但在工作初期由于双方尚未建立信任关系，此时采用劝告技巧往往得不到想要的结果，也不利于老年案主自我探索。

(2) 避免完全依赖问话。

在初次和老年案主面谈时，利用询问的方式无疑会帮助社会工作者获取有关老年案主的信息，但提出一连串的问题会让老年案主感觉受到了威胁，不利于后续工作的开展。

(3) 仔细倾听老年案主诉说。

在面谈过程中，社会工作者不仅需要细心倾听老年案主说话，更要通过老年案主的语言及文法了解其对其他事情的看法。

(4) 具有同理心。

同理心是指社会工作者对老年案主的一种“感同身受”和投入理解。同理心有高低层次之分。低层次的同理心仅仅表明社会工作者进入了老年案主浅层的内心世界，并对老年案主的感觉与理解有一定的了解。而高层次的同理心则是在良好的专业关系的基础上，社会工作者尝试运用专业的力量来影响老年案主，引导老年案主从更客观的角度看待自己的问题，同时能够明察潜在的、隐含的或透露不足的部分，并针对这些部分进行有效沟通。在表达同理心的过程中需要对“同意”及“同情”加以区分。“同意”表示批准某种行为或赞同某种看法，而“同情”则表示对某种遭遇感到遗憾。

(5) 善用生命回顾方法。

生命回顾是指通过生动地缅怀过去成功或失败的经历，让老年案主重建完整自我的一种工作技巧。生命回顾和怀旧的不同之处在于，前者是对整个人生的回顾，而不只是回顾生命中最重要的事件和时刻。运用这种技巧的目的是让老年案主通过内省来重新体味人生的价值和意义。

除了上述技巧外，老年个案工作技巧还包括自我披露、鼓励回应、赞赏、非语言沟通等，全面、熟练地掌握与运用这些技巧，对有效地开展老年个案工作大有裨益。

任务工单

做好老年社会工作的服务准备

任务名称		学时		培训对象	
学生姓名		联系电话		任务成绩	
任务设备		操作时间		操作地点	
情景导入	小王在一家社会工作服务机构做老年社会工作已经好几年了，对自己所负责的业务已驾轻就熟，在这一领域中他已可以独当一面了。但最近，由于机构业务调整，在尊重他本人意愿的情况下，他被调整到了新成立的养老机构从事老年社会工作项目并担任新项目的主要负责人之一				
任务描述	请帮助小王分析，机构养老社会工作服务和社区养老社会工作服务的异同之处。他之前的经验是否可以迁移到新工作中来呢？				
任务分析	社会工作者往往需要根据不同的服务场景提供不同的服务内容，也需要针对不同的老年人提供个性化的服务，这些都是社会工作者在分析问题及提供服务时需要特别注意的问题				
任务目的	1. 掌握老年社会工作的不同服务场景； 2. 区分不同场景中老年社会工作服务的异同				
操作注意事项	注意区分在不同的服务场景中，老年社会工作者所扮演的角色的异同之处				

（续）

任务实施	准备工作	
	实施流程	
	实施总结	
	实施评价	
教师评价		

项目二
老年社会工作的方法和技巧

项目信息

任务名称

老年社会工作的方法和技巧。

任务目的

1. 掌握人生回顾疗法的相关概念和服务技巧。
2. 掌握缅怀往事疗法的相关概念和服务技巧。
3. 掌握园艺疗法的相关概念和服务技巧。

任务分解

任务一：掌握人生回顾疗法的服务技巧。
任务二：掌握缅怀往事疗法的服务技巧。
任务三：掌握园艺疗法的服务技巧。

项目一中已介绍了老年社会工作服务主要包含社会工作直接服务方法（个案工作方法、老年小组工作方法和社区工作方法）和社会工作间接服务方法。我国民政部发布的《老年社会工作服务指南》（MZ/T 064—2016）指出，针对老年社会工作服务特定需要的介入方法包括缅怀治疗、人生回顾、现实辨识、动机激发、园艺治疗、照顾管理 6 种方法。但事实上，随着社会工作专业的不断发展，越来越多的新方法、新模式正被开发出来。在这里，重点介绍人生回顾疗法、缅怀往事疗法和园艺疗法。

任务一　掌握人生回顾疗法的服务技巧

人生回顾疗法于19世纪应用于国外老年照护领域，同时国外学者将人生回顾疗法用于不同的环境条件和对象，进行实证研究，结果表明人生回顾疗法对于缓解老年人的抑郁情绪有着独特的作用。人生回顾疗法在帮助处于疾患和绝望中的个体重拾希望，助其重塑自我、重新发现生命意义等方面具有积极效用。

工作步骤

了解人生回顾疗法的相关概念

↓

了解人生回顾疗法的操作流程

↓

掌握人生回顾疗法的操作技巧

活动内容

随着年龄的增加，身体机能衰退，精力下降，部分老年人不能像以前一样达到自我要求的标准，从而产生无力感，造成其在老年时期自我价值感降低。请用人生回顾疗法帮助孙爷爷处理他所遇到的问题。

情景导入

孙爷爷今年73岁，目前居住在某社区里。退休前，孙爷爷是一名科研工作者。孙爷爷平时对自己的身体状况比较关注，只有近视眼、腰椎病、肩胛骨痛等小毛病，身体状况整体良好。但孙爷爷自觉身体机能下降，常常感觉力不从心，自我价值感逐渐降低，再加上因腰椎问题不能长时间行走，大多数时候只能待在家里，孙爷爷总觉得自己不中用了。孙爷爷认为自己在职业生涯中有很多“不如意”，且对于过去的一些事情一直耿耿于怀，这导致他对现在的晚年生活的满意度较低、自我价值感不高，有较强的失落感。

思考与讨论

你听说过离退休综合征吗？你知道离退休综合征的主要表现有哪些吗？

____

____

第一步｜了解人生回顾疗法的相关概念

人生回顾疗法可以帮助老年人解决在人生的早期阶段中未被解决的问题，消除老年人内心一直延续的焦虑和不安的情绪，从而帮助老年人接纳及肯定自己的人生，并从中获得自我价值感和满足感。

一、人生回顾疗法的定义

人生回顾疗法是通过回顾、评价、整合人生各个时期，包括童年时期、青年时期、中年时期、老年时期的生活实践，对曾经未解决的矛盾、问题进行剖析与重整，从而帮助服务对象在人生最后的阶段获得自我满足感，发现自我价值和生命意义，并对现在的生活赋予积极意义的过程。该疗法是在安全、舒适的环境下通过鼓励服务对象谈论自己过去的事情，以及通过看老照片和收藏的纪念物品、听怀旧歌曲等方式唤起服务对象对往事的记忆，以促进服务对象和社会工作者进行交谈，引导服务对象回顾以往的生活，重新体验过去生活的片段，并给予新的解释，从而协助服务对象实现了解自我、减轻失落感、提升自尊心及增进社会化的一系列过程。

二、人生回顾疗法的服务对象

人生回顾疗法已经广泛应用于老年群体，包括患有阿尔茨海默病、恶性肿瘤、抑郁症以及其他身心障碍的老年人，或是处于临终阶段的老年人等。社会工作者运用人生回顾疗法时，需要评估老年人的生理、心理、精神、身体疾病、人际关系、经济、兴趣爱好等状况，同时需要与服务对象建立良好的专业关系，尊重服务对象的参与意愿，告知其隐私保密相关内容，为后续服务打好基础。

三、人生回顾疗法的服务形式

人生回顾疗法可用于家庭、社会工作机构、医院、养老院、社区、日间照料机构等，通常采用一对一形式或小组形式进行。其中，小组形式的优点是多人参与，在小组中若有老年人有过相同或类似的经历，则老年人的记忆闸门可轻易被同伴的回顾打开，从而使老年人更加愿意与他人分享自身的经历。若部分老年人的个人回顾涉及隐私，或是有某些痛苦的回忆不愿为他人所知，则进行一对一形式的人生回顾效果更佳。因此，有必要在选择干预形式前，对老年人的疾病类型、参与意愿等进行综合评估，以取得最佳干预效果。

四、人生回顾疗法的干预时间

人生回顾疗法的干预时间一般为6周，每周1~2次，每次持续60~90分钟。同时，还需注意在干预前应征求老年人的同意，尽量避开其治疗疾病及安排其他生活事务的时间，有计划地对老年人进行个性化、系统化的干预。

|第二步|了解人生回顾疗法的操作流程

一、人生回顾疗法的干预前准备

（一）场所准备

人生回顾疗法需在相对安静、不受他人打扰、光线充足、安全舒适并且能够播放多媒体的场所进行，以避免在干预过程中被打断，同时便于社会工作者展示老年人过去的照片、视频、书信等，从而唤起老年人对自身经历的回顾。

在服务干预时，应尽量选择老年人熟悉的环境，社会工作者与老年人之间应保持适当的距离，同时应对老年人的个人信息进行保密，以营造双方彼此信赖的工作环境，保障服务干预的效果。

（二）用物准备

服务干预所用的物件、图片等是人生回顾疗法的重要工具。有研究显示，干预时使用物件或言语进行引导，可更好地激发老年人的想象力。因此，在干预过程中所用的图片不应过于复杂、发散，可具有一定的故事情节性，必须清晰且足够大，以方便老年人观看和回顾生活经历。同时，老年人收藏的纪念物品、常听的怀旧歌曲等均是唤起老年人记忆的重要工具，可有效引导老年人回顾以往的人生经历，重新体验过去的生活片段，从而促进老年人与社会工作者进行交流和沟通。此外，在经老年人同意的前提下，可用纸、笔、录音笔等工具将老年人的故事记录下来，让老年人真切地体会到社会工作者在认真地倾听他们的故事。

（三）社会工作者准备

服务干预前的社会工作者准备指社会工作者要在心理层面提前做好准备。运用人生回顾疗法时，老年人会谈及一些正面和负面的事件，有的事件可能会引起老年人移情，将社会工作者视为生命中某个重要的人物，有的事件也可能让社会工作者感同身受，唤起社会工作者对自己生命中重要人物的情感体验，因此社会工作者要做好处理移情和反移情准备。

二、人生回顾疗法的实施步骤

有学者根据多年的实践经验探索出了人生回顾疗法的干预框架，这个框架包括前提条件、评估、制定服务目标、选择人生回顾形式以及评估干预效果，如图 2－1 所示。

第一阶段是前提条件，个体在衰老过程中会遇到各种难以适应的外部压力（如疾病、丧亲、意外、家庭照顾、社会参与、宜居环境等），这是人生回顾方法实施的前提条件。

第二阶段是评估，评估工具包括相关的心理测量量表、自评工具和观察工具等，如 90 项症状清单（Symptom Checklist-90）、抑郁状态量表、焦虑自评量表、人际关系量表、心理压力量表等。

第三阶段是制定服务目标，在对老年人存在的心理问题进行量表评估后，确定老年人具体存在的心理问题，然后根据这些问题制定有针对性、具体的目标。

第四阶段是选择人生回顾形式，人生回顾是一个长期的过程，对于不同的老年人应根据具体情况选择相应的服务方式，并且要实现所制定的服务目标，就必须在服务过程中合理地、充分地运用人生回顾理论。

第五阶段是评估干预效果，包括过程评估与结果评估、短期效果评估与长期效果评估、内部评估与外部评估等。

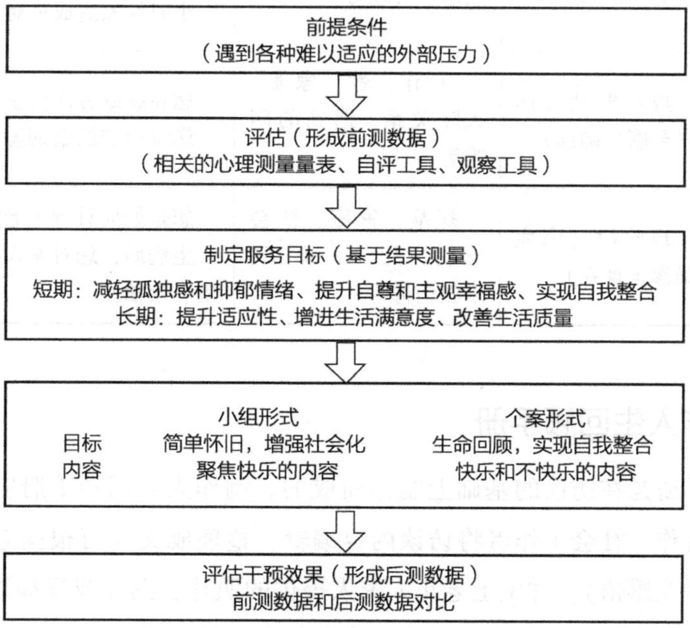

图 2－1　人生回顾疗法的干预框架

| 第三步 | 掌握人生回顾疗法的操作技巧

人生回顾的实施技巧灵活多样，其中一对一访谈和小组讨论为最常见的干预技巧。访谈讨论的主题是以理论框架为基础拟定的。在访谈的基础上，由老年人及其家庭成员以及社会工作者共同为老年人撰写人生回顾手册。

一、人生回顾访谈

访谈的形式分为小组形式和一对一会谈形式。访谈的频率一般为每周一次，每次持续30~90分钟。人生回顾访谈指南的设计，以埃里克森人生发展八阶段理论为基础，以重要的人生阶段以及相应的人生任务为访谈主题。如表2-1所示，晚期癌症患者人生回顾访谈包括未成年生活、成年生活及癌症经历3个访谈模块。每个访谈模块都针对患者不同人生阶段的人生主题开展。每个人生主题都设有相应的引导性问题，以促进患者回顾、评价、整合从儿童、青少年时期到现阶段的人生经历。

表2-1　晚期癌症患者人生回顾访谈指南

访谈模块	人生阶段	人生主题	举例
未成年生活	儿童、青少年时期（18岁以前）	学习、家庭、人际关系、心理等	您上过学吗？上学对您有什么意义？ 小时候家庭成员对您怎么样？
成年生活	成年时期（18岁至癌症确诊）	工作、性、家庭、人际关系、遇到的困难等	您在家庭方面的主要成就是什么？ 您觉得您的婚姻怎么样？
癌症经历	现阶段（癌症确诊至现在）	疾病、家庭、社会支持、死亡、命运、宗教信仰等	您是如何看待生老病死的？ 生病后，您对家人有什么担心、希望、祝福？

二、制作人生回顾手册

人生回顾手册是在访谈的基础上制作而成的。制作人生回顾手册应非常重视老年人参与和家庭合作。社会工作者将访谈内容编辑、整理成文（可根据老年人的喜好选择性地记录事件及感悟），并配上老年人家人提供的照片、图片或祝福语等，经老年人修改、确认后由社会工作者制作成册，送给老年人（注意社会工作者将制作好的人生回顾手册交到老年人手中后，要将自己在服务过程中收集到的一切关于老年人的录音、文字和图片删除，以保护老年人的隐私）。人生回顾手册是总结个体人生经历的产物，有利于提高个体的心理健康水平，帮助个体欣赏自己的人生，与他人分享自己的人生经历，向家人传递心声与人生感悟，或作为留给家人的纪念品。社会工作者也可通过开设照片墙、心灵空间、祝福传递等版块，让老年人重新体验和感受生活中美好、难忘和值得珍惜的经历。

三、人生回顾疗法的注意事项

（1）在实施人生回顾疗法时，需要先做前测，了解老年人对生活的感受，如可以运用相关量表了解老年人的生活满足感和抑郁症状，建立评估的基线。人生回顾疗法不仅可以更好地了解老年人的一生，重要的是通过回顾让老年人获得领悟，使他们摆脱过去的阴影，生活得更幸福。因此建立评估的基线很重要，它可以让社会工作者和老年人在工作结束时评估介入的成效。

（2）人生回顾疗法所用的时间可以根据老年人进行人生回顾的目的、老年人的健康状况、个人的偏好等决定，一般每个重要的人生阶段会分两次来讨论，每次 30 ~ 90 分钟。

（3）在内容安排上，社会工作者可以制定一套方案，明确谈论的话题，比如可以谈论死亡、悲伤、恐惧、读书生活、艰难的事情、性、工作、人际关系等。这些话题在有的人生阶段可以重点谈论，但不是每个人生阶段都要谈论这些话题，可以根据老年人的具体情况进行选择。

（4）在回顾的过程中，社会工作者要特别留意老年人没有提及的，但特定人生阶段一般会有的事，要弄清楚是老年人不记得了，还是有意这样做。若是有意为之，则表明老年人有未解决的冲突。社会工作者要放慢节奏，帮助老年人仔细回忆过去发生的事情，并赋予这些事情新的意义。

（5）在回顾的过程中，社会工作者还要帮助老年人发现人生历程中的一些主题，让他了解这些主题是如何影响他过去和现在的生活的，特别要善于发现让老年人失去和得到对生活的把握感的一些主题，前者包括焦虑、否定、绝望、无助、孤独和丧失等，后者则包括联结、应对、效能、希望和信任等。让老年人逐步认识到自己拥有的力量是实施人生回顾疗法的目的之一。

（6）社会工作者可以通过与老年人一起设计制作具体的成果来总结和结束人生回顾，比如制作一个相册或视频等。但这并非重要的事项，重要的是对整个工作进行后测，对比前测，评估介入的效果。通过评估、整合老年人一生的经历而得出明确的结论，对于老年人来说非常重要。在此基础上，社会工作者还要帮助老年人讨论剩下的时间要做什么，以使现在和将来生活得更好。

拓展阅读

人生回顾疗法的老年个案辅导技巧

第一，和老年案主建立相互信任的工作关系。

第二，鼓励老年案主诉说往事，初期可集中于较为愉快的人生经历，然后再慢慢过渡到较为沉重的往事。

第三，侧重倾听老年案主在诉说经历时的感受，尤其注意他们的喜、怒、哀、乐，帮助他们抒发那些被压抑的感受。

第四，对于有子女的老年案主，帮助他们表达作为父母的经历及感受，以协助个案的诊断和治疗。

第五，对于有丧偶经历和因病或意外而有伤残的老年案主，协助他们把痛苦的感觉宣泄出来，尤其是配偶对案主生命的意义。

第六，当怀旧情绪抒发后，社会工作者可以采用“时间紧迫”技巧，协助老年案主从回顾过往生活重回现实。

第七，人生回顾是协助老年案主中肯地评价自己一生的经历，而不是让其过分自责。如果遇到老年案主过分自责的情形，社会工作者应帮助老年案主分析导致其失败的外在因素，避免老年案主把所有责任揽在自己身上。

任务工单

人生回顾疗法的操作实训

任务名称		学时		培训对象	
学生姓名		联系电话		任务成绩	
任务设备		操作时间		操作地点	
情景导入	叶子是养老院的专职社会工作者，她在开展日常活动中发现，李爷爷喜欢独来独往，不愿意参加养老院的活动，且最近精神状态不佳。据了解，李爷爷今年70岁，身体状况良好，是一名退休干部，年轻的时候在某政府部门工作，担任过多种职务，现已在养老院住了2年有余。李爷爷性格偏内向，比较沉默寡言，不愿主动与人交往，为此还一个人包了整间房，所以没有室友。出于多方面的原因李爷爷对目前的养老院生活不太满意，与其他老年人的人际关系也一般，经常独来独往。李爷爷的退休金一个月有5 000多元，日常花销主要靠退休金。李爷爷的妻子两年前因癌症去世，李爷爷与妻子的关系很好，妻子走后他一个人住在养老院。李爷爷有一儿一女。儿子在20世纪80年代大学毕业后便去了美国，从事科研工作，现在定居在美国，很少与李爷爷联系，偶尔会支付赡养费。女儿在外省上班，因工作和家庭原因，很少回来看望李爷爷，最近几年也很少给李爷爷打电话，一般只在过年或者有紧急情况的时候才会回来看望，所以大多数时候李爷爷都是一个人独自居住。叶子评估了李爷爷的基本情况后，决定对李爷爷进行帮助，以使李爷爷未来更好地在养老院生活				
任务描述	请使用人生回顾疗法帮助李爷爷更好地适应现在的生活，重新找回生命的意义和价值				
任务分析	1. 与李爷爷建立良好、彼此信任的专业关系； 2. 运用一些评估量表（如社交量表、抑郁量表等）评估李爷爷目前的状况； 3. 通过人生回顾疗法，帮助李爷爷回顾完整的人生经历； 4. 引导李爷爷在回顾过往正向经历的过程中找到处理当下问题的技能和动力				
任务目的	1. 掌握人生回顾疗法的操作步骤； 2. 熟悉人生回顾疗法的方法和技巧				
操作注意事项	1. 人生回顾疗法既注重老年人一生中的正面事件，也注重负面事件； 2. 人生回顾疗法通过让老年人直面负面的事件和情绪，识别出老年人以往未解的问题				

（续）

任务实施	准备工作	
	实施流程	
	实施总结	
	实施评价	
教师评价		

任务二　掌握缅怀往事疗法的服务技巧

缅怀往事疗法属于人生回顾过程的一部分。社会工作者通过让老年人回忆快乐的往事，让老年人不会随着时间的逝去而淡忘幸福；引导老年人回顾过去痛苦的经历或者一直未能解开的心结，让老年人通过接受专业疏导，重新思考对这些事的看法，接纳过去，或者采取行动，与自己的过去和解，从而实现“自我完整”。

工作步骤

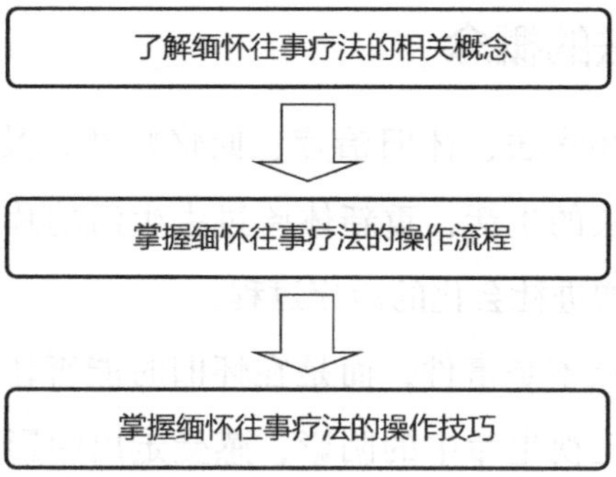

活动内容

老年人常回忆往事，心理学家认为这是老年人的一种调节机制。缅怀往事疗法对老年抑郁症的治愈、老年人自尊心和社会化的增强有积极的作用。阅读案例，请你尝试用缅怀往事疗法帮助张奶奶解决问题并改变现状。

情景导入

张奶奶是一位72岁的孤寡老人，一年前她的老伴去世了，儿子早已定居国外。老伴去世后，张奶奶把房子卖了，住进了当地的一家养老院。张奶奶性格非常开朗，又很热情，与养老院的老人们相处得都很好。但是，外表开朗的她却患有轻度的抑郁症，吃药对于她的病情没有任何效果。于是社会工作者小王希望通过非药物的方式，即采用社会工作专业方法，给予其帮助。小王每周都来探望张奶奶，通过与她面谈来帮助她缓解抑郁情绪。奇怪的是，每次小王来探望张奶奶与其面谈时，张奶奶都会给小王讲述她和老伴曾经一起参加单位组织的歌唱比赛的事情，并详述了比赛以及获奖的全过程。

尽管这件事情小王已经听了好多遍，但她还是一直不厌其烦地听下去，并决定用缅怀往事疗法对张奶奶进行引导，调节其当前的情绪，使其逐渐适应现在的生活。

思考与讨论

你能区分人生回顾疗法和缅怀往事疗法的异同之处吗？

____

____

| 第一步 | 了解缅怀往事疗法的相关概念

一、缅怀往事疗法的概念

缅怀往事疗法又称缅怀疗法、怀旧治疗、回忆疗法，其概念源自老年精神医学，是通过引导老年人回顾过去的生活，重新体验过去生活的片段，协助其了解自我，减轻失落感，增强自尊心及增进社会化的治疗过程。

缅怀往事疗法的侧重点不是事件，而是在怀旧时能否让老年人持开放、和谐、接纳自我的态度与观点，去正视生命中的阴影，感受走出阴影的力量，进而重新审视并接纳自己的生命历程。现在，缅怀往事疗法更关注老年人生命中正性、积极的事情，从而帮助老年人找回生命的意义和自身的价值。

二、缅怀往事疗法与人生回顾疗法的异同之处

缅怀往事疗法与人生回顾疗法两者都属于回忆疗法。两者之间既有相似之处，也有明显的不同。

有学者认为缅怀往事疗法是人生回顾疗法的一种，或者属于人生回顾法。这是因为两者之间有很多交叉之处。首先，两者的理论基础相同，都源自埃里克森人生发展八阶段理论和巴特勒的心理阶段理论。其次，两者都将对过去事物、感受及想法的回忆作为治疗媒介，都有对过往人生经历回忆的环节。

两者在工作侧重点和工作目标上有着非常明显的区别。

1. 工作侧重点不同

人生回顾疗法是对老年人一生的经历进行梳理，既要识别负面情绪和事件，也要识别正向情绪和事件。人生回顾疗法的重点是帮助老年人摆脱过去负面事件的影响，重新审视人生，获得自信。

缅怀往事疗法是帮助老年人追溯和重现过去正面的事件和感受。社会工作者使用

缅怀往事疗法是为了改善老年人的情绪状况，让老年人知道他们是值得尊重的、有价值的。

2. 工作目标不同

缅怀往事疗法一般引导老年人回顾过去积极、正面的事件，重温当时的存在感、自豪感、荣誉感、价值感，让老年人感受到自己的力量和成就，从积极的角度理解和面对过去和现在的困扰，缓解负面情绪，避免陷入绝望，从而肯定自己，增强安全感、获得感、幸福感。缅怀往事疗法的侧重点不是事件，而是在怀旧过程中让老年人持开放、和谐、接纳自我的态度与观点，去正视生命中的阴影，感受走出阴影的力量，进而重新审视并接纳自己的生命历程。

｜第二步｜掌握缅怀往事疗法的操作流程

一、缅怀往事疗法的类型及步骤

缅怀往事疗法在实际运用过程中，可根据需要分为个体缅怀往事疗法和团体缅怀往事疗法两种类型。

1. 个体缅怀往事疗法

个体缅怀往事疗法是指社会工作者在评估对老年人有正面及潜在影响的主题后，采取一对一的方式，运用咨商或治疗性会谈技巧有针对性地协助老年人回忆生命中的特殊事件。治疗次数为 6 ~ 12 次，每次 60 ~ 90 分钟。在个体缅怀往事疗法中，社会工作者主要担任询问者、探索者及倾听者的角色，尊重老年人的价值观，旨在提高老年人的自我察觉及省视能力，增强其成就感和对自我的肯定，从而实现“自我完整”。

个体缅怀往事疗法分为四个阶段。

第一阶段为开始期。社会工作者可经由眼神接触、脸部表情及语言表达关心及同情心，适时鼓励及引导老年人回忆。此阶段需为老年人提供一定的时间去回忆，勿强迫老年人回忆过去的伤心事。

第二阶段为融入期。社会工作者需要评估老年人回顾过去后的反应及处理负面情绪的能力。

第三阶段为退缩期。社会工作者应尽可能协助老年人有效地将负面情绪变成正面情绪及帮助其提高自身的应对能力。

第四阶段为结束期。社会工作者可扮演主动倾听的角色，增强老年人的自尊心，提高其社会适应能力。

个体缅怀往事疗法因对老年人的关注和资源投入较集中，能够产生较好的效果，且具有针对性，在养老院、护理机构等场所广泛应用。

2. 团体缅怀往事疗法

团体缅怀往事疗法是一种结构性的团体过程，采取小组的方式进行。参与成员数量一般为10~15人，若有心智障碍或思维混乱的老年人，则参与成员尽量少于6人。每周聚会1~2次，一般执行周数为6~10周，每次讨论时间为60~90分钟，可视成员情形进行调整，按照此模式，促进成员间的互动，可达到群体治疗的最佳效果。团体缅怀往事疗法具有提供社交的机会，促进老年人发展有意义的关系及支持系统，降低老年人的寂寞感、孤独感，借由团体成员的经验分享可刺激老年人进行更深入的回想，让老年人获得被认同感及归属感等优点，从而使老人更好更快地融入社会。

在团体缅怀往事疗法中，社会工作者的任务是：保持或维持团体完整；避免成员流失；有技巧地掌控团体；保护团体中的弱小成员。

对73名老年人进行缅怀往事疗法个体和团体活动的效果对照研究，发现团体干预产生了更加积极的护理效果，有意识的怀旧可以增强老年人的记忆力，而且在小团体活动中参与分享对老年人的健康具有促进作用。

二、缅怀往事疗法的注意事项

社会工作者在实施个体或团体缅怀往事疗法时应遵循以下基本原则。

（1）了解老年人的生理、心理、社会、文化背景及过去的生活经验等情况，对老年人的状况进行基线评估。

（2）选择一个安全、温暖、合适的环境。

（3）实施前需要精心地设计和准备，效果评价需要选择恰当的客观指标。

（4）主动提供关怀，及时观察并处理团体中各种不同的情绪变化和突发事件等。

（5）运用适当的怀旧工具，并且善于利用治疗性协商技巧。

（6）采取采纳的态度，接纳老年人的行为及价值观。

（7）不随意中断话题，适时给予老年人正面肯定及回馈。

（8）接受老年人治疗后的改变。

此外，还需要注意缅怀往事疗法对老年抑郁症的治愈、老年人自尊心和社会化的增强有积极的作用。对于存在严重认知问题的老年人，如患有阿尔茨海默病的老年人，这一方法不适用，但如果只有轻微症状还是可以取得好的效果。对于行为错乱的、有严重精神疾病的老年人和大小便失禁的老年人，这一方法也不适用。

第三步 掌握缅怀往事疗法的操作技巧

缅怀往事疗法属于治疗性会谈的一种，是社会工作者与老年人及其家属双方围绕服务目的进行有目的的、高度专业化的沟通过程，是收集老年人资料的重要方法。社会工作者在运用缅怀往事疗法时，可以借鉴与遵循治疗性会谈的相关内容。从治疗性会谈的角度而言，社会工作者要对会谈的时间、地点、目的、内容及形式等进行认真组织、安排及计划，并认真实施，最好评价会谈的效果。

治疗性会谈的目的如下。

（1）建立并维系一种积极的、开放性的人际关系。

（2）收集老年人的资料。

（3）和老年人共同探讨已经确认的问题。

（4）和老年人共同协商并制订一个共同期望的、目标清晰的服务计划。

（5）向老年人提供新的信息和对老年人进行引导。

治疗性会谈的过程包括准备会谈阶段、开始会谈阶段、正式会谈阶段、结束会谈阶段。为了提高会谈的成功率和有效性，每个阶段都有一些工作需要社会工作者提前准备。

1. 准备会谈阶段

（1）全面了解老年人的有关情况，必要时可以向其他健康服务人员、照顾人员了解老年人的情况。

（2）明确会谈的目标。

（3）选择合适的会谈时间，通常选择双方均方便的时间。

（4）根据目标设定具体的访谈内容，并列出提纲，使会谈能紧扣主题。

（5）布置好会谈环境。首先，保证环境安静，减少造成老年人注意力分散的因素，如关掉电视、收音机等；其次，保证空间的私密性，如关上门，可能的话最好要求其他无关人员暂时离开会谈的地方；最后，会谈期间应避免进行治疗和护理活动，同时也要谢绝会客。

（6）提前通知老年人会谈的时间，使老年人在良好的身心条件下会谈。

（7）社会工作者自身也要做好准备，包括身体和心理的准备，如仪表端庄、态度和蔼可亲、言谈举止得体，让老年人产生信任感。

2. 开始会谈阶段

（1）有礼貌地称呼老年人，使老年人感受到互相平等、相互尊重的感觉。

（2）主动介绍自己，告知老年人自己的姓名及职责范围，使老年人产生信任感。

（3）向老年人介绍会谈的目的以及会谈所需的大概时间。

（4）营造一个温暖、安静的会谈氛围。

（5）帮助老年人选择适当的位置。

3. 正式会谈阶段

（1）根据会谈的目标及内容，应用会谈技巧，提出问题。

（2）以特定的会谈方法向老年人提供帮助，如澄清、提供信息等。

（3）观察老年人的非语言表现。

（4）可以运用沉默、集中注意力、倾听等沟通技巧加强会谈的效果。

4. 结束会谈阶段

（1）让老年人有心理准备，如对老年人说“今天我们只有 10 分钟的谈话时间了”等。

（2）尽量不要再提出新的问题。

（3）简要总结会谈的内容。

（4）询问老年人有没有补充，这样可以补充没有想到的内容。

（5）对老年人表示感谢，并安排老年人休息，必要时再预约下次会谈。

治疗性会谈的一般注意事项如下。

（1）对老年人有同情心、责任心，关心老年人。

（2）尊重老年人的人格，对老年人称呼得当、措辞得体。

（3）尊重事实，实事求是。

（4）善于体谅、接纳老年人。

（5）会谈时注意紧扣主题。

（6）尽量少用专业词汇。

（7）应用人际沟通技巧。

（8）注意老年人的非语言表现。

（9）注意对会谈内容保密。

（10）仔细做好会谈记录。

拓展阅读

叙事治疗相关技巧

在社会工作服务介入过程中，常常会用到叙事治疗中的一些方法和技巧，其中包括叙说故事、外化问题和重塑故事。

1. 叙说故事

通过叙述故事可以改变自己，当个体在讲述自己的人生故事时，从中可以引出新的想法，引发不同的观点，进而寻找到新的生命意义。叙事治疗的流程是先让老年人讲述自己的生活故事，然后以此为主要线索，通过社会工作者和老年人之间的互动来对这些故事进行重构，完善原有的故事，增添新的内容。个体在日常工作、生活中经常会遇到各种各样的问题，这些问题也可看作由故事组成，在老年人讲述自己的“问题故事”时，社会工作者可引导老年人从故事中寻找有意义的地方，即叙事治疗中的特殊事件。

2. 外化问题

外化问题指的是把人与问题相分离，人不等于问题，问题只是问题本身，人与问题是分开的。人们在日常生活中会遇到各种各样的问题。人们通常很难找到这些问题的原因所在，这时候就需要重新审视自己和他人之间的关系。将自己身上的问题进行外化处理，能够很好地融合自身意义和主流叙事意义。外化问题需要个体将问题视为一种能为其带来影响的外界因素，而并非生来就有的内在特质。外化问题中常使用的一个技巧是比喻。外化在将人与问题分离之后，运用隐喻的手法为个体带来信心和希望。社会工作者将老年人所存在的问题进行重新建构，让老年人学会用不同的话语来描述自己，以此建立自我认同感和增强自信心，并建构出新的生命故事。

3. 重塑故事

在叙事治疗的过程中，老年人讲述的一般都是生活中的一些短小的片段，有时是特意筛选后的一些“问题故事”，常常容易忽略人生中的许多正面故事，从而会比较消极地看待自己，无法形成自我认同感。此时，社会工作者的任务是帮助老年人寻找人生中存在的但被忽略的故事，并对老年人进行深度访谈，在对话中共同寻找和发展新的生命故事和找到被忽略的故事情节，使老年人认识到今后的人生中还存在着许多希望和各种可能性，同时赋予这些故事以新的人生意义。在对故事进行重塑后，老年人的生命故事内容会越来越丰富，并建立起强有力的自我认同感，即使是“问题故事”也能为个体带来不同寻常的人生意义。在接受了社会工作者的专业服务之后，老年人自己也可以从中创造出一些新的故事，可以找到自己真正想要的生活方式。

任务工单

缅怀往事疗法的操作实训

任务名称		学时		培训对象	
学生姓名		联系电话		任务成绩	
任务设备		操作时间		操作地点	
情景导入	李奶奶今年77岁，小学文化程度，退休前是一名缝纫工人。李奶奶的老伴十年前因病去世，其儿子在三年前，私自将她的房子变卖而后离开，留下李奶奶一个人无家可归。因李奶奶和她的妹妹关系比较亲密，在其妹妹的帮助下，李奶奶于2018年9月入住社区养老院。 自从来到养老院，李奶奶长期处于自我封闭状态，很少与外界接触。在来养老院之前，李奶奶曾有几个能聊得来的同事和朋友，一般通过电话经常联系，但来到养老院后就不经常联系了。只有当李奶奶的妹妹每个月来探望她的时候，工作人员才能明显感觉到李奶奶打心眼儿里高兴。 最近护理人员发现，李奶奶整日卧床，不愿与人说话，眼神涣散，无精打采，甚至有私自藏起治疗药物、拒绝服药的行为。护理人员将李奶奶的情况上报给院长，院长非常关注李奶奶的状况，为了帮助李奶奶在养老院享受优质、快乐的晚年生活，院长让养老院的社会工作者小刘介入帮助李奶奶				
任务描述	请结合案例内容，为帮助李奶奶摆脱现有困境，设计一个缅怀往事治疗服务方案				
任务分析	在设计服务方案时，可以从以下几个方面进行方案的撰写：一是将此任务情景中的具体任务进行分解；二是分析为完成具体任务所使用的方法和技巧；三是列举出完成任务所需的具体步骤及时间安排；四是列举出完成任务过程中所涉及的人力、物力、社会支持等资源				
任务目的	1. 了解缅怀往事疗法的具体运用情景； 2. 熟悉缅怀往事疗法的具体操作步骤； 3. 掌握缅怀往事疗法的具体操作流程				
操作注意事项	1. 设计服务方案时要选择恰当的客观指标； 2. 缅怀往事疗法对存在严重认知问题的老年人不适用				

（续）

任务实施	准备工作	
	实施流程	
	实施总结	
	实施评价	
教师评价		

任务三　掌握园艺疗法的服务技巧

研究显示，园艺疗法能够有效刺激老年人的视觉、嗅觉、味觉、听觉和触觉五种感觉，可以有效改善老年人的免疫系统和内分泌系统，降低老年人的焦虑和抑郁水平，并在一定程度上改善老年人的认知功能。

工作步骤

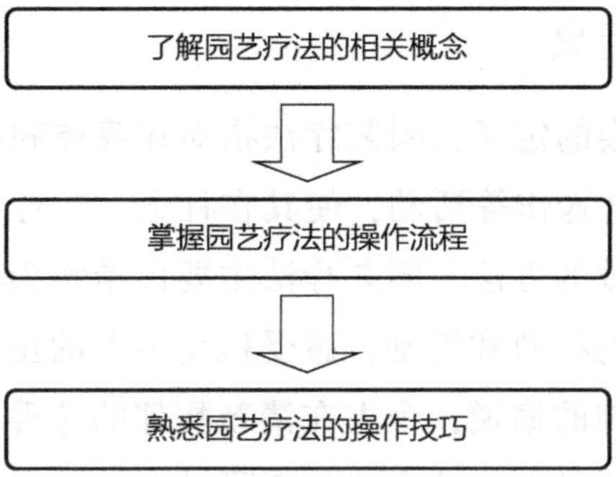

活动内容

阅读案例，请尝试用园艺疗法帮助社区中的空巢、独居老人疏导情绪，改善其精神状况，提升其生活质量。

情景导入

某社区现有户籍人口 5 304 人，其中 60 岁以上老年人 874 人，约占户籍人口的 16.5%，80 岁以上老年人 92 人，约占 60 岁以上老年人总数的 10.5%，该社区属于中度老龄化村居。而且社区内存在一定数量的独居、空巢、生活需要协助、行动不便的弱能老人，数量约为 80 人。

在日常入户探访时，社会工作者发现本社区部分老年人不愿意走出家门，每天在家无所事事，导致心理情绪把控能力较差，容易因为孤独和缺乏关心而产生悲伤抑郁的情绪。加上随着年龄的增大，老年人参加活动的欲望很低，导致其生理、心理特征以及情绪发生变化，严重影响了他们的生活质量和精神状态。

思考与讨论

你知道开展园艺疗法对老年人有哪些帮助吗？

____

____

第一步 了解园艺疗法的相关概念

一、园艺疗法的定义

根据美国园艺治疗协会的定义，园艺疗法指对在身体和精神方面有必要进行改善的人，通过植物栽培与园艺操作等活动，使其在社会、教育、心理以及身体诸多方面进行调整与更新的一种有效的方法。园艺疗法主要以植物为媒介，让人在一定的条件下从事园艺活动，通过植物种植和管理，感受植物带来的正面影响，使人在绿色的怀抱中得到情绪的恢复和精神的愉悦，令人在清新馥郁的芳香中，陶冶性情和唤起美好回忆。在园艺疗法理论的指导下，社会工作者可结合社区老年人的需求，使得植物与生命相连接，引导老年人从植物中获得对生命和人生的思考。

二、园艺疗法的特点

（一）活动目标的多样性

园艺疗法是针对在身体、精神和心理等方面有改善需求的人，通过开展植物的种植、修剪等有目的的园艺治疗活动，以实现改善他们生活质量的治疗方法。在具体的应用过程中，园艺疗法往往具有多重作用的特征，它不仅通过植物的颜色、气味、触感等刺激人体的感受器官，而且有针对性地设计植物栽种等可以改善老年人的肢体功能，提高其认知能力，训练手眼协调性。同时，参加园艺活动还可以帮助老年人感受成长、体验收获、获取信息、化解压力、消除抑郁等。

（二）服务人群的多样化

园艺疗法的服务人群不仅是特定的老年人，园艺疗法还适用于健康和亚健康人群，且不针对任何一种特定的疾病。因此，广义的园艺疗法的服务人群具有多样化的特点。

（三）活动效能的两面性

根据植物在治疗过程中的作用和功效的不同，园艺疗法可分为园艺治疗项目和治疗性景观。园艺治疗项目主要通过可操作性的园艺活动对参与者产生主动疗效；治疗性景观则通过治疗性的景观设计对使用者产生被动的疗效。因此，园艺疗法活动效能具有主动性和被动性的两面性特征。

（四）成本效益的经济性

园艺疗法不同于其他医疗性机构或单位，不需要投入大量的资金购买仪器、设备和修建建筑，成本相对较低。但这并不意味着园艺疗法不需要成本，只是相对于购买大型设备及建设大型建筑而言，用于购买园艺疗法所用的园艺辅助工具（如肥料、花盆等）的成本较低。

（五）治疗过程的长期性

园艺疗法是一种相对缓慢的治疗方式，只有长期坚持，才能取得较为满意的效果。

三、园艺疗法的效用

园艺疗法的目标在于改善认知、集中注意力、刺激记忆力、提高生活质量、增强自信心、减缓压力、调节情绪、改善人际关系及社交能力、促进生理健康、培养职业技能等。具体而言，园艺疗法具有让一个人获得生理、心理、社交、认知及经济效益改善的五大效用。

（一）促进或维持生理机能

园艺疗法是一项全身性的综合活动。适当的劳动，可以促使各个肌群得到锻炼，促进手眼协调，改善身体健康状况，并增加户外活动机会。当老年人肢体受损时，可以让其先从播种开始，然后逐渐增加工作量，直到收获。浇水、施肥、拔草这些属于轻度的活动，当老年人身体逐渐康复时，可以让他们去垦荒，这就属于较高强度的活动了。

（二）训练和培养正向心理

园艺疗法通过景观营造、集体性园艺活动等既能增加人与人之间交往协作的机会，转移负面情绪，消除不安、紧张、急躁等情绪，还能促进自我效能和满足感的提升，改善自我形象，提升生活质量。当一个人情绪不佳、不想出门或感到孤独寂寞时，可以一个人在家里用再生纸做康乃馨，或自己在花盆里种植物，或者出去买些多肉植物，自己组一盆多肉盆栽。但是转变心情最好的方法是尽自己所能去帮助需要帮助的人，这样才可以体现自己的价值和感悟生命的意义。

（三）提升社交技能或增加社交机会

通过园艺活动，老年人可以结识新朋友，增加沟通与互动的机会，提高沟通能力。

如果把园艺当作兴趣爱好，则园艺外交便会形成，即出于对植物共同的喜爱，从而交到朋友。除此之外，园艺还可以让老年人有外出的机会，例如参观植物园、看展览、参加烹饪聚会、外出买植物或买书等，增加了认识新朋友的机会。

（四）改善和提高认知水平

园艺疗法通过植物的颜色、气味等使老年人获得感官体验。同时，在园艺活动过程中往往需要老年人遵循既定的播种顺序，这会刺激其记忆力，提升其专注力，促进其观察力的训练。同时，园艺疗法还可以促进老年人学习新的知识和技能，增强其解决问题的能力，从整体上提升老年人的认知水平。

如果一个人自觉逻辑能力或认知能力差，那么种植植物是不错的选择。因为种植是一件按照步骤进行就可以获得成果的事情。例如选择种番茄，把种子埋到土壤里、浇水、施肥、除杂草、立支架、捉害虫、采收、吃到肚子里，每一个步骤都很明确且能够让人产生成就感。

（五）获得适当的经济效益

在园艺活动中，可以选择种植一些经济型植物。例如，有些老年人担心蔬果有农药残留或者觉得市场上的蔬果太贵，所以他们选择自己种菜、种水果，这样既健康又经济。

第二步　掌握园艺疗法的操作流程

一、园艺疗法的类型

根据服务对象的需求和目的，园艺疗法一般包括三种类型。一是职能型园艺，以复健为目标，提高老年人的健康水平和就业能力；二是治疗型园艺，以医疗为目标，使老年人的身体尽快恢复，减轻疾病带来的痛苦；三是社会型园艺，以提高老年人的生活质量和增加老年人的福祉为目的。

二、园艺疗法的步骤

园艺疗法的服务对象为残疾人、高龄老人、精神疾病患者、智力低下者、药物乱用者、犯罪者以及社会弱者等身体与精神方面需要改善的人。对同质性较高的群体更适宜开展小组活动，故社会工作者在设计服务方案时应充分考虑老年小组工作服务流程和技巧。

（一）评估疾病情况，设定长期治疗目标

了解老年人的基本情况，从老年人本人、家庭、接受治疗的医院或者福利中心收集信息，并将信息汇编成能够明确老年人基本情况与有利于方案实施的资料。评估老年人的疾病状况，了解老年人具备的能力与存在的障碍，设定能达到的最终目标以及长期、中期、短期目标。为了合理地设定治疗目标，社会工作者应该具有社会福利、医疗与心理学等方面的知识。

（二）设定园艺疗法达到的效果

选择适合的园艺疗法，并达到治疗的效果。一般是让老年人在一个自然的环境下，放松身心，与其他老年人一同工作，让他们学习如何与别人相处，体会照顾另一个生命的责任感，以及了解自己与自然的关系。体验种植过程既可以增强老年人的抗挫折能力、容忍力，提高老年人的职业技能（操作器具的能力）、沟通能力、社交技巧、自我独立能力、情绪调控能力等，同时还有消除不安心理与急躁情绪、增加精神活力、活跃气氛、培养创作激情、培养注意力等方面的效果。

（三）设计满足顾客需求的园艺治疗课程

园艺治疗课程包含两部分：疗愈庭园场地设计及安置和园艺操作课程设计。进行课程设计时应充分考虑开展园艺疗法的场所。采用老年园艺疗法的单位大多为精神疗养院、老年福利院、残疾人学校、工读学校、医院、大专院校等。实施园艺疗法的场所一般分为室内和室外两类：室外场所，如庭园（园艺疗法专用庭园）、市民农园、花坛、屋顶花园、阳台、路旁等；室内场所，如食堂、会客室、居住房间、走廊、温室、园艺塑料大棚等。社会工作者应根据服务对象的身体、心理等特点，妥善选择活动开展场所。

1. 疗愈庭园场地设计及安置

通常设计疗愈庭园时会考虑下列因素。

（1）位置：方便到达、容易从室内看到、有水源、有电源等。

（2）大小：不要受限于场地大小，可以给没有空间的服务对象使用组合盆栽。

（3）光照：是否满足每天光照 6 小时，或是否需要遮阴（避）空间。

（4）安全性：注意场地内是否有斜坡和容易使人受伤的尖角等。

（5）土壤：土壤状况是否良好，如果土壤状况太差则可考虑在盆器中进行。

（6）评估现有的景观元素是否需要保留。

（7）花坛高度要适宜。

（8）制定庭园使用规则及开放时间。

疗愈庭园是根据治疗者需要而专门设计的。如美国纽约市某植物园专为残疾人设计的芳香园，花坛的长、宽、高经过精心设计，可使残疾人坐在软椅上伸手抚摸花草。园中设安全栏杆，盲人可沿栏杆在园中行走，且各种花草名及用途均刻在铜牌上供盲人用手阅读。盲人虽然眼睛看不见，但其听觉、嗅觉、触觉特别灵敏，他们在园中听风吹花草的声音、虫叫声、游客交谈声，用手抚摸花草，用鼻嗅花草清香，享受大自然的乐趣。疗愈庭园的设计要便于老年人活动，可让老年人自己种些容易栽植的药草。当他们用到自己种的药草时会感到特别高兴。

2. 园艺操作课程设计

设计园艺操作课程时，需要充分考虑植物材料、庭园工具、作业内容（栽培方法）以及作业时间等内容。

选择植物材料时，建议选择能刺激五官或第六感觉的植物，或者找一些新奇的植物，或者选择蔬果植物。植物的选择因人而异。对于精神忧郁的人，若选用来年开花的宿根花卉则效果很差，应选用发芽和成长快的植物，通过植物的不断生长变化来帮助病人增强自信心、满足感、存在感等。对于残疾人，仅选用一年生草本植物是不够的，为了帮助他们树立长期与残疾斗争的决心，生长期快、慢的植物都要选用，还要与社会活动相结合，使其认识到自己存在的价值。近年来，园艺疗法在植物选择上广泛采用药草，因为药草能刺激五官、容易栽培，而且药草可加工成药材、香袋、化妆品、调味品、染料等绿色产品，在市场上很受欢迎，能对治疗者的精神产生很大的鼓舞。

作业内容根据治疗者的体力来选择，有重体力劳动也有轻体力劳动，有室内劳动也有室外劳动。室外劳动有野外观光、播种、插枝、移植、除草、浇水、施肥、收获、花坛制作等，室内劳动有园艺植物书刊阅读、标本制作、插花、脱水花卉制作、花篮花环制作等，也可参与香袋、调味品、药物等绿色产品的生产。所设计的活动必须是轻微症状的治疗者最容易做到的，特殊治疗者需特殊对待。园艺活动的疗效重在活动过程本身，而不是最终产品。

（四）进行课程操作

根据计划实施园艺疗法时，在体力与集中力范围内应尽量让治疗者亲自动手，指导人员如果动手太多则会使效果减半。同时还应考虑治疗者的兴趣与能力，使他们能够快乐、易理解地进行操作。

（五）评估结果

实施计划后，应对操作内容、指导方法、计划等全部内容进行评价，以决定下次实施的内容与目标，并根据实际状况，与其他医疗、福利部门协商。评价时不要根据园艺作品的收获数量来评价，而要根据治疗者通过园艺治疗活动产生的行动变化、心态变化以及治疗目的的完成情况来评价。

| 第三步 | 熟悉园艺疗法的操作技巧

（一）区分园艺疗法与园艺活动

园艺活动以植物为本。参加者通过参加园艺活动学会一些栽种知识和技巧，并投入忙碌且有趣的园艺活动。园艺疗法则以人为本，注重参与过程，弱化种植成果。社会工作者开展园艺疗法，不仅要懂得和亲身体验过相关的园艺种植方法，更重要的是理解和掌握园艺疗法的理念、方法和技巧。针对认知障碍症老年人开展园艺疗法，社会工作者要评估他们的能力和需求，根据具体情况确定目标，设计合理的园艺活动，从而达到治疗的效果。在此过程中，园艺活动只是媒介，种植成果也不是首要目标，重点在于对老年人身心和情绪状态的改善。例如通过让老年人移栽薄荷植株、用各色仿真花作为材料来插花、到花园采集花叶等，对他们进行接收信息、语言能力、计算能力、感知觉等方面的认知训练。

（二）明确群体治疗的目标

针对青少年的园艺疗法，往往侧重于自我效能的提升、创意的发挥等；针对减压人士的园艺疗法，侧重于感受体验，关注内心活动变化；而针对认知障碍症老年人的园艺疗法，需要关注园艺步骤的完成情况，因此在园艺小组活动中要细化园艺步骤。同时，针对不同阶段的认知障碍症老年人，社会工作者要根据老年人的退化程度来开展合适的园艺活动。针对能够参与一般的种植活动的轻度认知障碍症老年人，小组目标可以是让老年人保持身体功能，提升自尊心；针对中度认知障碍症老年人，则以简单轻松的活动为佳，重点是关注老年人参与的过程；针对重度认知障碍症老年人，小组目标应以感官刺激为主，让老年人和外界接触，增加他们开心愉快的感觉。例如，对于轻度和中度认知障碍症老年人，在活动中选用薄荷这种叶子不光滑且有特殊味道的植物对老年人进行触觉和嗅觉的感官训练。在小组活动中，还可通过植物寻宝采集活动对老年人进行感官训练，让老年人走出楼宇感受大自然的绿草如茵、百花齐放。

（三）关注自我效能的提升

园艺小组活动面对的是能力有所下降老年人，因此，小组任务要细小而具体，否则组员较难完成。无论是让组员完成取放植株的动作，还是栽种规定棵数的植株，或是控制浇水量，都可以较好地体现小组成效。在植物的选择上，宜选择易栽种易成活、基本不用打理、收益快的植物，如生菜、樱桃萝卜等。这样能使组员更易获得成就感。

园艺治疗小组通常只开展短短几周的时间，在此期间让组员通过观察植株的变化而有所收获，才能更好地提升组员的积极性和效能感。

（四）紧抓组员的注意力

认知障碍症老年人通常集中注意力有困难，意志减退，严重的甚至会情感淡漠。因此，针对这样的老年人，在园艺活动中应尽量选择颜色鲜艳、形状多样、感官刺激较明显的植株，选用花哨、新颖、有创意的道具，以最大限度地吸引组员的注意力。园艺种植过程中应尽量简化栽种的操作。操作环节设计得过多，组员的耐心会减弱。另外，在程序设计上要关注老年人的情绪体验，通过活跃小组氛围吸引组员的注意力。以每节小组任务时长为1小时的安排为例，园艺操作部分可以占40分钟。在小组活动前后可以通过加入互动和分享环节来丰富小组活动内容，在增加小组活动趣味性的同时，还要关注组员社交的需求、情绪感受的变化等。

拓展阅读

新加坡建了个能治老年认知障碍症的花园

为了帮助已患病的老年人，新加坡专门修建了一个针对认知障碍症患者的“康疗花园”。这个花园坐落在新加坡海特拉巴路，由新加坡国立大学参与设计，主要面向认知障碍症老年人及年长者。在这座花园中，有色、香、形不同的植物，结合不同的座椅，能观察到不同形状、颜色的花草，保证一年四季都能观赏到不同颜色的花；水泥道路地面拓印了各色植物的叶子，因为老年人经常低头走路，因此地面铺装也很重要；还有叮咚响的泉水、活灵活现的小动物模型以及可供老年人进行各种园艺手工活动的区域；等等。上面所阐述的各种设计，都与园艺疗法息息相关。

（资料来源：https://mp.weixin.qq.com/s/dgAwHHDTmokJZBIQsvFtew）

任务工单

园艺疗法操作实训

任务名称		学时		培训对象	
学生姓名		联系电话		任务成绩	
任务设备		操作时间		操作地点	
情景导入	社会工作者在走访社区的过程中，发现其所服务的社区里老年人的数量偏多，占社区总人口数量的60%。这些老年人在退休之后，回归社区，伴随着生理机能的退化和社会职能的失去，会在身体、心理等各个方面产生落差。这种落差使他们的自信心降低，对生活的态度变得消极。社会工作者在与老年人的交流过程中发现，部分老年人觉得自己年老无用，表现出失望等消极情绪。为了帮助老年人找回自信，引导他们用积极的态度面对生活，社会工作者在园艺疗法理论的指导下，策划开展老年人生命教育主题活动，希望老年人通过感受植物带来的正面影响，在情绪和精神方面有所改善				
任务描述	根据以上案例介绍，运用园艺疗法，设计一个服务方案				
任务目的	1. 了解园艺疗法的基本内容； 2. 掌握园艺疗法的步骤和方法				
操作注意事项	通常园艺疗法的服务方案应包括治疗目标、需求评估、实施步骤、实施过程、档案记录、效果评估、总结报告等内容				

（续）

任务实施	准备工作	
	实施流程	
	实施总结	
	实施评价	
教师评价		

项目三
社区场景中的老年社会工作服务

项目信息

任务名称

社区场景中的老年社会工作服务。

任务目的

1. 熟悉社区老年社会工作的服务环境。
2. 了解社区老年社会工作的主要内容。
3. 掌握评估社区老年群体需求的方法。
4. 熟悉社区老年服务活动的策划（方案）。

任务分解

任务一：认识社区老年社会工作服务环境。
任务二：评估社区老年社会工作服务需求。
任务三：实施社区老年社会工作服务。

任务一　认识社区老年社会工作服务环境

社区是老年社会工作者的重要工作场所。社会工作者只有面向群众、认识社区、胸怀社区，才能正确地把握社区和老年群体的需求，进而提供有效的服务。

工作步骤

了解老年友好型社区的理念及标准

↓

辨识老年歧视行为及其危害

↓

融入老年社区环境的方法

活动内容

请阅读材料并分析，为什么西安市要启动适老化改造工程？什么样的社区居住环境才是真正的适老化环境？

情景导入

统计显示，中国2.67亿老年人中有一半处于空巢和独居状态。家中没有呼叫、报警设施，卫生间缺少扶手、光线昏暗……这些都可能给独居老人的生活带来不便甚至危险。

西安市2021年启动适老化改造工程。改造对象为低保户、高龄失能老人等特殊困难老年家庭；改造形式为“一户一设计”；改造内容包括地面、扶手、门槛和入户门等；老年人居住的卧室和卫生间为重点改造区域，此外还根据老年人的实际情况配备小夜灯、助听器和放大镜等。

这些举措大大提高了老年群体的居家养老质量，为他们营造了舒心的生活环境。

思考与讨论

你知道什么样的社区环境才是真正适合老年人居住的社区环境吗？

| 第一步 | 了解老年友好型社区的理念及标准

老化是生命中的一个渐进过程。在城市建设过程中，应该考虑给高龄者提供一个友善的环境，使他们可以无障碍地行动并提高他们积极面对老化的能力。

一、老年友好型城市的理念

2002 年，世界卫生组织提出了“积极老龄化”的概念，并逐渐发展出“老年友好型城市”这一概念。老年友好型城市应该是尊重与平等的城市，且对年龄、性别及文化无歧视；城市内没有使老年人行动不便的障碍因素，也没有造成老年人不敢动及不想动的无形障碍。它是一个能让老年人活到老、动到老的城市，且城市能做到敬老、亲老、无碍、畅行、安居、连通、康健。

2007 年，世界卫生组织发布《全球老年友好城市建设指南》，协助发展中国家在都市化发展中未雨绸缪，以因应日益增长的老年人口需求。《全球老年友好城市建设指南》包含对老年人口的统计分析与现状探讨等，并提出八大综合性议题，包括无障碍与安全的公共空间、交通设施、住宅、社会参与、敬老与社会融入、工作与志愿服务、通信与信息、社区及健康服务，通过这几个方面的议题探讨城市的架构、环境、服务与政策，让城市自身探究其人口老龄化的问题，并思考如何使城市变得更加友善。

二、老年友好型社区的建设目标

老年友好型社区的建设目标是提高老年人的身心健康水平。健康的促进方法要满足老年人以下四个方面的需求。

（1）满足老年人的基本需求和安全感。

（2）提高老年人的身心健康水平和生活的满足感。

（3）增加老年人独立自主的机会：增强老年人的自主感。

（4）增加老年人社会参与的机会：增强老年人对生命和生活的意义感。

三、老年友好型社区的实践标准

老年友好型社区的标准有八大方面。其中，户外空间指标、交通指标、住房指标旨在评估老年友好型社区的硬件设备和设施，以确保社区环境友好和安全。而社会参与指标、敬老和社会融入指标、公民参与和工作机会指标、信息通信指标、社区支持和健康服务指标则用于评估社区中的服务结构和软件设施是否友好。这五个指标致力于支持老年人过有意义的生活，使他们积极地融入社区和老年友好型服务。

（一）户外空间指标

（1）环境：城市或社区道路干净卫生，绿地和走道安全且遮阳处、卫生设施、座位数量充足，用于步行者通行的走道上没有障碍物，地面平坦，卫生设施容易到达。

（2）户外座位：保证数量充足，尤其在公园、公共空间；座位附近安有监控设备或有巡逻人员，以保障居民安全。

（3）人行道：维护良好，平坦，宽度足够轮椅通行，没有障碍物。

（4）马路：斑马线醒目、防滑，保证行人能够安全通过；行人指示灯预留足够的时间让老年人通过，且带有视觉和听觉信号。

（5）交通：行人、非机动车、机动车都严格遵守交通规则，且行人享有优先权。

（6）安全：街道照明情况良好，有警察巡逻，可以保障个人和社区安全。

（7）服务：设施方便，位于靠近老年人居住的地区，且容易到达；为老年人提供特殊的顾客服务，比如设立单独排队区域或单独收银机。

（8）公共卫生间：干净、维护良好，标识明确，且位于方便的地点，适合各种身体情况的居民到达。

（二）交通指标

（1）经济实用：公共交通为老年人提供优惠价格，且可靠性和发车频率高。

（2）可到达目的地：可到达老年人生活的社区及老年人活动中心。

（3）专用交通工具服务老年人及残疾人群：车辆底盘可升降，车门处台阶低，座位宽敞。

（4）为残疾人群提供专门服务：为老年人及残疾人提供专座。

（5）司机：公交车司机经过专门培训，有礼貌，遵守交通规则，乐于帮助行动不便的乘客。

（6）安全舒适：公共交通工具应保证安全，避免犯罪（如盗窃）和推挤事件的发生。

（7）公交、地铁站点：设有坡道、扶梯、电梯、公共厕所以及清晰明确的标识。

（8）信息：时刻表清晰明了，明确标识残疾人专用公交路线及车辆。

（9）社区交通服务：招募志愿者司机、车辆，以便老年人外出参加特殊活动或前往特殊地点。

（10）出租车：服务周到，经济实用，可为低收入老年人提供补助；有宽敞的空间，方便老年人存放轮椅或助行器。

（11）道路：宽敞，照明设施数量充足，道路上无遮挡驾驶员视线的障碍物。

（12）驾驶技能：提供驾驶复习课程。

（三）住房指标

（1）楼房：容易到达，且设有电梯、坡道、防滑地面，休息区域设有舒适的座椅。

（2）经济适用：所有老年人都可购买经济适用住房，或者廉价公共住房。

（3）基本服务：具备空调、供暖、供水、供电、卫生设备。

（4）设计：结构稳固，有足够的空间供老年人自由行动；满足老年人的生活需求；配有平坦的地面和宽敞可供轮椅通行的通道；设计合理的卫生间、浴室和厨房；房间和走廊照明充足，通道无容易使老年人跌倒的杂物、电线等；楼梯装有照明设施和安全扶手，浴缸及淋浴间配有扶手和防滑地垫。

（5）改造：满足老年人的需求，改造的费用在可负担的范围内，为家具改造服务提供财政资助，公共住房、出租房以及公共场所得到良好的维护。

（6）维护：维护费用在老年人可负担的范围内，有符合资质且可靠的服务提供者。可由当地政府提供可靠的维修服务提供者目录。

（7）家居安全：与生活质量紧密相关。一次跌倒就可能对老年人的余生造成严重影响。研究发现，若老年人摔断了股骨或腿骨，则有50%的可能无法康复到原有的身体活动水情绪平。行动能力受限常常是造成老年人不能参与社区活动以致影响精神健康（感到孤单，出现抑郁情绪）的因素之一，也是65岁以上老年人伤亡的重要原因之一，其中以跌倒居多，而最容易发生跌倒的地点就是家里。老年人的身体功能退化，也会造成其行动有困难。为维持身体的功能与活动，老年人会使用移行辅助工具，如手杖、助行器及轮椅等，但是若操作辅助工具不当，也可能发生跌倒。为了预防跌倒，评估家居安全是有必要的。

（8）火灾危险评估：屋内是否有引起火灾的危险源，如堆积如山的杂志、书籍、纸张等；屋内是否安装了烟雾探测器、一氧化碳探测器之类的设施，以方便老年人紧急求助。

（9）服务的环境：老年人常常对自己长期居住的环境形成很强的依赖，不愿离开自己熟悉的环境。在这样的情况下，为老年人提供居家服务优于搬家。

（10）社区融入：增加老年人社会参与的机会，增强老年人对生命和生活的意义感。

（四）社会参与指标

（1）容易到达的社交场所和活动地点：位于老年人居住的社区及其附近，方便老年人前往，且乘坐便宜、便捷的交通工具可到达；活动时间方便老年人参加；活动入场权开放（不需要特殊会员），入场手续简单，例如入场票的购买迅速、便捷，且不需要老年人长时间排队。

（2）可负担性：往返社交场所、参加活动以及参观当地景点的费用都在老年人可负担的范围内。

（3）设施和环境：老年人参加聚会的场所有很多，比如活动中心、学校、图书馆、住宅区的社区中心、公园和花园。这些场所应容易到达，活动设施方便使用，以保证残疾人和需要特殊照护的人群可以参与。

（4）活动宣传：社交场所和活动的消息能很好地传达给老年人，包括活动的具体信息以及交通方式。

（5）改善老年人的孤立状态：可通过发送私人请柬的方式推广活动，促进老年人参与。社会工作者要帮助处于孤立状态的老年人融入社区，比如主动上门造访或者电话问候。

（6）培养社区融人：鼓励不同年龄段的人群对社区设施进行多用途使用，以促进各个群体之间的交流。

（五）敬老和社会融入指标

（1）敬老和包容的服务：公共机构、志愿组织、商业机构在提供服务时，咨询老年人的意见和建议，以更好地服务老年人；公共机构和商业机构提供的服务和产品满足老年人的需求和偏好；服务人员彬彬有礼，在如何服务老年人方面训练有素。

（2）老龄化的公共形象：公共媒体对老年群体形象的描画应积极正面，避免大众对老年人产生成见。

（3）隔代交流与家庭交流：面向社区的社交场所、活动，应满足不同年龄段人群的需求和喜好。面向家庭的社区活动，尤其要鼓励老年人参与。定期举办一些活动，旨在聚集不同辈的人，促进代际相互欣赏和相互充实。

（4）公共教育：小学、中学的课程中加入关于老龄化、老年人的教育；老年人定期、积极地参与本地学校的活动，与学校的儿童、老师交流；为老年人创造机会和提供平台，使他们能向年轻人分享他们的知识、阅历、特长。

（5）社区融合：当社区的决策与老年人有关时，应保证老年人的全面参与；社区既要认可老年人过去的贡献，也要重视他们目前的贡献；社区开展旨在增进邻里关系和增强邻里互助的活动时，将老年居民视为关键知情者、顾问、行动者和受益人。

（6）经济融合：保证经济状况不佳的老年人享受公共、志愿、私人机构提供的服务和活动。

（六）公民参与和工作机会指标

（1）志愿者机会：为老年人提供适合的志愿服务的机会；志愿组织发展良好，培训项目和志愿者充足；志愿者的技能和兴趣与他们的职位相符合；志愿者能够获得良好的支持，比如提供交通费用、停车费用。

（2）工作机会：为老年人提供适合的工作机会；完善相关政策，以防止对老年人的歧视；将退休作为一种选择，而不是强制性的；使老年人拥有灵活的工作机会，可选择兼职、第二职业；有针对老年人的再就业方案和再就业介绍所；支持老年人灵活参与活动，如做志愿者；激励雇主雇用老年人和保留老年人员工。

（3）培训机会：为退休的老年人提供职业培训的机会，如学习新技术。

（4）公民参与：顾问委员会、组织委员会等顾问机构纳入老年顾问；支持老年人参与会议和活动计划的制订和实施；鼓励老年人参加社区政治活动。

（5）被尊重：老年人对社会所做的贡献应被承认和尊重；雇主和机构要关注老年人的需求；在雇主中推广雇用老年员工带来的福利。

（6）企业家精神：支持老年人个体创业（例如开设农贸市场、为小型企业进行培训、为老年人提供小额信贷）；支持小型企业将产品做到适合老年人使用。

（7）薪酬：使老年人获得公平的报酬；为志愿者报销志愿服务中的费用。

（七）信息通信指标

（1）信息提供：一个基本的、全面覆盖的信息系统，包括书面信息、广播信息、通信信息。保证信息传播到老年人的家中，或者他们日常活动的地点；设立信息传播中心，协调社区内的信息传播，并将其作为“一站式消费”的中心；大众媒体、特定媒体定期提供老年人感兴趣的信息和广播节目。

（2）印刷信息：正式表格中的文字、电视字幕、显示屏上的字幕应采用大字号；大纲要用清晰的、加粗的字体显示。

（3）语言简明：印刷信息、口头交流都采用简明、常见的语言，句子简短。

（4）自动通信设备：电话答录服务的提示语音要做到缓慢、清晰，并且告知收听者如何回放提示语音；使用者可选择与真人服务人员对话，或者留言等待服务人员回电；电子设备，比如手提电话、收音机、电视、自动取款机、售票机采用大键盘和大字号文字；银行、邮局等服务机构的服务机器显示屏的亮度设置得高一些，且设置不同高度的显示屏以满足不同人群的需求。

（5）电脑与互联网：在公共场所，例如政府部门办事处、社区中心、图书馆广泛提供电脑和互联网。

（八）社区支持和健康服务指标

（1）服务易获得性：在城市或社区中，健康服务与社会服务均匀分布，互相临近，能乘坐各种交通工具到达；住院护理的机构，例如退休之家、养老院位于临近各类服务和居民区的地方，以保证住院照护的居民可以融入附近的社区；服务设施结构安全，且方便残疾人出入和使用；为老年人提供清晰易懂的信息，帮助他们使用健康服务与社会服务；行政、服务人员服务老年人时要尊敬他们；将影响老年人使用健康服务、社区服务的经济障碍降到最低；为老年人推荐指定的墓地。

（2）服务提供：可提供充足的健康服务、社区支持服务，以恢复、保持、促进老年居民的健康。居家护理服务包括医疗服务、个人护理、家政服务。健康服务与社会服务针对老年人的需求和顾虑提供。专业服务人员拥有相应的技能，能与老年人交流，为老年人提供有效的服务。

（3）志愿支持：保证有各个年龄段的志愿者在各类医疗场所、社区场所协助老年人。

（4）应急计划与救护：根据老年人的需求和身体机能提供服务。

| 第二步 | 辨识老年歧视行为及其危害

老年友好型社区的环境是健康老化、积极老化和老年人社会参与达到老有所为、老有所乐的必要条件。目前，老年歧视仍然是严重的社会问题，每个社区都有可能发生。常见的老年歧视是大众低估老年人的思维和工作能力，认为他们的想法陈旧，进而在实际生活中排挤他们，不愿意了解他们的实际需要和心理、生理特点，在日常生活中不尊重他们，甚至会出现虐待老年人的情况。

一、老年歧视的含义

老年歧视是指基于年龄而对年长人士产生的偏见。对许多人来说，年老是消极的，年老意味着依赖他人、认知障碍、抑郁、功能衰退、精神衰弱或情感缺失。整体而言，大众对正常的老化过程存在恐惧和误解，对老年群体有偏见。他们对老年人的印象通常是负面的，而且认为老年人的价值不大，或认为给老年人提供较差和不平等的治疗条件是合理的。大多数人，甚至部分老年社会工作者，都要对这种老年歧视行为提高自我认知。这些负面的态度可能来自过去的经验、传媒的影响和旧的观念。

二、老年歧视的危害

对老年人的不正确态度和偏见不但影响了专业人士和社会如何对待老年人，而且也影响了老年人如何看待自己。接受关于年老的负面说法，老年人可能变得消极，并因此限制自身的活动。大多数人都害怕年老，也就是说，对年老的恐惧是普遍现象。老年歧视使老年人感到年老是可怕的、不吸引人的。我们必须学会克服自己对年老的恐惧。研究表明，老年歧视对老年人有明显的负面影响：①如果老年人相信疾病是老化过程的一部分，那么他们可能更不愿治疗疾病；②如果老年人不相信他们能恢复健康，那么他们可能不愿积极参加康复训练；③如果老年人、社会工作者或医护人员相信抑郁症是正常老化的一部分，那么他们可能不愿接受或提供积极治疗；④如果老年人、社会工作者或医护人员相信年老代表能力局限，那么他们可能会接受老年人消极的态度和行为，甚至会放纵自己或放任老年人接受无助感。这些限制会导致老年人的依赖行为增加。这种行为被定义为“抑制能力的支持（disablingsupport）”，与“赋予能力的支持（enablingsupport）”相对。

拓展阅读

测测你是否对老年人持有负面观念

在日常生活中，老年歧视可能是无意识或非故意的。大多数人常对老年人持各种负面观念，却没有意识到这种行为。通过回答以下几个问题可以检查或反思自己是否对老年人持有负面观念。

（1）你认为老年人可以学习新知识吗？

（2）你认为老年人在退休之后，是否仍然可以健康生活30年？

（3）在老化过程中，你最大的恐惧是什么？

（4）当你年老的时候，是否一定会患认知障碍症？

（5）回想你所认识的两位80岁以上的老年人，一个看起来年轻，一个看起来很老，为什么？

（6）什么是老年人现在拥有而年轻时没有的东西？

（7）什么是老年人年轻时曾经拥有而现在已经失去的东西？

老年社会工作者需要明确自己对老化过程和对老年人的态度。但事实上，社会上存在很多广泛被人们接受的对老年人的负面观念，尽管这些负面观念不一定以事实为基础，但很多人却深信不疑。例如，许多人认为老年人是脆弱和顽固的，而事实上，很多老年人是健康和开明的。他们喜欢运动、喜欢学习新的事物和勇于面对挑战。以上几个问题仅用于社会工作者进行自我反思，以检查自己是否存在老年歧视的观念而不自知，而具体答案并没有绝对的对错之分，不必过于在乎“标准”答案。

｜第三步｜融入老年社区环境的方法

认识社区是制订社区服务计划的基础，它既是社区工作的一个重要步骤，也是社区工作必经的过程。只有认识社区、融入社区环境，才能探询社区需要、评估社区资源以及找出社区问题，从而制定社区行动方案，有效达成工作目标。

一、融入社区的准备

社会工作者在进入社区之前必须对自己的工作有基本的了解，包括了解自己所任职的机构、了解机构的组织分工和认识同事。

1. 了解自己所任职的机构

社会工作者在社区开展工作时无疑需要自己所任职机构的支持，因此有必要对自己所任职的机构有一个基本的了解。首先，社会工作者要了解机构的使命和理念，把握机构的基本立场和倾向性，即了解机构重视的是具体服务的提供还是社区能力的提升。前者在工作中注重用专业人员和专业技术替社区解决问题，后者则在工作中更注重发掘社区资源，与社区一起解决问题。其次，社会工作者要了解机构认为在社区机构的主要服务对象是哪些人，这一选择是基于什么考虑的，以及机构的办事风格是较为稳健还是求新求变。最后，社会工作者要了解机构与社区其他组织和团体之间的关系，以及机构在社区的知名度、影响力和声誉，对机构有一个较为准确的定位，以便未来在工作中采取适宜的策略与其他组织打交道。

2. 了解机构的组织分工

机构一般设有不同的部门，或从功能角度分工，或从区域角度分工，或从项目团队角度分工，总之机构根据不同的分工给工作人员安排任务，并要求其承担相应的职责。社会工作者应把握自己在机构分工中所扮演的角色，负责哪些方面的工作，职责权限范围有多大，哪些事务可以自行决定处理，哪些必须向上级报告或经上级同意之后才能采取行动。

3. 认识同事

社会工作者在社区通常以团队的形式开展工作，因此必须与同事互相了解，建立信任和默契关系，这样才能在工作中有效沟通，相互支持，形成合作。

二、认识社区的方式

认识社区的方式和渠道有很多，社会工作者应该尽量利用不同的方法和渠道搜集资料。例如，积极参与社区重要活动、开展社区活动、积极参与社区事务、拜访社区居民或领袖等。

1. 积极参与社区重要活动

社会工作者要参加社区在节假日举办的活动或已在社区形成的传统活动，并在这些活动中争取亮相的机会。通常来说，参加这类活动的居民比较多，社区各团体和组织（如物业公司）也会派代表出席，因此这是认识社区和居民的好机会，也可以借此让大家逐渐了解和熟悉自己。

2. 开展社区活动

社会工作者所在的机构可以开展一些社区活动，邀请居民和其他社区团体参加，主动创造与社区其他成员互动的机会，并借此机会宣传机构和机构所提供的服务。

3. 积极参与社区事务

社会工作者应积极参与讨论社区事务，出席相关的会议，提出意见和建议，并在力所能及的范围内提供适当的帮助。通过这一方式，社会工作者有机会向社区的居民、团体和组织更深入地展示自己所在机构的使命和服务理念、资源状况和服务内容，为今后进一步合作打下基础。

4. 拜访社区居民或领袖

社会工作者对社区居民或领袖进行个别化的家访或谈话，有利于深入了解社区居民的需求，以及收集个性化的资料。除了谈话，还可以通过实地观察对社区的情况有更深入的了解。有时为了对社区的需要和问题有较为深入的了解，部分社会工作者甚至会在自己工作的社区里住上一段时间。而且，拜访社区居民或领袖更有利于社会工作者与服务对象建立工作关系。但是，由于个别拜访的缺点在于需要很长的时间，事后社会工作者需要付出极大的耐心和时间整理碎片化的资料。

三、熟悉社区背景

认识社区往往需要一个过程，社会工作者要在一段时间内或分若干阶段进行，不能一蹴而就。而且社会工作者要做好全面、全方位地认识社区的思想准备，因为只有这样才能真正清楚地描绘出社区的轮廓。要全面认识社区，首要任务是熟悉社区背景，了解社区的基本情况。

熟悉社区背景不仅能够加强社会工作者对社区的认识，还对日后的服务活动对象、选择内容和策划项目有很大的帮助。

1. 社区的地理环境

社区的地理环境资料一般可以从区政府和街道办事处处获得，主要包括区位与边界、环境设计与土地使用、交通、基础设施、社会服务、商业服务和经济等。但是所谓的社区范围，对不同的居民来说是有不同意义的，居民会从生活范围、重要地标或历史记忆等角度来界定自己所在社区的范围。社会工作者可以通过举办社区居民活动，邀请居民共同为社区的区域面积及地理环境进行定义。

2. 社区的人口状况

社区的人口状况主要包括社区的总人口数、性别比例、年龄分布、居住群体的特征（如流动人口情况等）。这些资料可从当地的社区居委会或公安派出所处获得。但要考虑到社区居民因为购买新房、房屋出租等，经常有人户分离的情况。因此，如果有必要，社会工作者可以通过家庭调查，了解社区中实际的常住人口状况。这些信息，既可用于社区介绍，也可帮助社会工作者对社区居民的需求以及可开发的人力、物力、财力等资源有更准确的了解。此外，社会工作者还需要了解社区中邻里关系的状况，掌握社区居民之间是如何相互影响的。

3. 社区的资源

社区的资源主要包括社区里的公共设施、教育机构、医疗单位、社区组织、金融机构、商业场所等。社会工作者可以从以下几个方面了解社区资源：一是它们所在的位置和日常运作情况以及对社区居民生活的影响；二是资源被利用的情况；三是社区居民参与社区事务的情况。此外，社会工作者还需要了解社区目前提供了哪些社会服务，这些社会服务是如何惠及社区居民的。

任务工单

认识社区老年社会工作服务环境

任务名称		学时		培训对象	
学生姓名		联系电话		任务成绩	
任务设备		操作时间		操作地点	
情景导入	李奶奶今年74岁，有2个儿子。李奶奶患有风湿病、慢性支气管炎、心悸等疾病，需要经常看病用药，生活尚能自理。每逢阴天下雨，李奶奶的腰腿就容易疼痛无力，行动能力大不如从前，尤其是上厕所起身时更困难。李奶奶因经济条件有限没有购买养老保险，经济来源仅靠每月300元的“老人金”和儿子们的支持。目前，李奶奶与小儿子同住在一栋楼里，小儿子一家住在二楼，李奶奶住在一楼和二楼之间的阁楼里，日常在一楼活动，李奶奶对这种生活状态较满意。李奶奶上下阁楼的楼梯没有扶手，每次她都会扶墙小心步行，但有一次在下楼途中李奶奶不小心踩空跌倒，虽然没有受重伤，但从此对上下楼心存恐惧。李奶奶有改变目前居住环境的需求，但不知道该怎么做				
任务描述	如果你是社会工作者，你会从哪些方面帮助李奶奶？				
任务分析	1. 李奶奶长期患病，随着年龄的增长其身体开始衰老退化，感觉如厕起身困难。加上李奶奶日常住在上下楼没有扶手的阁楼，有一定的居家环境安全隐患。 2. 李奶奶跌倒后虽然没有受重伤，但其已产生畏惧心理				
任务目的	1. 了解社区老年社会工作的服务环境； 2. 熟悉社区老年社会工作的目标及作用				
操作注意事项	1. 在评估案主的居家环境安全需求时，需要邀请案主一起协商讨论。 2. 基于案主的需求及经济状况，社会工作者需要链接相关资源，协助案主进行居家安全环境改造。 3. 在服务过程中，要引导案主与其儿子沟通交流，获得更多的支持				

（续）

任务实施	准备工作	
	实施流程	
	实施总结	
	实施评价	
教师评价		

任务二　评估社区老年社会工作服务需求

开展社区老年工作服务的最终目标是协助社区中的老年群体解决问题，首要任务是了解和评估社区中老年群体的需求。只有全面、多渠道地了解老年人的需求，才能更精准地为其提供服务。

工作步骤

掌握需求评估的基础知识

↓

多维度评估社区老年群体的需求

↓

实施老年人需求评估的步骤

活动内容

假如你是芳芳，请查找资料，根据高婆婆的具体情况，评估和分析高婆婆的服务需求有哪些?

情景导入

芳芳是一名常驻社区养老服务站的社会工作者。高婆婆今年89岁，从机床厂退休，每月退休金2 000元，独自居住在老旧楼房里，有一个女儿远嫁外省。其女儿每年回家探望高婆婆一次，平时每个月给高婆婆500元生活补贴。高婆婆性格内向，在社区内没有什么朋友，与邻居来往也较少。高婆婆患有糖尿病、高血压，身体机能逐渐下降，买菜、做饭等存在一定困难，价值感低，觉得自己什么事情都干不好，情绪越来越暴躁。高婆婆有在家洗澡时不小心摔倒在厕所的经历，后高婆婆被纳入社区养老服务站重点关注对象。但这并未避免高婆婆摔倒在客厅3天无法动弹的意外的发生。这一次摔倒的经历给高婆婆留下了心理阴影，她很少下楼走动，基本一个月才下楼一次，并担心自己在家里出现危及生命的情况都无人知道。社区了解到高婆婆的情况后，委托芳芳跟进处理高婆婆的事情，并希望芳芳通过此案例分享社会工作者处理类似“社区困境老年人”个案的方法和技巧，以预防危险发生。

思考与讨论

“社区困境老年人”的需求有哪些？社会工作者可以为“社区困境老年人”做什么，怎么做，以及如何评估服务效果？

第一步 掌握需求评估的基础知识

一、确立社区需要的类型

了解社区需要或明确社区问题可以为社会工作者的后续服务提供方向。关于社区需要的类型，英国学者布赖德·肖归纳总结出以下四种。

1. 规范型需要

这种需要是专业人员、行政人员或专家学者依据专业知识和现有的规定或规范所指出的特定需要。例如，1995 年民政部颁布的《全国社区服务示范城区标准》（民福发〔1995〕28 号）规定，每个区都要建有一个 1 000 平方米左右的社区服务中心，同时规定了社区服务中心应配备的服务项目。当服务设施与服务项目不符合规定时，就存在规范型需要。

2. 感觉型需要

当个人被问及是否需要某一特定服务并作出回应时，其回应就是感觉型需要。感觉型需要假定从个人受访的自我陈述中反映出的个人期望的需求和想要的服务就是感觉到的需要。在社区中，当大部分居民感觉到某些需要和期望未能满足，并把它们说出来时，这便是居民的感觉型需要。这种需要可能是主观的感受，也可能是基于客观事实而产生的感受。但无论怎样，感觉型需要的表达反映了居民接受服务的意愿。因此，在规划和设计服务时要充分考虑居民的感觉型需要，以便提高服务的针对性和使用率。这里需要注意的是，居民的感觉型需要有时可能过高，甚至是不切实际的需要。

3. 表达型需要

当个人把自身的感觉型需要通过行动来表达和展现时，即成为表达型需要。表达型需要主要反映了个人、团体对社会服务数量的需求，但不一定表示对服务质量不满意。例如，某社区敬老院的50 张床位已满，但仍有20 位老人排队等候床位，这种排队等候现象就属于表达型需要，表明这类社区敬老院及其服务是社区老年人需要的。

4. 比较型需要

需要的产生基于与某种事物所做的比较。例如，一些居民得到了服务，但其他类似的居民却没有得到同样的服务，后者知道了这些情况便会产生新的需要。这种与其他个人和社区比较而产生的需要称为比较型需要。比较型需要可以由居民提出，也可由专家提出。例如，两个相邻的小区 A 和 B 都是老旧小区，60 岁以上的老年人数量占社区总人数的比例都在 20% 左右，且两个社区的楼群中都有一些空地，最近 A 小区安装了健身器材，B 小区的老年人发现后，来到社区居委会，也要求安装健身器材，这个要求属于比较型需要。

二、评估社区需要的方法

社会工作者进入社区工作时，通常会咨询各方面人士的意见，了解不同人群对社区需要的看法，然后制定工作的方针和策略。

（一）运用现有资料进行评估

进行社区需要评估时，二手资料也非常重要。这些资料不仅有用，而且在时间和资源有限的情况下，还能够提供有价值的信息。二手资料包括政府发布的统计数据、特定领域或相关议题的研究发现等，能够从多角度为评估社会问题和需求提供重要信息。二手资料虽然对社区需要评估会有一些限制，但可为规范型需要的界定提供借鉴。

（二）对社区供给的资源进行调查

调查社区有哪些可以供给的、服务于目标人群的资源，明确社区供给资源的特性。

（1）服务供给者：谁可以提供服务？

（2）服务地点：在哪里提供服务？

（3）服务内容：提供什么样的服务？

（4）服务容量：提供多少服务？

（5）服务资格：受什么样的服务资格限制？（这是基于社区供给层面做的分析，虽然不一定代表需求层面，但有助于判断资源与需求是否脱节，以及有效地利用资源。）

（三）通过定量研究方法进行分析

在需求评估中，社会调查方法的使用既能够体现证据为本的社会工作实践的理念，也是强有力的需求评估方式。社会调查主要有两个重点：一是确认受访者对需求的感受，从而详细地掌握目标人群的有效信息，使需求更加明确和清晰；二是对现有服务状况加以了解，以明确服务在资金、区位空间或心态上所遇到的障碍。社会调查方法首先通过问卷调查、量表调查、实验等方式收集数据，然后对定量资料进行统计分析等。

（四）采取定性研究方法获取资料

定量研究方法能够较为客观地呈现出需求的现状，而定性研究方法能够针对某些特定的需求或问题获得更为详尽而结构化的资料。

1. 焦点小组访谈

焦点小组访谈作为一种定性研究方法，能够针对某一社会问题获得具体资料。焦点小组访谈一般由一个经过训练的主持人组织。主持人把一些事先选定的人召集起来讨论一个特定的问题或主题，并对特定的问题或主题有深入的了解。这种方法的价值在于可以从自由发挥的小组讨论中发现一些意想不到的问题。

2. 知情者调查

知情者调查能够对社会问题的严重性和重要程度进行评估。识别主要知情者的一个有效方法是滚雪球抽样，即通过最初的几个知情者联系他们认为对所研究的问题很熟悉的其他知情者。这些知情者群体是项目的现有对象和新项目的潜在对象，对问题的特点和需求有较为深入的了解。

3. 社区会议

社区会议通常以公开会议的方式进行，邀请目标社区或地域的居民参与，并由与会者提出与需求相关的意见。社区会议最大的好处在于符合民主的决策过程，既能够为居民提供社会参与和发声的途径，也能够澄清有关需求的议题，但策划者需要在召开社区会议之前做较多的准备工作。

通常，社会工作者在决定使用哪种评估方式来收集需求资料时，应留意每种方法的独特性和不足。采用不同的需求评估方法评估，可以更准确地了解社区的需求。

三、社区老年需求评估的原则

在社会工作实践活动中，应遵守的专业价值观有对服务对象的接纳、对服务对象的尊重与包容、注重个别化、自我决定（自决）与知情同意以及注重为服务对象保密。社会工作者应遵循的七大原则有个别化原则、有目的的情感表达原则、适度情感介入原则、尊重与接纳个人隐私原则、非批判态度原则、案主自决原则和信息与资料的保密性原则。因此，在对老年人进行多维度评估的过程中要在以上专业价值观和原则的指导下进行，尤其需要注意老年人在照顾上的独立与依赖之间的平衡，以及在评估过程中老年人主动参与的情况。

1. 个别化原则

生活在同时代和同环境下的老年群体会面临共性的问题和需求，例如疾病、照顾、子女关系等，然而也会因个体间的差异在问题和需求表现上存在异质性，在解决问题的能力与资源方面也会有所不同。因此，社会工作者在进行老年人多维度评估时，可以从共性问题出发来拟订评估框架和评估问题，但是在实际入户评估时不能被此固化，需要遵守个别化原则，将老年人看作一个独特的个体，在评估过程中发现老年人存在的问题的同时，也要了解老年人为解决此问题付出的努力以及老年人的能力水平和资源情况。例如，两个都患有高血压的老年人，他们在自我照顾上都存在不足，然而具体表现却不一样：一个人不识字，无法分辨药物及其保质期；另一个人喜欢腌制类食品，无法管理好自己的饮食。再如，两个老年人都因缺乏社交活动而导致内在孤独，一个人因腿脚不便无法出门导致社交活动减少，另一个人因更换生活环境，邻里不熟导致无社交活动。

2. 尊重与接纳个人隐私原则

随着身体机能的逐步下降，老年人可能会存在一些难为情的情况，例如失禁、失能等。因此在评估过程中，社会工作者需要特别尊重老年人的个人隐私，并且接纳老年人存在的这种情况。尿失禁的老年人会频繁地上卫生间，若收拾得不妥当，则屋内会出现异味。社会工作者在初次入户评估前需要做好心理准备和表情管理，入户后可以在征得老年人同意的情况下打开窗户通风。若老年人言语中对自己家里的卫生情况等表示歉意，社会工作者应及时给予理解和安慰。同时，在征得老年人同意的情况下，社会工作者可进入卫生间进行安全情况评估。对于身上有伤口的老年人，骶尾部、髋部和足踝等处有压疮的长期卧床的老年人，以及有糖尿病足的糖尿病老年患者等，建议社会工作者在有医护人员在场时进行伤口检查，同时也需要做好心理准备，尤其要对伤口处理时老年人的疼痛感以及腐肉的气味做好心理准备。

3. 适度情感介入原则

社会工作者在进行老年人多维度评估的过程中要全面了解老年人各方面的情况，包括过往的生活事件以及现今的生活情况。这些事件都充满情感，社会工作者的情感有时也会被老年人带动。然而社会工作者需要时刻明白自己与案主之间的关系，时刻保持冷静。适度情感介入的目的是建立“专业关系”，而非“友谊关系”。在老年人倾诉消极情感时，社会工作者要做到有目的的倾听，而不要持批判的态度，要接纳老年人的感受，但不能深陷无奈与悲观的情绪中，必要时适当给予老年人引导，让老年人相信有“例外”和“奇迹”，避免情感转移作用和情感反转移作用。尤其在对无法自理的老年人和受多种疾病折磨的老年人进行评估时，老年人会传递自己无用、无价值感的低落情绪，此时社会工作者需要有情感投入和流露，让老年人感受到温暖和支持，但仍然需要保持冷静和理性。

4. 案主自决原则

案主自决原则也就是说老年人在接受评估时对于自身的问题和需求有发言的权利，对于后续的服务内容有选择的权利以及有说“不”的权利。然而在老年社会工作实践中，案主自决并非易事，有的老年人由于身体机能的老化，无法接受评估，或者思维混乱，答非所问，此时需要家属或者照顾者替代性地回答评估问题。因此，案主自决原则并非评估时要求案主家属完全回避。但若评估时有案主家属或其他第三人同在时，则需要注意他们的意见对老年人想法的影响。社会工作者在评估过程中应该灵活应变，主动观察、判断，并恰当地应对各种情况。在评估过程中社会工作者要尊重老年人的想法，但是对于在评估中发现老年人被虐待以及有生命危险的情况，即使老年人表示没关系，必要时也需要联系有关部门强制介入。

5. 信息与资料的保密性原则

遵守信息与资料的保密性原则不仅是社会工作者最基本的职业道德规范，也是社会工作者与老年人建立信任的专业关系的重要因素。因此社会工作者在进行多维度评估之前必须让老年人知道信息与资料的保密性原则的存在，并且详细地介绍这项原则的内容，其中包括保密例外情况（危及生命例外、督导与项目评估时例外）。这样做既可以让老年人安心，也可以让社会工作者在评估过程中获得的信息更加真实和准确。若老年人对于信息与资料的保密性原则有疑义，则社会工作者必须耐心、细致地讲解，在此原则的基础上开展多维度评估。社会工作者在评估过程中对资料的整理和保管也很关键，这些细节能让老年人感受到社会工作者对这项工作的重视。

|第二步| 多维度评估社区老年群体的需求

多维度评估的内容通常包括个人基本资料、生理评估、心理评估、社会性评估四个方面。了解老年人的个人基本资料是帮助社会工作者进行老年人生理、心理和社会性评估的基础。例如，对于独居老人，将重点了解老年人在生活中遇到哪些困难和压力，以及遇到困难和压力时可利用的资源有哪些；对于长期生活无法自理的老年人，在评估时不仅会评估老年人被照顾的情况，还会评估照顾者的身体及照顾压力情况。

一、个人基本资料

个人基本资料包括姓名、性别、年龄（出生年月）、婚姻状况、籍贯、受教育程度、语言、宗教信仰、兴趣爱好、退休前职业、经济状况、身份证号码、身份、家庭情况、主要联络人、联系电话、联系地址等。下面主要介绍语言、经济状况、身份、家庭情况和主要联络人。

1. 语言

我国各地有自己的地方方言，尤其中高龄老年人和农村地区的老年人不一定会说普通话。因此，社会工作者需要提前考虑是否会存在沟通障碍，同时提前安排或预设如何解决这个问题。

2. 经济状况

老年人的经济状况是一个敏感性的话题。社会工作者在与老年人建立一定信任关系后再谈论此话题一般不会引起老年人的反感，而在第一次评估时可以问老年人的经济来源有哪些，如退休金、子女补贴、亲友资助及其他补贴方式等。一般来说，退休前有稳定工作的老年人都有退休金，且党政机关与国企退休的老年人的退休金较高；有特定身份的老年人会享受国家的福利性补贴，这部分经济来源也可以向社区居委会了解。在评估过程中大部分老年人会提及“钱不够花”，然后会细数自己花钱的地方有哪些，对于这个问题社会工作者在评估时需要理性对待。

3. 身份

拥有特定身份（例如特困、低保、残疾、高龄、优抚、归侨、失独、独生子女伤残等）的老年人可以享受相应的福利保障。关于这些身份的概念和界定范围可以通过社区工作人员和网络搜索提前了解。

4. 家庭情况

家庭情况包括老年人的子孙数量及基本情况、住所性质和居住情况。这部分与老年人的社会性评估相关联，尤其需要明确老年人的居住情况，一般有独居、与子女同住等方式。

5. 主要联络人

主要联络人一般是老年人的主要照顾者。一般来说，老年人的主要照顾者与社会工作者的配合度较高，可以提出服务建议及对服务成效进行反馈。

二、生理评估

生理评估的内容包括身体健康机能评估和日常生活能力评估等。

（一）身体健康机能评估

作为社会工作者，在进行评估之前需要对正常老化的过程有所了解，以此观察老年人身体上的哪些变化给他们带来了严重的困扰，哪些变化与正常老化存在较大出入。

社会工作者应在见到老年人时就开始通过观察进行评估，评估内容如下。

（1）整体健康状况如何？

（2）行走是否不便？

（3）起身或坐下有没有困难？

（4）肢体协调有没有问题？有没有颤抖或麻痹的症状？

（5）是否有中风的症状，例如口齿不清或半身无力？

（6）有没有呼吸困难或在简单活动后气喘的症状。

此外需要补充的是评估其实从“敲门”时就开始了。观察老年人家门口的环境如何？是老年人还是其家属开门/接待社会工作者？屋内的光线明亮吗？屋内是否有异味以及干净整洁吗？

中风是老年人群中最常见的一种疾病，会给老年人的认知水平和身体活动功能带来影响。个别老年人中风后会出现短暂的“糊涂”，若及时进行康复训练则身体活动功能会有所好转甚至恢复正常。摔倒也是使老年人身体功能受损的一大因素。因老年人肌力衰退严重、骨质疏松加上反应迟钝，老年人跌倒后容易骨折，其中髋部骨折若没有及时治疗，将会严重影响老年人行走，甚至导致老年人长期卧床，由此可能带来照顾上的难题——压疮。

老年人身体健康机能评估内容一般包括疾病与用药情况、视力和听力情况、饮食情况、如厕情况、睡眠情况、被虐情况等。

1. 疾病与用药情况

老年人的健康及疾病情况可以作为身体健康机能评估的第一个问题，且对于这个问题老年人一般都比较愿意沟通。社会工作者不是医生或护士，但他们可以跟老年人提出想看医院的诊疗单，并依据诊疗单判定老年人的记忆及逻辑思维情况。老年人普遍患有慢性病，低龄老年人有可能患有一种慢性病，而中高龄老年人常常患有多种慢性病。社会工作者要了解老年人所患的疾病是哪一年确诊的，老年人是否服药、是否定期就诊、取药是否便捷等。老年人的用药情况评估包括服用哪种药物、服药次数及服药时间段等。例如：高血压的药物有多种，需要根据医嘱来服药；患有糖尿病的老年人可以通过服药来降血糖，也可以通过注射胰岛素来降血糖，服药和注射的剂量能反映出老年人空腹血糖的情况。在征得老年人同意的情况下，社会工作者可以查看老年人所服用药物的标签，确认药物的适应证与老年人症状的吻合情况，同时评估老年人的药物管理能力，包括药物是否储藏在阴凉处、药物是否在有效日期内。对于患有高血压的老年人，社会工作者还可以了解其是否有规律的测量血压的习惯以及测量时是采用水银血压计还是电子血压计。对于患有糖尿病的老年人，社会工作者可以询问其是否有测量血糖的习惯以及测量频率等情况。若老年人有记录血压值和血糖值的习惯，社会工作者可以与老年人一起查阅，请老年人介绍一下数值的情况；若无此习惯，可以鼓励老年人做记录，并教其如何记录。对于长期血压高和血糖高但不愿意接受药物治疗的老年人，社会工作者需要特别留意，因为他们往往使用他人介绍的各种中草药或者食物进行调理，即偏信“民间偏方”，要设法劝导老年人接受科学正规的治疗方法，同时需要确保老年人知道遇到危险状况时如何自救和求救。此外社会工作者还需要了解老年人的医疗保险类型属于公费医疗、职工医保、居民医保、商业医保还是其他。

2. 视力和听力情况

一般在评估开始时即可知晓老年人的听力情况。个别老年人会佩戴助听器。在对高龄老年人进行评估时需要提高音量，甚至重复多遍。听力受损的老年人可能会答非所问，或者不理会社会工作者的问题。有效地与听力受损的老年人沟通的建议如下。

（1）面向老年人提问，发音清晰。

（2）站在光线好、环境噪声小的地方讲话。

（3）语速适当放慢，一字一句地讲清楚。

（4）运用面部表情或手势给老年人提供有用的线索。

（5）如果有必要，重新组织自己的语言。

（6）有耐心，保持正面的、放松的态度。

（7）若老年人识字，可利用笔和纸协助沟通和表达。

因许多老年人或多或少存在视力下降的情况，社会工作者需要评估老年人视力下降的程度是否影响到他们的日常生活。例如，由于视力下降，喜爱阅读的老年人放弃阅读，在进食时把饭菜弄得到处都是，不敢一个人外出，等等。视力受损的老年人会眯起眼睛或将头侧向一边来固定声音源，有些老年人可以通过佩戴老花镜或手术治疗来改善这一状况。

3. 饮食情况

社会工作者可以通过跟老年人沟通他们的饮食情况和老年人是否自己做饭等来评估老年人的营养是否充足、全面。在征得老年人同意的情况下，社会工作者可以查看老年人的饭桌和冰箱，了解食材是否充足，是否有过期或者坏掉的食物，必要时帮助老年人扔掉过期食物。有些患有高血压的老年人尤其喜爱腌制食品，此时需要对老年人进行健康指导。有些独居老人由子女定期送饭，个别菜已经发霉，但由于视力受损未看见或不舍得扔掉，依然在食用，这种情况也需要跟老年人进行沟通，甚至向其子女反馈。关于老年人抽烟喝酒的问题，社会工作者可以通过闻屋内的气味、观察老年人的牙齿、询问家属等方式来了解。需要注意，若引起老年人反感则无法获得确切的资料。

4. 如厕情况

老年人在如厕方面会出现尿失禁、便秘等情况。这是一个敏感的问题，许多老年人不愿意他人知晓自己有尿失禁的情况，但社会工作者可以通过其他迹象来判断，例如老年人身上或家里是否有难闻的气味（尿骚味）等。便秘也是困扰很多老年人的问题，一般可通过饮食和药物进行调理，实在无效则只能使用开塞露。卫生间是老年人摔倒事故的高发地，社会工作者需要评估卫生间的位置是否方便老年人进出，卫生间是否明亮，卫生间是否有气味，卫生间的地板是否保持干燥。

5. 睡眠情况

老年人的睡眠时长一般比普通成年人少 1 小时左右，许多老年人会出现不同程度的睡眠障碍。国外研究表明，60～90 岁的老年人 80% 以上存在不同程度的睡眠障碍，表现为入睡困难、醒得早、睡眠浅、易醒或半夜醒来便无法再次入睡等。睡眠障碍影响老年人的生活质量，而长期睡眠障碍会加重或诱发某些身体疾病，让老年人焦虑不安、情绪不稳定等。关于老年人的睡眠情况，社会工作者可以询问老年人晚上几点睡觉，睡眠质量如何，睡多长时间，睡眠前一般会做哪些准备，等等。

6. 被虐情况

越来越多的老年人遭受到不同形式的虐待，包括身体虐待、情感或心理虐待、性虐待、经济虐待、他人疏于照顾等。其中身体虐待通过检查老年人的身体可以发现；情感或心理虐待则可以在与老年人的沟通中有所觉察，例如老年人会觉得自己活得没有意义等；他人疏于照顾可以通过观察老年人的饮食起居发现，例如有发霉的饭菜、居家环境很差等。社会工作者还可以观察老年人有没有不愿意谈论的身体损失或可疑的瘀伤。若老年人由家人或保姆照顾，则应选择照顾者不在场时了解老年人身上的瘀伤情况。老年人遭到虐待是非常严重的问题，事关重大，若社会工作者怀疑老年人被虐待，则可以跟社区居委会报备，及时开展家属的教育工作。

（二）日常生活能力评估

老年人日常生活能力评估的内容包括日常生活自理能力和工具性日常生活能力，同时需要评估老年人居家环境的安全性。

1. 日常生活自理能力（Activity of Daily Living，ADL）

日常生活处理能力评估用于判断老年人是否能够做到基本生活自理，包括进食、如厕、转动身体、洗澡、穿衣和梳洗等方面。中老年人自理情况可分为独立、部分独立或需部分帮助、需极大帮助、完全依赖他人四个程度，见表 3－1。若老年人有一项或多项日常生活自理能力受限，那么意味着需要支持性服务。

表 3－1　日常生活自理能力评估量表

项目	得分	评分标准
进食，指用餐具将食物由容器送到口中、咀嚼、吞咽的过程	□分	10 分，可独立进食（在合理的时间内独立进食准备好的食物）
		5 分，需部分帮助（进食过程中需要一定的帮助，如协助把持餐具）
		0 分，需极大帮助或完全依赖他人，或有留置营养管
洗澡	□分	5 分，在准备好洗澡水的情况下，可自己独立完成洗澡过程
		0 分，在洗澡过程中需他人帮助
梳洗，指洗脸、刷牙、梳头、刮脸等	□分	5 分，可独立完成
		0 分，需他人帮助
穿衣，指穿脱衣服、系扣、拉拉链、穿脱鞋袜、系鞋带等	□分	10 分，可独立完成
		5 分，需部分帮助（能自己穿脱衣服，但需他人帮助整理衣物、系扣、系鞋带、拉拉链）
		0 分，需极大帮助或完全依赖他人
大便控制	□分	10 分，可控制大便
		5 分，偶尔失控（每周 <1 次），或需要他人提示
		0 分，完全失控
小便控制	□分	10 分，可控制小便
		5 分，偶尔失控（每天 <1 次，但每周 >1 次），或需要他人提示
		0 分，完全失控，或留置导尿管
如厕，包括独立去厕所、解开衣裤、擦净、整理衣裤、冲水	□分	10 分，可独立完成
		5 分，需部分帮助（需他人搀扶去厕所、需他人帮忙冲水或整理衣裤等）
		0 分，需极大帮助或完全依赖他人
转动身体	□分	15 分，可独立完成
		10 分，需部分帮助（需他人搀扶或使用拐杖）
		5 分，需极大帮助（较大程度上依赖他人搀扶和帮助）
		0 分，完全依赖他人

（续）

项目	得分	评分标准
平地行走	□分	15 分，可独立在平地上行走 45 米
		10 分，需部分帮助（因肢体残疾、平衡能力差、过度衰弱、视力不佳等问题，在一定程度上需他人搀扶或使用拐杖、助行器等辅助用具）
		5 分，需极大帮助（因肢体残疾、平衡能力差、过度衰弱、视力不佳等问题，在较大程度上依赖他人搀扶，或坐在轮椅上自行移动）
		0 分，完全依赖他人
上下楼梯	□分	10 分，可独立上下楼梯（连续上下 10～15 个台阶）
		5 分，需部分帮助（需他人搀扶，或扶着楼梯、使用拐杖等）
		0 分，需极大帮助或完全依赖他人
总分	□分	

备注：该量表满分为 100 分。100 分表示 ADL 正常，不需要依赖他人；65～95 分表示 ADL 轻度受损，日常生活基本自理；45～60 分表示 ADL 中度受损，日常生活需要一定的帮助；25～40 分表示 ADL 重度受损，日常生活明显需要依赖他人；20 分以下表示 ADL 完全受损，日常生活完全依赖他人。得分大于 40 分的老年人治疗效果最佳。

2. 工具性日常生活能力（Instrumental Activities of Daily Living，IADL）

工具性日常生活能力评估比日常生活自理能力评估更复杂，但评估事项也属于维持独立生活所需的基本能力，包括打电话、购物、做饭、做家务、洗衣服、使用交通工具、服用药物和处理财物等，见表 3－2。

表 3－2　工具性日常生活能力评估量表

项目	评分标准		得分
打电话	□3. 独立使用电话，含查电话簿、拨号等 □2. 仅可拨熟悉的电话号码 □1. 仅会接电话，不会拨电话 □0. 完全不会使用电话或不适用	勾选 1 或 0 者，列为失能项目	
购物	□3. 独立购买所有物品 □2. 独立购买日常生活用品 □1. 每次上街购物都需要有人陪同 □0. 完全不会上街购物	勾选 1 或 0 者，列为失能项目	

（续）

项目	评分标准		得分
做饭	□3. 能独立做一顿适当的饭菜 □2. 如果准备好一些材料，会做一顿适当的饭菜 □1. 会将做好的饭菜加热 □0. 需别人把饭菜煮好、摆好	勾选 0 者，列为失能项目	
做家务	□4. 能做较繁重的家务或偶尔需协助，如搬动沙发、擦地板、洗窗户 □3. 能做简单的家务，如洗碗、铺床、叠被 □2. 能做家务，但不能达到可被接受的整洁程度 □1. 所有的家务都需要别人协助 □0. 完全不会做家务	勾选 1 或 0 者，列为失能项目	
洗衣服	□2. 自己清洗所有衣物 □1. 只能清洗小件衣物 □0. 完全依赖他人	勾选 0 者，列为失能项目	
使用交通工具	□4. 能够自己开车、骑车 □3. 能够自己搭乘大众交通工具 □2. 能够自己搭乘出租车，但不会搭乘大众交通工具 □1. 若有人陪同则可搭乘出租车或大众交通工具 □0. 完全不能出门	勾选 1 或 0 者，列为失能项目	
服用药物	□3. 自己能在正确的时间服用正确的药物 □2. 需要提醒或少许协助 □1. 如果事先准备好服用的药物，则可自行服用 □0. 不能自己服用药物	勾选 1 或 0 者，列为失能项目	
处理财物	□2. 可独立处理财物 □1. 可以进行日常购买活动，但与银行往来或大宗买卖需要别人协助 □0. 不能处理钱财	勾选 0 者，列为失能项目	
总分	□分		

备注：以近一个月的表现为准，若所在项不适用，则此项分数视为满分。购物、使用交通工具、做饭、做家务、洗衣服五项中有三项及以上需要协助者即视为轻度失能。

三、心理评估

老年人心理评估是对老年人的心理健康和认知功能进行评估，一般从老年人的认知、行为、情绪、自我四个维度进行评估。心理评估一般与生理评估交叉进行，从接触老年人的第一刻开始，社会工作者就要考察老年人如何思考问题、如何回忆过往的情况、如何回应问题，以及对话的连贯性等，评估老年人整体的心理与情绪状况，同时针对老年人某方面特殊的需要和问题进行认知、行为及情绪的评估。例如，老年人对自己患有慢性病这一情况的感受、观点和看法，其情绪反应是积极的还是消极的，行为应对是正面面对还是消极逃避等。

（一）心理功能

心理功能评估包括认知能力评估和人格评估。受教育程度不能作为评估老年人思考、回应能力的唯一指标。认知是指人们根据自身感知到的外界刺激与信息推测和判断客观事物的心理过程，它由感觉、知觉、注意力、记忆力、思维、语言、定向力和智力八部分组成。因此，心理功能评估的内容包括人格、智力、记忆、痴呆症和谵妄几个方面。社会工作者不仅要从专业角度对老年人进行心理评估，同时还需要了解老年人自己的感受和想法。

1. 人格

人格是指个体与社会环境相互作用时表现出的个体稳定的行为模式、思维模式和情绪反应。对老年人人格方面的评估侧重于了解老年人对自己、他人及世界是如何看待的，以及他们能否掌控现在的生活。在工作中，社会工作者一般会跟老年人聊聊他们的过往，请他们讲讲自己年轻时的故事，通过他们的介绍可以了解他们对自己、他人及社会的看法以及应对压力的情况；同时也可以问他们现在有哪些变化。在谈话过程中还可以了解到老年人能否掌控自己的生活，若无法掌控则可能是生活中出现了某些压力，一般较大的压力来自患重病、亲友离世等。

2. 智力

智力是指人认识、理解客观事物并运用知识、经验等解决问题的能力。对老年人智力方面的评估在于了解老年人的头脑能否保持积极运转，能否靠智力解决问题。其中需要注意的是老年人的受教育水平不能作为判断智力高低的唯一指标。老年人的智力情况可以通过他们对日常生活的安排情况来判定，例如有没有安排阅读、棋牌及其他激发智力的活动。

3. 记忆

记忆是指人将自己思考的信息内容进行存储与使用的过程。对老年人记忆的评估关键在于老年人自己，即老年人对自己记忆力情况的评价。同时社会工作者应注意观察老年人对于记忆力减退的看法，是很焦虑、害怕，还是没有意识到，或是能够接受这是变老的一部分。在评估老年人的记忆情况时，可以让他们回忆过去发生的事情以及近期发生的事情，若回答情况较佳，则记忆情况良好；若老年人出现记忆混乱、前后描述重复或者不记事的情况，则需要进一步判断这是正常老化，还是受疾病及所服药物的影响，严重者会发展成抑郁症、阿尔茨海默病等。

4. 痴呆症

痴呆症是由病程缓慢的进行性大脑疾病所致的综合征，也称失智症。老年人中最常见的痴呆症是阿尔茨海默病。患有痴呆症的老年人会遗忘刚刚发生的事，而较久以前的记忆在发病初期不受影响，同时其解决问题、方位辨别、语言表达、精神状态及社交能力等方面也会受到影响。老年人是否患有痴呆症需要由专业的机构进行诊断评估。社会工作者在这方面可以进行简单的测试，鼓励家属带老年人前往医院诊断，及时采取介入措施，这在一定程度上可以延缓老年人衰退的进程。

最常用的痴呆症测量工具有简易智力状态问卷（SPMSQ，见表3－3）、简易精神状态检查量表（MMSE）、蒙特利尔认知评估量表（MoCA）以及画钟测验，后三个测量工具都有专门的测量引导语和检测结果解释，在使用之前需要提前熟悉，若老年人的得分很低，一般建议老年人去专科医院进行深入检查。

表3－3　简易智力状态问卷（SPMSQ）

姓名：________　性别：________　出生日期：________　文化程度：________

地址：__________________　测试日期：________

序号	测试问题	注意事项	测试结果（正确打“√”，错误打“×”）
1	今天是哪年哪月哪日？	年、月、日都对才算正确	
2	今天是星期几？	具体日子说对才算正确	
3	这是什么地方？	对所在地有任何的描述都算正确，说“我的家”或正确说出城镇、医院、机构的名称都可以	

（续）

序号	测试问题	注意事项	测试结果（正确打"√"，错误打"×"）
4	你的电话号码是多少？（如无电话，可问家里的门牌号）	确认无误即算正确；或者会谈时，能在两次间隔较长的时间内重复相同的号码即算正确	
5	今年多大了？	年龄与出生年月日符合才算正确	
6	你的出生日期是什么时候？	年、月、日都对才算正确	
7	现任国家主席是谁？	姓氏正确即可	
8	前任国家主席是谁？	姓氏正确即可	
9	你的妈妈叫什么？	不需要特别证实，只需说出一个与他自己名字不同的女性姓名即算正确	
10	20减3得多少？用得到的结果再减3得多少？依次类推，到不能减为止	期间如出现任何错误或无法继续进行即算错误	

简易智力状态问卷需删除注意事项后使用。简易智力状态问卷的评估标准：0～2个错误，认知正常；3～4个错误，轻度认知障碍；5～7个错误，中度认知障碍；8个及以上错误，重度认知障碍。如果受试者为小学及以下文化程度，则错误数量可以增加1个；如果受试者为高中及以上文化程度，则错误数量要减少1个。

5. 谵妄

谵妄又称急性意识模糊状态，不同于痴呆症，但常与痴呆症混淆。谵妄是指意识清晰度下降，表现为失去定向感，包括对时间、地点、人物定向力的障碍以及自身认识的障碍，并产生大量的幻觉、错觉。谵妄是一种发病急、病程短的疾病，需要立即采取治疗措施，以最大限度地减少永久性的伤害。幻觉以幻视多见，如看到昆虫、猛兽、鬼神、战争场面等。

（二）情绪情感状况

情绪情感是根据客观事物是否符合人的需要产生的主观体验，有积极和消极之分。情绪是短暂而强烈的感情，如愤怒、恐惧、狂喜等；情感是稳定而持久的、具有深沉体验的感情反应，如自尊心、责任感、热情、亲人之间的爱等。情绪情感与需要和动机密切相关，特别是当老年人近期遭受重大的打击以及长期遭遇疾病的折磨时，需要评估老年人的情绪是否稳定，是否长期沉浸于某种消极情绪中，是否有自杀的意念或有抑郁、焦虑的情况。

1. 自杀倾向

长期受疾病折磨、行动不便以至活动能力受限的老年人，以及突然丧亲丧偶的老年人，存在自杀的可能性；患有抑郁症的老年人会反复出现自己活得无意义、无价值，拖累他人，想要自杀的意念。在评估过程中社会工作者需要认真倾听老年人的叙述，仔细观察老年人的肢体语言，判断老年人是否有自杀的意念。有的老年人在交谈中会提到“不想活了”“活着真没有意思”等语句，甚至会问社会工作者哪里可以买到安眠药等。自杀是生死攸关的事，社会工作者需要立即对老年人的自杀风险进行评估，任何直接或间接的线索都不能忽视，必要时告知家属及相关部门，立即采取行动。

2. 抑郁症状

评估老年人的情绪状态时，需要判断老年人是否存在抑郁的状态。老年人严重抑郁的主要症状首先是情绪低落及对人、事、物明显失去兴趣，其次是心情异常难过、不时哭泣以及睡眠失常，如失眠或嗜睡。患有抑郁症的人会表现出乏力、无精打采、容易疲倦、觉得时间过得很慢、不愿意也没法参加社交活动和对未来失去期待等。由于老年人躯体主诉多，所以经常被误诊为抑郁症，其实老年人躯体主诉在他们的年龄段属于正常现象。若近期有生离死别等重大事件发生，老年人因此表露出极度悲伤，也是正常的，不应视为有问题。1982 年布林克（Brink）等人创制的老年抑郁量表（GDS）被作为老年抑郁症筛查表，其中的 30 个条目代表了老年抑郁症的核心问题，可以更精准地检查出老年抑郁症患者所特有的躯体症状。而所有题目都用“是”与“否”回答也更容易把握。近年来，研究者将老年抑郁量表精简至 15 个问题，如表 3－4 所示，更便捷于操作。仅凭一次测验并不能确定老年人是否患上抑郁症，而且社会工作者也不具备诊断精神疾病的资质，因此若测量的分值较高则建议家属带老年人前往专业医院进行诊断，必要时可进行药物治疗。

表 3－4　老年抑郁量表（GDS－15）

姓名：________　　性别：________　　出生日期：________　　文化程度：________

地址：________________　　测试日期：________

序号	题目	回答	
	选择最切合您一周来的感受的答案，在每题“是”或“否”处打“√”。	是	否
1	你对自己的生活大致上满意吗？		
2	你是否已放弃了很多活动和感兴趣的事？		
3	你是否觉得生活无意义？		
4	你是否时常感到烦闷？		
5	你是否常常感到精神很好？		
6	你是否怕将来会有不好的事情发生在你身上？		
7	你是否在很多时候都感到快乐？		
8	你是否常常感到烦躁和不安宁？		
9	你是否常常担心未来的事情？		
10	你是否觉得你比其他人存在的记忆力问题多？		
11	你是否常常感到情绪低落和苦闷？		
12	你是否觉得自己现在十分无用？		
13	你是否觉得很多人的情况都比你好？		
14	你是否常为很小的事而感到不开心？		
15	你是否时常想哭？		
计分：			

说明：正向答案为“0”，负向答案为“1”，即1、5、7三题选“是”为“0”，选“否”为“1”；其他题目选“是”为“1”，选“否”为“0”。得分0～4分，正常；5～9分，轻度至中度抑郁；10～15分，严重抑郁。

3. 焦虑症状

在情绪体验上焦虑与抑郁为两个极端。焦虑是指因对自己及亲人的生命安全、前途命运等过度担忧而产生的一种烦躁情绪，唯恐要发生什么糟糕的事以及内心产生强烈的不适感，同时伴有的躯体症状包括呼吸过快、精神高度紧张、身体颤抖或头痛等。因遭遇危机情况、难以应付和预测的事件而出现的焦虑，在事件过后可解除的，属于合理的情绪反应；老年人能够清楚地说出令自己忧虑的事情，可能是关于身体健康的，也可能是关于自身及家人安全的，这也属于合理的情绪反应；但若并无客观原因却长期处于焦虑状态，这属于焦虑症。

四、社会性评估

社会性评估主要是评估老年人的社会支持系统情况和社会活动参与情况，包括评估其家庭支持和社会支持的数量和质量情况，评估其人际交往的频率和数量情况，评估其愿意参与或者已经参与的社会活动情况。

在评估时可以就老年人24小时的生活安排进行沟通，并绘制老年人24小时生活安排表，然后就每个时间节点的内容展开了解，包括活动内容、相关人员、活动地点等。由此可以比较清楚地知晓老年人的生活规律、兴趣爱好、支持强度、社会团体及社会活动参与情况，从而找到合适的介入时间以及邀请老年人参加合适的活动等，并且也可以了解老年人在日常生活中哪个部分需要帮助和支持。对于独居老人和空巢老人尤其需要了解其支持情况、与亲友的关系与联络情况、与社会的融合情况，以及出现危急情况时可寻求的资源有哪些等。此外还需要了解老年人对自己目前的生活安排有什么看法和感受，有些老年人喜欢独处，他们很享受个人独处的时光，觉得舒服自在；有些老年人因身体条件受限等缘故被困在家中，导致其无法参与社会活动，情绪和心态会受到很大的影响；协助儿女照顾孙辈的老年人，在参加社会活动时需要携带孙辈一起，在活动时间上会受到限制，但也会因此而找到同类型的伙伴。

老年人的社会支持情况可用图表来表示，如家庭结构图、社会支持系统图和生态系统图。家庭结构图通过图形展示老年人家庭中三代人之间的关系情况，从中可以看出老年人在家庭中所处的位置。在绘制家庭结构图时，需要注意不同的图形及线条所代表的特定含义。社会支持系统图以老年人为中心，画出多层同心圈。绘制社会支持系统图的过程也是整理老年人的人际支持情况，找出老年人生命中重要的家人或朋友及探明其对老年人支持的质与量的情况的过程。生态系统图可以清晰地看出个人、家庭、群体、社区及社会系统之间的相互影响和互相作用状况。绘制生态系统图时通常以线段来表示关系的强、弱、紧张，以箭头来表示关系及资源的流向。这三种图表各有优缺点，社会工作者可以根据实际情况进行选择。

老年人社会支持情况的评估往往使用如图3－1所示的陆斌社会网络量表（改良版）进行，此量表既简单又易操作。

与亲人（与你有血缘或婚姻关系的家人）的来往

1. 你有多少个亲人每个月至少与你来往一次？
0＝无　1＝一个　2＝两个　3＝三四个　4＝五至八个　5＝九个及以上
2. 你经常和与你联系最多的亲人来往吗？
0＝没有　1＝很少　2＝有时　3＝经常　4＝时时　5＝随时
3. 你有多少个可以让你很放心地与他们讨论私人事情的亲人？
0＝无　1＝一个　2＝两个　3＝三四个　4＝五至八个　5＝九个及以上
4. 你有多少个亲人让你觉得你们关系很好并可以找他们帮忙？
0＝无　1＝一个　2＝两个　3＝三四个　4＝五至八个　5＝九个及以上
5. 如果你的亲人需要作出一个重要的决定，他会找你商量吗？
0＝没有　1＝很少　2＝有时　3＝经常　4＝时时　5＝随时
6. 当你需要作出重大决定时，你至少可以找到一位亲人商量吗？
0＝没有　1＝很少　2＝有时　3＝经常　4＝时时　5＝随时

与朋友（与你住在同一社区的朋友）的来往

7. 你有多少个朋友每个月至少与你来往一次？
0＝无　1＝一个　2＝两个　3＝三四个　4＝五至八个　5＝九个及以上
8. 你经常和与你联系最多的朋友来往吗？
0＝没有　1＝很少　2＝有时　3＝经常　4＝时时　5＝随时
9. 你有多少个可以让你很放心地与他们讨论私人事情的朋友？
0＝无　1＝一个　2＝两个　3＝三四个　4＝五至八个　5＝九个及以上
10. 你有多少个朋友让你觉得你们关系很好并可以找他们帮忙？
0＝无　1＝一个　2＝两个　3＝三四个　4＝五至八个　5＝九个及以上
11. 如果你的朋友需要作出一个重大决定，他会找你商量吗？
0＝没有　1＝很少　2＝有时　3＝经常　4＝时时　5＝随时
12. 当你需要作出重大决定时，你至少可以找到一位朋友商量吗？
0＝没有　1＝很少　2＝有时　3＝经常　4＝时时　5＝随时

说明：每题分值0～5分，测量总得分范围为0～60分，得分越低表示社会网络越有限，社会隔离的危险越大。根据研究，陆斌及其同事建议以19分作为临界值，并认为测量得分等于或小于19分者，可能面临与人隔离的危险。

图3－1　陆斌社会网络量表（改良版）

第三步　实施老年人需求评估的步骤

下面按照评估约定阶段、评估实施阶段、评估结果分析阶段来整理多维度评估的工作内容和相关的技巧。

一、评估约定阶段

在老年人多维度评估的评估约定阶段，需要做的工作包括了解基本信息、评估预约、团队分工、物资准备、外在仪表准备以及内在心态准备六部分。

1. 了解基本信息

若对老年人进行家访及建档类评估，则在评估前社会工作者一般会先得到相应的老年人名单，可根据名单提前向社区居委会的工作人员等了解老年人的情况，但要注意价值偏见和标签。若是个案类的多维度评估，则社会工作者可向最初提议评估的人了解老年人的基本情况以及求助的诉求等。

2. 评估预约

评估预约包括老年人预约和多专业团队成员预约。老年人预约一般要提前1～2天进行，以便老年人可以提前安排好自己的日常生活。城市社区的老年人一般可以用电话预约，而农村地区的老年人可以由志愿者或者村干部协助预约，或者直接上门评估。多专业团队成员预约，尤其是医护人员预约，也需要提前进行，若当天出现意外情况，则需要灵活处理。

若由于新项目立项，社会工作者团队初次进入某地区开展老年服务，则建议由社区工作人员协助完成第一次家访及建档评估。若此条件不允许，因老年人事先不认识社会工作者，则需要提前进行电话预约，电话中社会工作者要进行自我介绍以及讲明预约的目的，一般可以说“我是某某社区/部门的某某社工，当地政府为您购买了社会服务，所以我们想去拜访您，了解一下您目前的情况以及在哪些方面可以为您提供帮助”。

3. 团队分工

一般评估团队成员为2～4人。评估当天的主要人员包括主评估人员、记录者和拍照者等，其中主评估人员主要负责与老年人进行沟通，记录者负责记录关键信息，拍照者负责拍照，但拍照之前最好要征得老年人的同意。多专业团队一起配合评估时，一般以社会工作者为主，医护等其他专业人员为辅，不同专业之间做好评估的衔接与配合。

4. 物资准备

需要准备的物资包括文本类资料和仪器类资料。文本类资料包括多维度评估量表、项目的宣传单以及项目特别材料服务确认书等。初次入户评估时，社会工作者要快速取得老年人的信任，让他们放下戒心。测量血糖和血压是受大部分老年人欢迎的一项服务，因此在评估前需要请医护人员帮忙检查水银血压计的精准性以及电子血压计和血糖仪的电量，并且准备充足的消毒酒精及棉签等物资。此外还需要准备本子、笔等其他物资。

5. 外在仪表准备

外在仪表准备包括戴好工作牌、穿好工作服、面容干净整洁。特别是着装一定要干净整洁，夏季时男、女社会工作者都不宜穿着短裤、短裙、背心、吊带、领口太低及太紧身的衣服。面部注意清洁与进行适当的修饰，男士应剃净胡须、刮齐鬓角，不留小胡子和大鬓角；女士可适当化妆，但以浅妆、淡妆为宜，不可浓妆艳抹，并避免使用气味浓烈的化妆品。工作前忌吃有异味的食物，保持口腔干爽无异味。

6. 内在心态准备

内在心态准备最关键的是提前使自己进入良好的工作状态，包括见到老年人时精神饱满、面带微笑、态度亲切等。同时做好心理建设，在见到“脏乱差”的状况时，也能保持较好的心态和采取合适的应对措施，不宜在老年人面前露出嫌弃的神态和语气。若老年人居住在无电梯的楼房，则需要注意：一是社会工作者不宜在上下楼期间谈论老年人的情况；二是当老年人居住在高层时，社会工作者因上楼而呼吸不平稳，应尽量在敲门前调整好呼吸。

二、评估实施阶段

无论是家访、建档还是个案需求评估，只要与老年人进行初次面谈，社会工作者都应该运用同理心和接纳的技巧，适当通过情感取得老年人的信任，同时专注倾听老年人的表述和观察老年人的反应和环境情况，避免将老年人界定为有问题的人。

1. 在门口时

从到达老年人家门口那一刻起评估就正式开始了，社会工作者可以先观察门口的情况，然后等待老年人或其家属来开门。有门铃则按门铃，无门铃则敲门，敲门要控制节奏和音量，建议每次敲三下，连续敲两次，对于高龄和听力差的老年人敲门音量需要加大，必要时可以边敲门边问：“某某阿姨/叔叔/爷爷/奶奶，我们是某某社区的社工某某，您在家吗?”

2. 进门后

进门后要做的一件重要的事情是选座位，先请老年人坐好，主评估人员尽量挨着老年人坐，也可与老年人面对面坐，必要时可以摸着/握着老年人的手交谈（注意性别差异)，让老年人感受到社会工作者的亲切。老年人和主评估人员的座椅尽量保持高度一致，不要让老年人抬头或弯腰与社会工作者沟通，有时候位置的平等也代表地位的平等。

3. 评估中

在多维度评估正式开始时，首先需要简要向老年人介绍评估团队成员以及评估的目的；其次可以借着帮助老年人测量血压和血糖的机会，拉近与老年人之间的关系，对老年人的身体情况进行评估，并由此进入心理和社会性评估。此外，也可以通过聊天气来引入话题，从而了解老年人的身体情况，并由此开展评估。

在评估中社会工作者说话的速度要相对慢一些，语调要适中，但对于听力受损的老年人则要大声点，甚至要重复问题。社会工作者可以根据老年人的表情和反应来判断老年人的需要。在评估过程中老年人可能会重复说一件事或者一种观点，甚至一件小事也会说很久，这时社会工作者要有耐心，不能表现出不耐烦，必要时可以有技巧地打断老年人和转移话题。若遇到老年人前后记忆错乱、表述不一致的现象，则社会工作者可以把自己梳理的情况告诉老年人，问其是不是这样（切记不要把前后矛盾的地方直接摆在老年人面前进行质问），也可以事后跟老年人的家属或社区居委会进行确认。

评估中要把老年人置于特定的环境中进行观察和分析，不仅要了解老年人生理、心理和社会性三个维度的特征，还要运用专业的知识来初步判断老年人可能存在的需求和问题，并以此为中心开展资料的收集，包括需求和问题的成因和发展变化情况、老年人拥有的资源和能力以及老年人曾经做过的努力等。社会工作者在确定老年人的问题时要注意以下情况：一是从老年人的视角来理解问题；二是邀请老年人参与问题的界定；三是警惕社会工作者自己的价值偏见；四是避免简单归因。评估过程中可以适当地运用真诚的赞赏技巧，老年人有时像小朋友一样，喜欢被表扬和夸奖，尤其当你了解到老年人曾经做过的努力时，可以表扬老年人有解决问题的意识和动力，也可以就老年人为家人和社会作出的贡献，给予真诚的赞赏，这样会使谈话氛围变得更加活跃和温馨。

在评估过程中社会工作者可以逐步绘制出老年人 24 小时的生活安排表，由此能够知晓老年人的生活规律，从而找到合适的介入时间以及邀请老年人参加合适的活动等，并且也可以判断老年人日常生活中哪个部分需要帮助和支持。此外社会工作者还可以了解老年人的兴趣爱好情况、具体活动的安排情况以及与相关人员的关系情况，促进社会性评估。

在对老年人进行多维度评估的过程中始终要把生命安全摆在第一位。一是评估老年人心理的安全性，包括老年人是否有自杀倾向，能否正确使用轮椅、助行器等辅助器具，手脚肌力等身体情况是否会造成跌倒等；二是评估老年人居家环境的安全性，例如地板是否保持干燥，茶几等家具的四角是否圆润，卫生间是否有扶手以及用电安全等；三是评估支持网络的强弱以及老年人寻求救助的能力，特别是当老年人发生意外等危急情况时，是否有人力、物力和财力等资源给予老年人支持和帮助。

在评估过程中，记录者要将老年人的情况记录在评估表上，拓展信息则记录关键部分即可，其中涉及子女数量、血压值、血糖值等具体数据时，要记录清楚，不能含糊和弄错。

例如，社会工作者在对空巢、独居老人进行首轮摸底评估时，遇到一位老年人，65岁，丧偶。因该老年人独居，所以社会工作者首先对老年人的社会支持情况进行重点评估，包括家人的支持、单位同事的支持以及邻里的支持等；其次评估老年人日常生活的安排情况，如一日三餐和闲暇时间的安排，了解老年人的“孤独感”情况，从而绘制出老年人24小时的生活安排表。此外社会工作者了解到老年人近年来深受失眠问题的困扰，老年人有强烈的解决问题的诉求和动力，因此就其曾经做过的努力以及日常的身体保健安排与习惯进行评估。在整个评估过程中，社会工作者要运用细致的观察力和敏锐的洞察力，抓住关键问题，并以此为切入点开展评估，在聊天谈话中完成评估，使评估更加生活化和舒适化，这样不仅有利于良好专业关系的建立，还可为下一步的介入打下良好的基础。

在评估过程中还会遇到一些特殊情况，如刚入座时老年人会拿茶点、倒茶水给社会工作者，这就要求社会工作者在入户前带好茶水，茶点没法拒绝可以先不推让，接过后放在身旁，让老年人坐下快速开展评估，结束时将茶点放回茶几处即可。评估过程中老年人会说“你们义工真是好”，此时社会工作者应简单回应，告知其社会工作者和义工的区别，例如社会工作者是专职帮助老年人的，义工是在闲暇时间帮助老年人的。

4. 评估后

社会工作者要将评估时长控制在30～60分钟，这是出于对老年人身体情况的考虑，同时对健谈的老年人评估时应能够适时适当地将谈论内容拉回到评估主题上。在完成评估资料的收集后，社会工作者需要适时、亲切地告知老年人结束此次评估，可以与老年人约定下次拜访沟通的时间。

三、评估结果分析阶段

评估结果分析阶段即评估实施后所要做的工作任务，包括评估结果分析、照片整理和后续跟进。

1. 评估结果分析

评估结果分析即评估资料的整理与分析。整理是指将评估资料按照生理、心理和社会性三个方面进行分类整理，先由记录者整理，再由主评估人员审查确认，以保证评估量表上的资料无误、无遗漏。分析是指根据评估中收集到的资料，从“问题－能力”的视角进行整理，得出评估的结论，确定跟进类别，形成评估报告。其中老年人初步评估的结果包括无明确需求、健康监测、用药指导、家属照护指导、认知和情绪问题（抑郁症、痴呆症、谵妄、焦虑症等）、哀伤辅导、情感慰藉、风险（自杀、被虐待预防及干预、居家风险等）、政策咨询、资源链接、临终关怀等。例如前面案例中老年人的失眠问题，可以从生理、心理和社会环境三个层面进行分析，并将老年人所拥有的资源进行分类整理。同时该老年人虽然独居，且邻里支持较为薄弱，但是其有一定的家庭支持和朋友关怀，因此暂时将此类老年人归为一般个案。

2. 照片整理

对于服务项目来说，皆要求社会工作者对服务进行留痕，在征得老年人同意的情况下将所拍摄的照片，按日期、姓名进行整理。

3. 后续跟进

无论是老年人评估项目中的评估，还是老年人服务项目中的家访、建档，以及个案类的评估，都需要根据老年人的不同情况进行适当的后续跟进，在督导批准后，制订介入计划并开展个案服务。其中前者的后续跟进一般在大规模评估结束后，对评估数据进行整理和汇报，为政府相关部门制定政策提供数据支持。而后者的后续跟进则包括不需要跟进、转个案服务、一般探访服务、活动邀请、发展志愿者等五类。对于高风险的老年人要联合社区紧急跟进，针对老年人的身体情况咨询医护人员，对于“三无”等弱势老年人的政策支持可以向相关部门咨询和与之共同探讨。

任务工单

评估社区老年社会工作服务需求

<table>
<tr><td>任务名称</td><td></td><td>学时</td><td></td><td>培训对象</td><td></td></tr>
<tr><td>学生姓名</td><td></td><td>联系电话</td><td></td><td>任务成绩</td><td></td></tr>
<tr><td>任务设备</td><td></td><td>操作时间</td><td></td><td>操作地点</td><td></td></tr>
<tr><td>情景导入</td><td colspan="5">吴奶奶，今年 80 岁，患有骨质疏松症和轻微高血压，其有一儿一女，均在外省定居。之前吴奶奶与老伴一起生活，互相照顾，自从一年前其老伴去世后，吴奶奶便开始独居生活。吴奶奶的子女意识到高龄老年人独居的风险，数次劝说吴奶奶住进养老机构，但吴奶奶表示不愿意离开熟悉的社区，也过不惯集体生活。随着年龄的增加，吴奶奶的身体情况越来越差，还在楼梯间摔倒过一次，被社区工作人员送往医院治疗。由于担心再次摔倒，除了购买生活必需品，吴奶奶减少了出门次数，不再热衷于参加社区活动，也减少了和社区其他老年人的交往</td></tr>
<tr><td>任务描述</td><td colspan="5">如果你社会工作者，你会从哪些方面帮助吴奶奶？</td></tr>
<tr><td>任务分析</td><td colspan="5">1. 个人层面：随着年龄的增加，吴奶奶的身体每况愈下，且由于老伴去世，精神上遭受了严重打击，加速了吴奶奶老化。这些导致吴奶奶在生活中力不从心，情绪悲观。
2. 家庭层面：吴奶奶的子女不在其身边照顾，也很少回来看望她，使吴奶奶缺少亲情支持。独居生活让她感到空虚孤独。
3. 社会层面：由于老伴的去世，以及担心自己再次摔倒，吴奶奶将自己封闭起来，很少参加社区活动，减少了与外界的接触</td></tr>
<tr><td>任务目的</td><td colspan="5">1. 了解社区居家养老的服务需求；
2. 熟悉社区养老服务的评估方式；
3. 掌握社区养老服务的内容及特点</td></tr>
<tr><td>操作注意事项</td><td colspan="5">1. 基于案主的情绪问题，社会工作者要对案主进行情绪疏导，转变案主对生活的错误认知。
2. 有条件的情况下，利用社区的力量为案主申请志愿者服务和“喘息服务”</td></tr>
</table>

（续）

任务实施	准备工作	
	实施流程	
	实施总结	
	实施评价	
教师评价		

任务三　实施社区老年社会工作服务

社会工作者在融入社区环境，且深入了解和掌握了社区老年群体的需求后，即可结合社区特点及社区老年人的特点，策划和开展有特色的、符合老年人需要的基本服务和个性化服务。

工作步骤

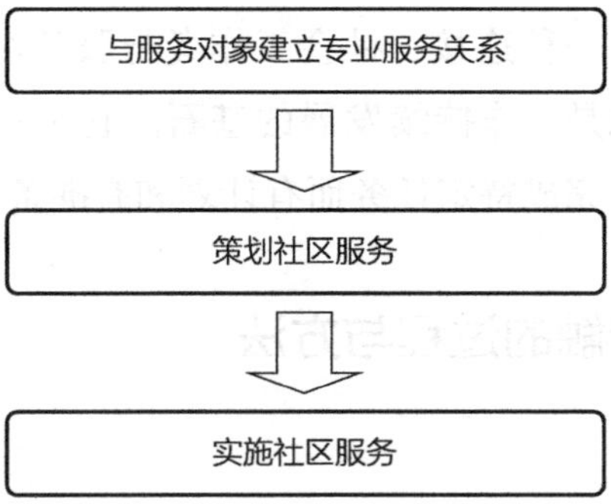

活动内容

阅读案例，假设你是一名老年社会工作者，针对L和N社区的状况，你能够分析出社区老年群体的需求吗？你能够根据他们的需求设计不同的服务方案吗？

情景导入

L社区处于城市核心地带，居民综合素质较高，老龄化率达28.87%，80岁以上的高龄老人占L社区老年人口总数的30%，有较大的居家安全、日常生活照料、外出办事、精神慰藉等需要。L社区也有较多刚退休的老年人，他们有时间、有精力做一些力所能及的事情。

N社区是老年人集聚的老旧社区，座椅等公共基础设施缺乏，老年人遛弯累了只能在步行的石梯上歇息，三五个老年人到院坝拉家常则需要自己带上小凳子。同时，N社区临近公交车站，因附近无公共厕所，存在乘客在上车前、下车后找隐蔽地方大小便的情况，对常住社区的老年人造成很大的影响，尤其是在天气炎热的夏天。对此，老年人曾向社区居委会反映，但一年过去了仍未见改善，老年人们很是不便，寄希望于社会工作者。

思考与讨论

你知道社区工作的四种常见模式吗？请查阅资料后进行讨论。

|第一步|与服务对象建立专业服务关系

关系的建立在本质上是一种连接，社会工作者与服务对象建立专业服务关系即工作关系，是工作的开始，也是工作持续发展的基石。它是一个目标指向性的活动，是社会工作者为了实现目标或完成特定任务而有计划和有准备地工作的过程。

一、与社区居民接触的过程与方法

1. 接触准备

（1）考虑清楚接触的目的和出发点。社会工作者是为了收集资料、增进了解、建立关系还是为了树立形象？访问对象需要什么样的社会工作者，是态度亲切的、乐于助人的、资源丰富的，还是易相处的？目标明确才能取得较好的评估效果。

（2）选择建立关系的对象。根据访问的目的选择合适的受访对象，如以前接触过的居民，受某些事件影响的有关人士或属于特定利益群体的成员，并且确定好顺序，既不要遗漏，也不要与不必要的人交谈浪费时间。

（3）选择访问的时间。接触的目的不同、对象不同，选择访问的时间也应有所区别。如：家庭主妇与职业女性的访问时间有很大区别；有宗教信仰的人要避开周末；重要的节日、假期，播放流行电视剧的时间，做饭的时间，午休的时间都要尽量避开。

（4）准备话题。如提前了解访问对象的需求。社会工作者可直接谈论对方的兴趣爱好或展现自己的吸引力，使老年人继续对社会工作者产生兴趣。

（5）穿着得体。要留意访问对象的文化背景，包括对人和事所持的价值观，以及自己希望在对方心目中留下什么印象。初次访问时，社会工作者不能让访问对象觉得有距离感，但也不能穿着太随意，如T恤衫、牛仔裤、拖鞋、学生装等都不合适，应给访问对象以整洁、大方、成熟、可信的印象。

（6）预想可能会遇到的问题和克服困难的方法，以免临时阵脚大乱。最好做一些预演或与旁人预先讨论一下可能的情景，以使自己保持冷静、自信，不受对方影响。

（7）对访问的场所环境有所了解，并做好准备。进行访问的环境可根据访问对象对谈话内容的态度来确定，可以在居民家中、街心公园、餐厅、路边等处进行访问。

2. 接触实施

对于第一次接触的居民，社会工作者要先设法与其建立信任关系和引出谈话的内容，可以分层次进行。

（1）介绍自己。社会工作者要准备一两段开场白，根据不同的情况和访问对象，采取不同的介绍方式。例如：可说明自己是由与访问对象熟识的一个朋友介绍而来的；可用自己和访问对象都熟悉或有好感的活动作为谈话线索介绍自己，如上周的消夏晚会、前天的社区会演都是自己策划的等等；对于对社会工作者抱有不信任态度的访问对象可适时出示证件，打消其顾虑；赠送一些物品或宣传单给访问对象，使其增加对社会工作者的信任和好感；态度热情、诚恳，面带笑容，并清晰地介绍访问目的，表达对访问对象的关注。

（2）展开话题。在获得访问对象许可或其不拒绝的情况下，社会工作者要抓住时机，继续交谈使内容逐步转向正题，但要注意避开一些敏感话题。话题要由简单到复杂，由具体到一般再到抽象，由感性到理性，由浅入深。社会工作者也可通过周围正在发生的事情来展开话题。

（3）维持谈话。为了减少访问对象的疑虑并使其精神放松，社会工作者应尽早根据访问目的，谈论正题。此时谈话的方式也从封闭式转向开放式。社会工作者要用心倾听，积极、主动地了解、提问访问对象，真切、周到地关心访问对象本人及其家庭情况，令其感到温暖。

3. 结束访问

初次接触时间不要太长，除非访问对象有特殊的个人问题需要社会工作者及时、深入地了解。访问结束时社会工作者要总结一下此次访问的情况，临别时留下联系方式，鼓励访问对象主动联系自己。

4. 接触以后

（1）记录主要资料。结束访问后社会工作者要记录以下有关资料：有用的信息及数字，访问对象的背景，谈话时留下的印象，访问对象的反应、热情程度、是否容易被调动及人际网络情况等。

（2）总结。对目标的实现情况、自己对访问对象的感受、评估访问对象以前和现在的不同、自己做得不妥之处和有遗漏的地方等进行总结。

此外，对于自愿性服务对象及非自愿性服务对象，社会工作者的接触方式应有所区别。

自愿性服务对象，即主动向社会工作者寻求帮助的老年人。这类老年人主动性较强，可能是偶然得知社会工作服务的，想要寻求改变的动机迫切。一般而言，与他们的沟通工作是比较好开展的，但是在最开始的接触中，他们不会将自己内心最真实的想法表达出来。因此，在以后的工作过程中，社会工作者要积极运用同理心，真诚地接纳与尊重老年人，倾听老年人诉说，不批评老年人的行为，不以自己的价值观为标准评判老年人的行为，同时通过各种语言及非语言技巧，协助老年人早日敞开心扉，并且注意控制谈话的方向，使得话题尽量围绕所要达成的目标展开。沟通的深度会随着介入时间的推移而增加。

非自愿性服务对象，即由社会工作者外展发现或由社区、其他组织转介的老年人。社会工作者首先要通过各种途径，尽可能地收集老年人的信息，了解老年人身处困境的原因。其次向老年人表达善意，讲清楚自己的来意，询问老年人是否愿意接受社会工作者的帮助。最后，当非自愿性老年人经社会工作者多次接触仍拒绝时，社会工作者可以从与老年人关系密切的第三方入手，如老年人所在社区的工作人员、老年人的子女或朋友，待取得第三方信任后，由第三方进行引荐。

总体而言，接触是专业服务关系建立的开始。初次建立关系时，因沟通双方存在距离感，沟通过程可能不是很顺利。因此，社会工作者要做好心理建设，并且站在老年人的角度思考问题，制订完备的接触计划，同时以真诚的态度与老年人交谈，了解他们的需要和心声，消除隔阂以使老年人对社会工作者产生信任和好感。

二、与老年人建立关系的注意事项

（1）主动向老年人介绍社会工作者的身份。对于初次见面的社会工作者，老年人往往秉持较高的警惕性。因此，社会工作者首先应主动向老年人介绍自己的社会工作者身份、工作单位、工作内容、意图等，回答老年人“你是谁，从哪儿来，要做什么”的问题。必要时可以出示由政府主管部门或工作单位加盖公章的工作证件，以证明身份的合法性，降低老年人的防备心理。其次在介绍过程中，社会工作者要以热情的态度，表达对老年人的欢迎、期待获得老年人的信任和为老年人提供服务的想法。

（2）对于隐私问题要慎重。在未与老年人建立深厚、稳固的服务关系前，要尽量避免询问老年人居民身份证号码、联系方式、家庭收入等具有隐私性、敏感性的问题。这可能会使老年人感到不安，担心自己的隐私被泄露。在充分理解老年人顾虑的同时，社会工作者也应坦诚地告诉老年人关于社会工作的保密原则，让其清楚自己会严格保密，获取的相关信息仅用于为其提供更优质的服务。若老年人所处的困境必须涉及敏感信息的获取，则社会工作者可寻求其他专业人士，如社区工作人员的帮助，邀请他们共同参与处理，但要确保老年人知情。

（3）讲清楚服务的内容和目的。目前老年社会工作服务尚处于发展阶段，社会大众对老年社会工作服务缺少了解和认识，而服务的开展又是社会工作者向老年人介绍社会工作者身份的重要途径之一。因此，在邀请老年人参与服务前，社会工作者应让老年人对服务有初步的了解，向老年人讲清楚为什么要开展这次服务，开展服务的意义，服务的时间、地点、内容等相关信息。在服务开展过程中，社会工作者要做到使用通俗的语言来解答老年人的疑问。

（4）理解老年人目前的处境。随着身体机能的不断衰退，部分老年人在听力和语言表达方面逐渐出现障碍，在与社会工作者对话的过程中他们可能存在表达不清、语义重复等情况。此时，社会工作者要表现出足够的耐心，妥善引导，积极倾听。同时，在目前的社会环境中，社会工作者不仅为相对健康的老年人提供服务，还为弱势老年人提供服务。这些弱势老年人，有的儿女疏于照顾，有的贫穷困苦，有的个人卫生不好，有的患有疾病，等等。社会工作者要铭记社会工作尊重服务对象、接纳服务对象的伦理价值观，关心他们，帮助他们。

（5）帮助老年人明白和接纳自己的感受。老年人可能因接受帮助而感到不安。研究指出，老年人接受家人的照顾越多，情绪越低落，被照顾、接受帮助可能会让老年人感觉自己很无用；而未能为其成年子女提供支持和帮助也可能会让老年人感到内疚。社会工作者只有了解老年人的这些复杂情绪才能帮助老年人及其家人。社会工作者要认同老年人的感受，增强他们解决问题的信心，使他们感到备受尊重并且拥有自主权。

（6）增强老年人在服务过程中的参与感。社会工作者提供服务不是替老年人做决定，而是起到一个能动、使能的作用。社会工作者要始终保持中立和客观的态度，引导老年人积极参与自我探索，进行目标设计，学会自我思考和处理自己的问题。这样可以帮助老年人掌握解决问题的技巧，待社会工作者完成服务离开老年人后，老年人自己也能好好地生活。

| 第二步 | 策划社区服务

社区服务方案策划是以未来为取向，以服务为基础的策划过程，即在综合考虑各方面的实际情况，征求各类社区居民的意见后，确定服务的内容和形式，以便系统地实现特定目标。社区服务策划是一个理性的过程，即在策划之初，对社区问题和需求进行科学评估，并广泛征求社区居民或服务对象的意见；在策划中期，充分考虑资源状况，评估工作人员的素质和能力，确定服务目标，规划服务内容、服务流程和人员分工；在策划后期，确定服务的成效评估方法。科学严谨、循序渐进的策划方案，既确保了服务推行的可预测性和稳定性，也确保了服务能够系统地实现特定的目标。

一、服务策划前的分析工作

(1) 服务对象分析。例如社会工作者认为其有责任和使命为哪些群体服务？服务群体大概有多少人？服务群体中有多少人已经在接受服务？为什么有些服务对象没有接受或参与现有的服务？服务方案未来甄选服务对象的标准是什么？预计在服务中受益的人有多少？

(2) 问题分析。例如社区中有哪些人被这个问题影响？哪些人的问题已被解决了？哪些人认为这个问题需要解决？导致出现这个问题的原因是什么？针对这个问题，目前提供了哪些服务？如果不再提供相关的服务，后果会怎样？如何改善现有的服务以有效解决这个问题？

(3) 服务的逻辑推进步骤分析。界定和确认问题→确认要实现的目标→确定评估指标→寻找可行方案→计算每个方案的成本（包括人力、物力、时间）→评估每个方案的成效→列举方案并进行比较分析。

二、服务策划流程

(1) 确认社区需求，可以通过规范型需要、感受型需要、表达型需要和比较型需要来界定社区需求。

(2) 了解社区居民或服务对象的特征，包括优缺点、能力、生活习惯和方式、休闲时间的安排，以及与社区其他群体的关系等。

(3) 确定工作目标，包括三方面内容：一是界定服务方案以哪些人为服务对象；二是列出服务内容；三是预估服务成效，即社区居民或服务对象参与该服务后可能产生的改变。

(4) 评估自身的能力，即评估提供服务的机构及工作人员的能力。机构的能力主要是人、财、物的配置能力和合理的时间安排能力；机构工作人员的能力是指其具有的专业知识、技能等。评估的内容包括机构及其工作人员对外所面临的机会和挑战，对内所存在的优势和不足，并根据评估内容制订合乎实际、切实可行的服务计划。如果机构及其工作人员能力不足，则可以寻求外来协助或更改原有的目标。

(5) 绘制工作进度表，即将计划分为开始、推行和评估三个阶段，列出各阶段要完成的工作及完成的期限，然后按照完成日期排列次序，保证服务可以按照计划的时间来完成。

(6) 程序编排。服务方案包含一系列与目标相关的活动，而且每个服务都有具体的目标，因此不仅要将这些服务按照开展的时间排出次序，还要根据服务的目标、场地（环境）、资源等要素进行编排。

第三步｜实施社区服务

社区服务方案的实施需要分阶段进行，具体如下。

一、筹备阶段

筹备阶段主要进行人、财、物的配置以及服务的宣传和推广工作。经费筹措的主要途径有申请政府资金补助、向社会筹款，有些发展性和娱乐性项目也可以向服务对象或者居民合理收取一定的费用。在人力安排上，以专业社会工作者为主，以招募的志愿者为辅。在场地安排上，应考虑场地的面积和位置，以及灯光、音响、麦克风、电脑、投影仪等设备是否方便使用。

二、执行阶段

这个阶段的主要工作包括预算管理、时间进度管理、士气激励和提升。一是预算管理。应本着节约和量入为出的原则，一方面记录清楚收入，包括政府资金补助、社会捐赠、服务收费等；另一方面记录清楚支出，包括场地租金、宣传品印刷费、活动道具和材料费、纪念品费用、游戏奖品费用、志愿者的午餐补贴和交通补贴及其他杂项等。二是时间进度管理。首先是整个服务安排的期限管理，如在一周内完成或在一个月内完成；其次是服务各个阶段的进展时间管理；最后是服务环节的时间管理，如志愿精神培训要求45分钟完成。三是士气激励和提升。这里是指对提供服务和开展活动的专业社会工作者和志愿者进行士气激励和提升，主要目的是增强其成就感，让其感觉自己的工作和付出是有价值的。具体方法：通过口头表扬、墙报表扬等形式，公布每个人的工作进展和成绩；通过光荣榜等形式表彰优秀社会工作者和优秀志愿者的工作成绩。

三、结束阶段

在服务结束后应处理的工作如下。一是经费报销。社会工作者应事先熟悉政府、社会服务机构的财务制度，了解经费使用和报销审核的程序，在服务结束后尽快处理经费报销事宜，以保证后续其他服务经费的正常使用。此外，对服务中收费的资金要及时公布使用情况，增强服务的公信力。二是服务资料及时归档。服务资料包括服务需求调查报告、服务策划书、服务记录表、摄像与摄影资料、服务满意度调查表、社区居民或服务对象意见反馈表。三是对专业社会工作者和志愿者进行表彰。由于社区服务的性质具有公益性和非营利性，所以要通过表彰达到激励的目的，但也需要根据服务开展的情况让社会工作者和志愿者认真反思，对本人的工作表现和工作成效有一个客观的评价。四是对服务成效进行评估，包括对服务过程和服务结果进行评估。

四、评估阶段

社区服务评估的目的在于了解社区服务是否实现了预期的目标，社区居民或服务对象的满意度如何，在服务推行过程中存在的优点和缺点。评估的结果一方面可以作为本社区居委会和工作站（服务站）未来持续开展工作的参考，另一方面也可以为其他社区居委会和工作站（服务站）提供借鉴。

1. 社区服务方案的评估方法

社区服务方案的评估方法包括定量评估法和定性评估法。定量评估法的特点：一是用数字反映评估结果；二是评估者事先预设某些答案，由参加服务的社区居民或服务对象对答案进行选择。定性评估法的特点：一是用文字来反映评估结果；二是评估者事先不预设答案，由参与服务的社区居民或服务对象发表意见和看法，评估者再进行归纳和总结。

2. 社区服务方案的评估内容

社区服务方案的评估内容包括成效评估和过程评估。

成效评估的方法有两种：一是采用定量的方法，即通过问卷调查法收集社区居民和服务对象参与服务后的满意度；二是采用定性的方法，即通过深度访谈、观察、文件档案整理分析来评价社区服务方案的成效。

过程评估一般只能采取定性评估法，重点是总结方案设计情况，以及方案筹备、执行和结束等阶段的基本情况。

任务工单

实施社区老年社会工作服务

任务名称		学时		培训对象	
学生姓名		联系电话		任务成绩	
任务设备		操作时间		操作地点	
情景导入	社区内的一些独居老人，其子女因为工作忙或其他原因不能在老年人身边照顾他们。这些老年人平时不喜欢外出，经常会在电视或报纸上看到一些药品或保健品的宣传广告，并对其疗效或作用深信不疑。老年人往往不顾子女的劝导，执意购买				
任务描述	如果你是一名专业的社会工作者，请根据以上情况，制定一个服务方案				
任务分析	1. 不仅要考虑老年人的需求，还要整合和挖掘社区资源； 2. 遵循“人在情景中”这一重要原则				
任务目的	1. 掌握和熟悉社区社会工作服务流程； 2. 了解社区社会工作服务的主要内容				
操作注意事项	通常一个服务方案至少包含方案目标、方案策略、方案执行和方案评估四个部分				

（续）

任务实施	准备工作	
	实施流程	
	实施总结	
	实施评价	
教师评价		

项目四
机构养老场景中的老年社会工作服务

项目信息

任务名称

机构养老场景中的老年社会工作服务。

任务目的

1. 了解和掌握养老机构的类型和特征。
2. 掌握养老机构从业人员职业道德和服务礼仪。
3. 熟悉养老机构社会工作的服务内容和角色职能

任务分解

任务一：认识养老机构老年社会工作服务环境。
任务二：掌握养老机构老年社会工作服务流程。
任务三：熟悉养老机构老年服务的其他工作。

任务一　认识养老机构老年社会工作服务环境

熟悉和了解养老机构服务环境是社会工作者进入工作岗位的第一项任务，是后续提供服务的基础。

工作步骤

了解机构养老的基础知识

↓

认识养老机构的组织架构及部门职能

↓

熟悉机构养老服务从业人员的基本要求

活动内容

阅读案例，帮助案例中的小张解答所遇到的问题。

情景导入

小张是一家养老机构的社会工作者。养老机构目前有近 100 名老年人入住。随着老年人生理机能的下降，越来越多的老年人不愿意出门参加活动，也不愿意社交，每天都呆呆地坐在自己的屋子里。有些老年人还会跟护工表达自己就是到养老机构来“坐吃等死”的消极念头。养老机构的院长也非常着急，想让小张帮忙想一想，有什么办法可以丰富老年人的日常生活，帮助老年人提升生活质量。

思考与讨论

当你进入老年社会工作岗位时，你觉得需要做哪些准备？

____

____

第一步　了解机构养老的基础知识

一、机构养老的内涵及养老机构的分类

（一）机构养老的内涵

机构养老，指由机构专业人员为老年人提供集中居住、生活照料、医疗健康、社

会工作等老年服务的照护方式。机构养老作为老年人长期照护的一个重要形式和环节，与居家养老、社区养老共同构成了老年人长期照护体系。

机构养老的服务对象广义上是所有老年群体，当前服务对象主要是由于生理机能退化等原因导致无法继续居家养老的失能、半失能或高龄老年人。老年人选择机构养老主要是因为缺少家庭照顾支持，或居家养老服务无法满足其需求。不过随着社会的发展和机构养老服务的逐步完善，越来越多的老年人及其家庭开始接受机构养老的照护形式，也有一些老年人，甚至是能自理的老年人主动选择机构养老。

（二）养老机构的分类

基于服务对象的类别，养老机构可划分为三类：自理型养老机构、助养型养老机构、养护型养老机构。自理型养老机构，以健康状况较好、能够自理的老年人为服务对象，主要提供辅助性生活照料、精神慰藉和文化娱乐等服务。助养型养老机构，以健康状况较差的半失能老年人为服务对象，主要提供生活照料、康复护理、精神慰藉和文化娱乐等服务。同自理型养老机构相比，助养型养老机构中生活照料服务的比重更高，且增加了康复护理服务。养护型养老机构，以健康状况差的失能老年人为服务对象，主要提供生活照料、康复护理、精神慰藉、文化娱乐和临终关怀等服务。养护型养老机构和助养型养老机构均提供较为全面的生活照料服务，但与助养型养老机构相比，养护型养老机构中康复护理服务的级别和比重更高，且增加了临终关怀服务。

基于运营主体的类别，养老机构可划分为三类。第一类是公办养老机构，包括社会福利院和敬老院，由政府部门直接管理。其主要服务对象是“三无”、低保、特困等生活困难的老年人，为这些老年人提供无偿或低偿的照护服务。目前公办养老机构也会根据床位情况，接收一些其他类型的老年人，收费相对低廉。第二类是政府和社会合办的养老机构，其服务对象是社会上的广大老年人，收费标准合理，一般不超过绝大多数老年人的经济承受能力和支付水平。第三类是民办养老机构，即由社会力量按照市场原则开办的营利性机构，其收费标准是在政府部门的监管下，根据机构服务的档次而设定的。

基于不同的政府管理部门，养老机构的类型也有差别。由民政部门管理的养老机构主要有社会福利院、敬老院、养老院、养老公寓、养老社区等，服务内容以生活照料、康复护理、精神慰藉为主；由国家卫生健康委管理的护理院，服务内容以医疗康复为主。

二、机构养老服务内容

机构养老服务内容指在老年人个性照护计划的基础上，社会工作者为老年人提供的养老服务。目前机构养老服务内容主要包括健康服务、生活服务、膳食服务，以及社会工作服务。

（一）健康服务

满足老年人的基本健康需求，服务范围包括：为入住老年人建立基本健康档案，定期进行医护查房，随时关注老年人的生理、心理变化，为入住老年人提供测量生命体征及药品管理服务；维持和改善老年人的身体健康状态，为老年人进行健康宣教，提供老年人专科医疗保健服务，包括老年人常见病、多发病的预防、诊断、治疗和24小时急救及转院工作；针对有康复需求的老年人，基于实际情况，制订康复计划，按计划开展康复指导和康复训练，并定期进行康复评估。

（二）生活服务

生活服务主要指生活起居和个人卫生护理服务，是为确保入住老年人享有舒适、清洁的日常生活，而提供的持续性生活照料。服务范围包括：协助老年人进食、穿脱衣服、洗漱修饰、洗衣、床椅转移，褥疮防护，便溺护理；定期打扫房间卫生、更换床上用品，保持个人生活用具清洁等。随着机构养老服务内容的逐步完善，生活服务也呈现出多样化和人性化的趋势，包括房间设备维修、园区绿化养护、外出陪同、其他事务代办，如报纸代订代收、包裹代寄代收、代叫车等。

（三）膳食服务

机构养老膳食一般以健康、安全为原则，分为基本膳食和特殊膳食。基本膳食指正餐，特殊膳食指软食、碎食、糜食、流食、素食、治疗膳食、管饲膳食等。为满足老年人的个性化需求，彰显服务品质，有的机构也提供其他膳食服务，包括下午茶、零点、宴会餐等。

机构应为每一位老年人建立住户膳食登记，了解老年人的喜好和特殊需求，并对老年人进行持续性的饮食关注，对存在营养不良或营养不良风险的老年人，在征得本人及其家属的同意后进行营养干预，定期追踪老年人营养与饮食状况并记录。

（四）社会工作服务

社会工作服务指在机构环境中合理运用社会工作的专业方法和技巧，充分激发老年人的潜能，使其适应机构环境，提高生活质量。社会工作服务包括以下几个方面：日常活动策划与开展、主题活动策划与开展、精神关怀、家属支持和志愿者管理。

（1）日常活动策划与开展。以入住老年人的兴趣爱好和需求为导向，结合老年人的生理特征，为其设计和实施不同类型的老年活动，如歌舞活动、手工活动、棋牌活动、书法绘画活动、益智游戏、各类知识学习活动等，以丰富老年人在机构的精神生活。

（2）主题活动策划与开展。围绕某主题开展活动，如基于固定节日、节气或其他特殊日期开展户内、户外活动，包括中秋节活动、重阳节活动、迎春活动、主题生日会、户外踏青活动等。机构社会工作者在开展活动前需制定详细、可行的活动方案，包括主题、目的、内容、分工、预算及应急预案等，以保证活动的顺利开展。

（3）精神关怀。以满足老年人的心理需求为目的，维护老年人的心理健康。服务范围包括日常探视、谈心、心理咨询、个案工作、危机干预、临终关怀等。社会工作者要实时掌握每位老年人的情绪变化，以便采取专业的应对措施。

（4）家属支持。为提升老年人的家庭支持能力，机构社会工作者也为老年人家属提供相关支持服务，包括促进老年人与家属的相互理解、协调老年人与家属的关系、化解老年人与家属的矛盾，以及为离世老年人的家属进行哀伤辅导。

（5）志愿者管理。基于老年人的生活和精神需求，机构会面向社会招募不同类型的志愿者，为老年人提供个性化的志愿服务，并对志愿者团队进行培训、考核和管理，搭建关爱老年人的志愿者服务平台。

第二步　认识养老机构的组织架构及部门职能

一、养老机构的基本组织架构

组织架构设置应该基于机构的性质、规模、服务内容等科学安排，在符合国家、行业与地方政策法规、管理规范的前提下，遵循精简、专业和高效的原则，围绕机构的核心业务发展需要，建立业务模块合理、管理幅度适当的组织架构，并按照以需设岗、以岗定责的原则，合理设置岗位。机构应通过组织架构设计对机构内的服务进行细分，进一步区分管理工作的类型和相互关系，确定有效的组合方法。

二、养老机构的通用部门及职能

（1）院部，负责机构的总体运营管理工作，为机构的首要行政部门，主要由院长、副院长或院长助理组成。小型机构的院部一般仅有院长一人。院部需要制定机构的总体工作战略和年度经营计划，完成经营目标和各项指标，并通过指导、监督、检查各部门的工作，持续提升机构管理和服务水平。

（2）市场部，又称营销部，需要完成相应的入住指标。主要工作内容为品牌宣传、拓展获客渠道、入住接待和入住手续办理。工作目标为提高机构的入住率。

（3）护理部，负责为机构老年人提供医疗健康和生活服务，是机构最重要的业务部门之一，一般由护士和养老护理员组成，若机构有内设医务室，则护理部应设有医生一职。主要工作包括：评估老年人的照护等级，制订、执行和调整照护计划，处理老年人紧急事项和不良事件，与家属沟通老年人的身体和精神情况。

（4）餐饮部，又称膳食部，主要负责机构老年人的营养餐和职工的工作餐供应。餐饮部要严格按照食品安全标准保证机构饮食安全，创造卫生的饮食环境。

（5）社工部，全称为社会工作部，由社会工作者组成，主要负责协助老年人适应机构环境，丰富精神生活和提高生活质量。主要工作内容包括日常活动、主题活动的策划与开展，精神关怀，家属支持，志愿者管理，等等。此外，社工部还会联合其他部门主导或配合相关工作，如联合护理部进行入院需求评估，联合其他部门进行危机干预，为其他部门开展员工培训，等等。

（6）综合部，整个机构的运营保障部门，由人事、财务、行政和后勤等支线组成。大型机构也会将这几条支线设成单独的部门。综合部全面负责机构的日常运营管理，包括质量控制、设施设备维修和保养、外联事务、物资供应、安全管理和消防工作，以及各项外包服务项目的考核、管理。

第三步 | 熟悉机构养老服务从业人员的基本要求

一、机构养老服务从业人员职业道德

机构养老服务从业人员（以下简称“从业人员”）职业道德，是指根据机构养老服务职业的特点，从业人员服务老年人、老年人家属以及其他从业人员等相关主体的行为规范，是一般养老行业职业道德在机构养老服务中的体现，主要包括以下几个原则。

（一）尊重原则

老年人生理功能的衰退导致其处于弱势地位，因此老年人渴望得到社会更多的理解和尊重，更加注重社会对他们的态度。在开展机构养老服务工作时，需要关注和了解老年人为社会所作出的贡献，并给予老年人充分的尊重和肯定。从业人员要以老年人的实际需求为出发点，将“老年人至上”作为服务的基本原则，维护和保障老年人的权利和利益，真正做到为老年人着想。在为老年人提供服务的过程中，从业人员对老年人的尊重，既是自身道德品质和职业素养的体现，也是建立良好服务关系的前提。

（二）个性化原则

老年群体是庞大且多样的，机构中的老年人有不同的身体状况、社会背景、生活阅历和性格特征等，不同的老年人也有不同的需求和问题。从业人员在服务多个老年

人时，不仅要体现基本的职业道德，还需考虑老年人个体之间的差异，理解老年人的个性化需求，为老年人提供不同的服务内容和差别化的服务方式。

（三）保密原则

在服务老年人的过程中，从业人员有责任向老年人说明工作的保密原则，以及遵守保密原则的限度。保密原则即尊重老年服务对象的隐私权，未经服务对象允许，不能泄露其隐私，如在服务过程中获取的服务对象的信件、录音及录像等。当需要对外界提供服务对象的信息时，从业人员有责任对服务对象的重要信息（如姓名、肖像、住址等）予以保密，并保证对外提供的信息内容不对其构成侵犯或伤害。

（四）自省原则

在实施具体服务时，从业人员需要特别注意不同老年人的风俗习惯和禁忌。如果在服务过程中产生分歧，从业人员应该与老年服务对象多沟通，体谅其处境和困难，主动听取其意见，积极帮助老年服务对象解决实际问题，必要时真诚地表达歉意。同时在处理分歧的过程中从业人员也需要调整自身心态，处理复杂问题时沉着冷静，有条不紊，机智灵活，做到合情、合理、合法。

二、机构养老服务从业人员服务礼仪

机构养老服务从业人员服务礼仪是指从业人员在机构养老服务领域为表达对机构老年人的尊重与关怀，而采用的服务方式和行为态度，是老年服务工作伦理的外在表现形式，主要包括以下几个方面。

（一）着装规范

规范得体的着装能够充分展示从业人员饱满的精神面貌和专业的职业素养，从而增进社会工作者与老年人之间的信任关系。从业人员在服务中要按照着装规范严格要求自己，包括工作服干净平整，鞋子清洁光亮，为老年人提供直接服务的工作者不能佩戴任何配饰等。不同岗位的从业人员须穿着不同类型的工作服，佩戴无破损工作牌，以便老年人识别从业人员的身份和向他们寻求帮助。规范的着装既可以督促从业人员认真履行职责，为机构老年人提供优质的服务，也可以向社会展示从业人员严谨、自信、端正的工作作风。

（二）仪容整洁

仪容仪表代表了养老机构的形象，整洁的仪容也是尊重老年人的一种态度。保持仪容整洁包括：从业人员面部干净清爽，无汗渍污点；头发整洁、无异味；保持口气清新，不宜在服务前吃有异味的食品；男性从业人员头发前不及眉、侧不掩耳、后不触领，不留胡须；长发女性从业人员以盘发为宜，自然发色，刘海不能遮盖眼睛；保持手部清洁卫生，做到勤洗手、定期修剪指甲，不要过于修饰指甲，如涂抹彩色指甲油等。

（三）言语得体

从业人员在和老年人交流时言语要得体，以表达对老年人的尊重，对老年人的称呼要准确有分寸，让其感受到充分的尊重，尽量不要直呼其名，可视年龄、性别、职业而选择不同的称呼，如“阿姨”“叔叔”“爷爷”“奶奶”“×老师”“×医生”等。同时从业人员应该了解老年人的受教育程度和理解力，以选择合适的语言与其沟通，措辞要严谨准确，符合伦理道德，并注意用生活化的语言，尽量不使用网络流行语。因一些老年人听力下降，从业人员在交流过程中要保持语速语调适中，若老年人没有听清楚，则可轻轻凑到其耳边，慢慢地、稍大声地重复一遍，或是使用一些肢体语言或通过文字的形式帮助老年人理解。切忌从业人员对老年人不愿回答的问题刨根问底。

（四）多用蹲姿

为机构中坐轮椅和卧床的老年人服务时，从业人员应采用适合的蹲姿，蹲下来和老年人进行互动。针对坐轮椅的老年人，从业人员可以半蹲在其旁边，将双方视线保持在同一水平线上，以进行平等交流。针对卧床的老年人，从业人员可以适当地蹲在床旁，身体微微向其倾斜，以利于有效交流。一些老年人听力减退，在交流时需要从业人员稍微靠近一些，以让老年人听清楚。禁止从业人员站立俯视老年服务对象。

三、养老机构中的社会工作者

在机构养老服务中，社会工作者的服务范围不仅局限于老年群体，还包括老年人家属、机构及整个社会。同时社会工作者的职业性质和机构的服务需要，也决定了其在机构中需要扮演多种角色。按角色的作用对象，可将社会工作者角色划分为直接作用于服务对象的角色和间接作用于服务对象的角色。

（一）直接作用于服务对象的角色

1. 服务提供者

传统的照护服务主要由机构的护理人员、医疗人员和后勤人员提供。现代养老机构除了保障老年人的基本生活，还重视老年人的身心发展。因此越来越多的养老机构开始引入社会工作者，以便为老年人提供环境适应、休闲活动、精神关怀、个案工作等社会工作相关的服务。

2. 评估者

在老年人入住机构前，社会工作者协同其他专业人员运用专业评估量表评定老年人的照护等级。一般照护等级包括自理、护理、全护理，不同机构的照护等级划分标准不同。社会工作者负责评估的项目主要包括心理健康状况、社会参与能力、社会支持系统、兴趣爱好和个人习惯等。入住机构后，部分老年人还会涉及转级评估。社会工作者在日常工作中需要关注老年人的身心变化，若发现老年人的照护等级不合理，则需联合护理部发起即时评估，避免由于照护等级不合理而导致风险发生。

3. 协调者

协调者主要负责协调老年人与其他主体之间的关系，包括协调老年人之间、老年人与家属之间、老年人与照护人员之间以及老年人与机构之间的关系等。

多位老年人共同居住在机构，难免有矛盾。为营造和谐友爱的氛围，社会工作者在提供服务的同时，还需要促进老年人之间的交流，减少摩擦。同时家庭是老年人重要的社会支持系统之一，家庭内部矛盾会严重影响老年人的精神生活。因此社会工作者也需要关注老年人与其家属的关系，发现矛盾时主动联系家属进行协调。老年人与照护人员、老年人与机构之间的矛盾，往往是因为老年人不满机构的服务，或是在机构的诉求得不到回应。社会工作者应通过日常探访了解老年人对服务的评价，将其合理诉求及时反馈给相关部门，并确保服务到位。若老年人提出不合理的诉求，则社会工作者要真诚地与老年人沟通，让其体谅照护人员工作的辛苦，并帮助其了解机构的服务标准。

（二）间接作用于服务对象的角色

1. 资源整合者

其一，在公办养老机构，针对经济上困难的老年人，社会工作者会组织社会上的爱心单位和个人为其捐款捐物，缓解老年人的经济困难。其二，整合志愿者资源也是社会工作者的日常工作之一。社会工作者面向学校和企事业单位等社会部门招募志愿者，让志愿者为机构老年人提供多元化服务。其三，当机构的条件无法满足老年人的个性化需求或愿望时，社会工作者从优势视角出发，不局限于机构内部资源，而是整合老年人周边的资源，如家属、亲朋好友、原单位、所在社区及社会其他系统资源，帮助老年人实现愿望。

2. 团队支持者

在机构养老服务中，一线的工作人员，尤其是长期照顾失能、认知障碍、临终老年人的护理员，工作压力大、工作任务重、缺乏成就感，容易出现麻木感和疲惫感。

此时社会工作者要为这些工作人员提供心理支持，通过开展支持小组等方式，鼓励成员分享交流，宣泄负面情绪，使他们缓解服务压力，提升工作积极性，从而创造一个轻松和谐的工作环境。

3. 行政者

除了提供直接服务，社会工作者还需要通过行政方式对服务过程进行有效管理和控制，比如落实最新养老政策，制定服务方案和推动服务方案落实，撰写服务文书，定期向机构领导层汇报工作，等等。有的大型养老机构或公办养老机构还需建立和完善社会工作标准化服务体系和工作机制，参与实务课题研究，以提高机构社会工作服务质量和效率，甚至对市场上其他机构提供专业指导。

4. 倡导者

尊老敬老的机构氛围有利于老年人身心健康发展。社会工作者可通过员工大会、培训等多种途径向全体工作人员倡导“一切工作以老年人为中心”的服务理念；同时运用制作手工报、张贴宣传标语等方式，将“以人为本、尊老敬老”的价值理念深深植入机构工作人员、老年人家属，甚至老年人的心里，让机构内外部均形成尊重关爱老年人、不歧视失能和认知障碍老年人的良好氛围。

任务工单

认识养老机构老年社会工作服务环境

任务名称		学时		培训对象	
学生姓名		联系电话		任务成绩	
任务设备		操作时间		操作地点	
情景导入	王大叔今年73岁，随着年纪的增长，其行动越来越不便，生活虽能自理，但还需要人照顾。王大叔的儿子、儿媳平时都要上班，难以专职照料王大叔的生活。王大叔为了不给儿子、儿媳带来困扰，选择搬到养老院居住。王大叔入住养老院后，觉得难以适应养老院的生活，因为作息和吃饭等都必须严格遵守养老院的规定。这让王大叔觉得养老院不够自由和人性化。 王大叔平日喜静，比较“宅”，对于养老院组织的户外活动，王大叔也不爱参与，成了大家眼中的“怪人”。王大叔觉得在养老院交不到可以分享和交流的朋友，内心十分孤寂				
任务描述	1. 结合上述材料，指出王大叔所入住的养老院存在哪些问题？ 2. 结合王大叔的问题和需要，该养老院可以怎样改善其服务？				
任务分析	1. 从生理、心理、社会三个方面分析王大叔的个体需求； 2. 从环境安全和环境配适度方面分析机构的环境能否满足养老服务需求				
任务目的	1. 评估养老机构的服务环境； 2. 了解老年人在养老机构的基本需求及满足其基本需求的对策				
操作注意事项	部分养老机构的环境和服务是从管理角度设置和提供的，忽视了个体需求和个别化原则，因此社会工作者要从满足个性化需求方面提供改善方案				

（续）

任务实施	准备工作	
	实施流程	
	实施总结	
	实施评价	
教师评价		

任务二　掌握养老机构老年社会工作服务流程

熟悉和了解养老机构中的社会工作服务流程和内容可以帮助社会工作者适应养老机构环境及处理养老机构中老年人的问题。

工作步骤

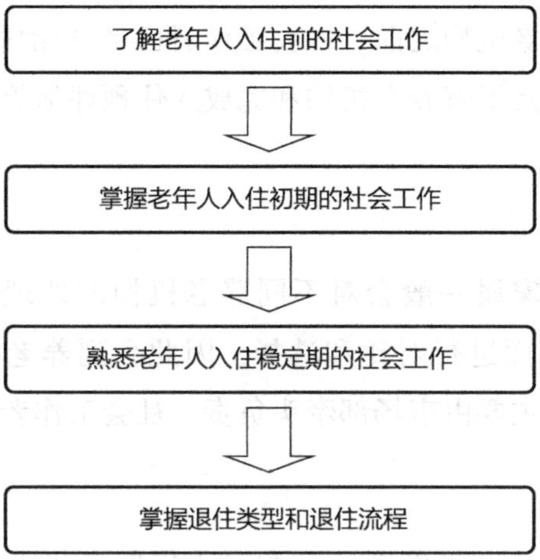

活动内容

阅读案例，假如你是案例中养老院的社会工作者，由你负责张老伯的工作，你会怎么做？

情景导入

张老伯今年86岁，有三个儿子和一个女儿，目前他们都已退休。张老伯平时和大儿子一起生活，其他儿女与张老伯分别住在不同的城市，对张老伯的照料较少。一个月前，大儿子被查出患有恶性肿瘤，需要住院做手术，无力再照料父亲。四个儿女商量后决定把父亲送到养老院。张老伯非常生气，觉得白养了这几个儿女。入住养老院后，张老伯情绪低落，不和任何人说话，还拒绝吃饭，现在已经三天滴水未进了。

思考与讨论

如果你是养老机构的社会工作者，请列出你一天的工作内容。

____

____

第一步 了解老年人入住前的社会工作

通常在老年人入住养老机构之前，社会工作者已经开始做前期准备工作了。例如，协助老年人及其家属参观及了解养老机构和完成入住预评估等工作。

一、参观接待

入住前，老年人及其家属一般会对不同养老机构的地理位置、环境、设施设备、服务内容和价格等多个方面进行对比和选择，因此会到养老机构进行现场参观了解。养老机构的参观接待工作主要由市场部牵头负责，社会工作者协助完成以下任务。

（一）会谈

在参观接待完成后，社会工作者和有意愿入住的老年人及其家属进行一次会谈。为老年人及其家属提供养老机构的信息，以及涉及社会工作者的相关服务，使老年人正确认识机构养老，消除一些不理性的情绪，帮助老年人做好机构养老的心理准备。

（二）预评估

在向老年人介绍养老机构服务的同时，社会工作者通过交流可以预评估老年人是否适合机构养老，所在养老机构提供的服务与老年人的需求是否匹配，以切实帮助老年人家庭解决照护困难问题，促进老年人及其家属进行正确的选择。

（三）初始资料收集

接待时社会工作者会收集老年人个人及其家庭情况的信息，方便老年人在入住养老机构时能够得到与之相应的照护服务，如老年人的基本生理资料、精神健康状况、家庭情况、社会支持系统等。

二、入住评估

为了解老年人各方面的需求和存在的问题，养老机构需要对入住的老年人进行全面评估，以确定照护等级，制订相应的照护计划。养老机构的评估工作主要由医护人员和社会工作者共同负责。评估的主要内容包括生理健康状况、心理健康状况、认知能力、感知觉与沟通能力、社会参与能力、经济状况、社会支持系统等。社会工作者主要负责评估的项目包括心理健康状况、社会参与能力、社会支持系统、兴趣爱好和个人习惯等。评定结果产生后，社会工作者需要与老年人及其家属沟通照护内容，由所有评估人员、老年人及其家属共同确定最终照护等级。

除了入住评估，有的老年人还涉及转级评估。随着年纪的增长，老年人的疾病也不断增多，导致老年人的生活自理能力越来越差。能自理的老年人变得越来越不能自理，半失能老年人变成失能老年人，失能老年人的失能程度逐渐加深。这时涉及为老年人提高照护等级的问题。社会工作者要协同医护人员综合评估老年人的自理能力，与老年人及其家属沟通后为老年人提高照护等级。

三、入住前准备

市场部完成入住手续办理后，社工部联合餐饮部、护理部和综合部，共同安排老年人入住，确保老年人得到相应的服务。餐饮部负责安排老年人的饮食；护理部负责根据入住者的情况安排责任护理员、护士，以及房间和床位，准备照护计划等各类文书；后勤部负责准备门牌卡和房卡（或钥匙），以及协同护理部检查入住者房间内的设施设备是否完好。社工部主要负责的工作如下。

（1）根据入住评估时获取的老年人相关信息和资料建立入住档案，一人一档，保证存放有序。

（2）提前与老年人及其家属做好入住沟通，通知其准备必带物品，缓解老年人离开家庭的焦虑和紧张情绪。

（3）确定入住时间，准备入住欢迎仪式。可提前准备欢迎卡片，提示各部门工作人员做好自我介绍准备。

｜第二步｜掌握老年人入住初期的社会工作

当老年人及其家属决定入住养老机构后，社会工作者的工作任务开始逐渐增多。例如，部分老年人会出现不适应环境等问题，或是部分老年人刚入住养老机构时可能会产生被家属遗弃的感觉等。这些都需要社会工作者提供个别化的跟踪服务。

一、入住初期的一般问题

（一）环境适应不良

入住养老机构后，老年人脱离原来生活多年的家庭，周围环境发生了极大的变化，一切都需要重新认识、适应和学习。面对与家庭完全不同的生活环境，性格内向的老年人会觉得不安、焦虑，无所适从，不愿意与他人接触。

老年人在家庭中生活时，有自己的生活习惯和生活方式。入住养老机构之后，由于过集体生活，老年人的作息习惯可能会与之前有一定差异。老年人需要按照养老机构的作息重新安排自己的生活，有的还要适应同房间老年人的生活习惯。这些导致部分老年人短时间内生活比较混乱，环境适应不良。

（二）被剥夺生活空间的不安感

个人空间为一个人提供了自我感、安全感和控制感。当个人空间受到侵犯时，个人感到隐私权的丧失和胁迫感。老年人入住养老机构后，离开了自己多年的生活空间，由独自生活变为集体生活，自己的生活起居甚至自己的隐私都暴露在他人的视野中，这些使老年人感到无奈和忧虑。甚至有的老年人不肯离开自己的房间，处于高度警觉的状态。

（三）被家庭边缘化的孤独感

中国传统的养老观念是居家养老。部分老年人来养老机构并不是自愿的，只是为了给子女减少麻烦。他们认为自己是子女的负担，遭到了家庭嫌弃。因此入住养老机构之后，老年人会有一定的失落感，渴望离开养老机构，再次回归家庭。不与自己的亲人同住之后，老年人可能会存在一定的消极、落寞、自卑等负面情绪。特别是当子女不能频繁探望时，老年人的孤独感会加重。

（四）建立新的社交圈的压力

老年人入住养老机构之后，远离了自己原来熟悉的社交圈，包括亲人、朋友和邻里，需要重新结识新朋友，建立新的社交圈。有的老年人还需要处理好和同房间的老年人的关系。这对于部分老年人而言有一定的难度。一些日常的集体活动需要被动融入，也会让老年人感觉到压力。

二、提供适应性关怀服务

（一）举办入住欢迎仪式

为消除老年人入住养老机构时产生的陌生感，社会工作者在入住当天可为老年人举办简单的入住欢迎仪式。所有与老年人相关的工作人员主动进行自我介绍，并介绍机构的环境设施和人际关系，如室友、邻居、活动室、康复医疗室、作息时间、就餐时间以及个性化服务等，让老年人在入住机构时就感到被尊重和接纳。这样可以缩短老年人适应新环境的时间。

（二）为老年人提供安全感

在养老机构，老年人所用的床位和床旁桌等区域为老年人的个人空间。在进门前，所有工作人员要敲门并征得老年人的同意，特别是对于因视觉障碍而听力敏感的老年人。工作人员在为老年人提供服务时，如整理床位、取物品和洗衣物时，应做好说明。当社会工作者发现老年人因空间被侵犯而产生负面情绪时，应提醒相关工作人员，及时向老年人道歉并做好解释工作，避免产生矛盾。

（三）帮助老年人建立社交圈

在入住初期，老年人会因不熟悉活动时间或不主动而错过活动。社会工作者应积极邀请老年人参加日常活动，或加入兴趣小组。社会工作者可以根据老年人的性格特征和兴趣爱好，组织老年人一起交流，互相认识，帮助老年人在养老机构内建立新的社交圈，从而提升老年人对养老机构的认同感和归属感。

（四）消除老年人的孤独感

社会工作者要做好老年人的心理疏导工作，深刻剖析当前养老政策以及机构养老发展的趋势，使老年人认识到入住养老机构是社会养老的一个重要组成部分，绝不是被家庭和社会抛弃。相关工作人员要多与老年人接触，了解他们的心理需求，同时做好与家属的沟通工作，在条件允许的情况下，尽可能地劝说家属多看望老年人，以消除他们的孤独感。

第三步 | 熟悉老年人入住稳定期的社会工作

在协助老年人适应养老机构环境后，社会工作服务的重点将从个别化的适应性服务转到提升老年人在养老机构的生活质量服务上。在这一阶段，社会工作者既可以通过小组工作、社区工作等方法应对老年人共性的问题，也需要运用个案工作的方法处理老年人个别性的问题。

一、日常巡视

社会工作者需定期开展巡视工作，与护理部保持沟通，深入了解每位老年人的日常情况，关注老年人的情绪变化，并征询老年人对养老机构开展活动的建议，尤其加强对全护理老年人、新入住老年人、临终期老年人、人际关系不良老年人等的关注。

发现情绪异常的老年人后，社会工作者应深入了解原因，给予特别关注，并将相关情况及时反映给护理部，共同做好老年人的心理疏导。每次巡视结束后，社会工作者应完成社会工作巡视记录。对于需要个案介入的，社会工作者应根据老年人的需求制订和实施个案工作计划，并做好记录。

二、日常活动策划与开展

日常活动是指机构每周固定开展的活动。社会工作者根据老年人的需求和养老机构的实际情况，提前制作每周活动安排表，一般在周末公布下周的活动安排。在活动过程中，社会工作者要确保组织安全，防范发生意外风险。此外，社会工作者要定期开展活动满意度调查，收集活动建议。

（一）日常活动的类型

1. 兴趣类活动

兴趣类活动包括唱歌、跳舞、朗诵、手工制作、下棋等。社会工作者通过开展一系列兴趣类活动，丰富老年人的精神生活，促进老年人之间的交流，让彼此有更多的兴趣话题可以深入讨论；同时扩大老年人在养老机构的社交圈，让老年人生活得更加充实。

2. 健身类活动

健身类活动包括太极拳、老年人健身操、门球等。不少老年人都会被一些慢性疾病困扰和折磨，在这种情况下老年人需要适当地运动，通过运动可以有效改善身体机能，长期运动可以增强机体的免疫能力。社会工作者在开展健身类活动时应遵循安全第一的原则，且不宜让老年人在饭后半小时及睡前半小时内活动。活动场地应满足老年人自由伸展身体的要求，地板应防滑、防水，避免老年人受伤。

3. 教育活动

教育活动包括课堂教学、参观学习、研学体验等。条件好的养老机构会配备老年教育课堂需要的设施设备，包括教学器材、老年教育读本等，同时开发适合老年人特点和需求的课程。课程内容应有助于提高老年人的生活品质和生命质量。社会工作者应鼓励老年人自主选择不同类型的老年教育活动，支持兴趣爱好相同的老年人建立不同类型的学习团队，促进老年人的学习交流。

（二）日常活动的操作流程

1. 活动开始前

（1）制定活动方案。

（2）准备活动物资。

（3）发布活动通知，邀请老年人参与。
（4）必要时联系志愿者及相关人员协助。
（5）布置场地，调试现场设备。

2. 活动进行中

（1）开展活动，做好组织协调工作。
（2）关注老年人的身心状况。
（3）若发现异常情况，按照养老机构规章制度进行紧急处理。

3. 活动结束后

（1）恢复活动场地。
（2）填写日常活动记录。
（3）定期回访老年人，完善活动内容。

三、大型活动策划与开展

养老机构在主题节日、节气或其他特殊日子会开展户内或户外大型活动，如中秋节活动、重阳节活动、迎春活动、主题生日会、户外踏青活动等。活动形式包括表演、座谈、团圆餐、游园会等。社会工作者应在每年年底提前上报次年的大型活动预算。

（一）大型活动的流程

（1）根据年度计划确定活动立项，完成活动策划书，逐级上报审批。
（2）审批通过后，应根据活动策划书确定总负责人和具体分工，召开活动筹备会。
（3）按照分工内容跟进筹备，确定活动当天的场地、设备、物资和人员。
（4）组织相关工作人员提前预演，发现问题及时调整改进。
（5）发布活动通知，邀请老年人和嘉宾参加。
（6）进行志愿者培训。
（7）活动开始前布置场地，调试设备，保证场地安全和动线通畅，防范意外风险。
（8）活动过程中若发生异常情况，按照大型活动风险预防及处置制度处理。
（9）活动结束后，恢复活动场地。
（10）填写大型活动记录，保存活动照片和视频资料。
（11）必要时配合整理资料和发布活动新闻稿。
（12）组织工作人员复盘总结，撰写活动总结报告。
（13）整理、归档活动相关资料。
（14）回访老年人，收集活动建议，完善大型活动资料库。

（二）大型活动风险预防及处置制度

举办大型活动的主要负责部门为社工部，各部门按照社工部的要求，积极配合活动开展并认真执行老年人安全工作责任制。

（1）护理部对适合且有意愿参加活动的老年人进行报名登记并核实。

（2）外出活动时，为预防参加活动的老年人活动过程中出现身体不适，护理部增派随队医生或护士，配备常用应急药品和医疗器械。

（3）外出活动时，为防止参加活动的老年人在中途出现体力不支的情况，护理部随车配轮椅若干辆。

（4）外出活动时，为确保整个活动的顺利进行及老年人的安全，社工部在出行前制作好每位工作人员所负责的老年人名单，帮助工作人员根据名单对所负责的老年人做好管理。每次上下车时清点老年人人数。

（5）为防止老年人中途走散，为每位老年人佩戴老年人信息卡。老年人进出洗手间时由专人陪同，以免发生意外。

（6）组织随行工作人员培训，要求工作人员本着高度负责的态度，在活动过程中照看好老年人。

（7）应急情况的处理。活动过程中，若老年人出现突发的健康状况，则先由随行医生或护士进行紧急处理，情况严重的，迅速拨打救急电话，送至医院救治。

四、机构养老的心理疏导

在日常巡视和活动中，一旦发现老年人存在不良情绪，应及时采取相应的专业方法，调节他们的负面情绪，使其保持情绪稳定。

（一）完善老年人心理健康记录

在入住时，社会工作者收集的老年人的基本信息包括原工作单位、家庭、社交圈、生活习惯、禁忌、心理健康情况等。社会工作者需要在这些信息的基础上，定期更新老年人的相关信息，做好老年人心理健康记录。当老年人出现心理问题时，社会工作者可以通过基本信息和心理健康记录找出潜在根源，有效解决老年人的心理问题。

（二）帮助老年人做好心理调节

想要帮助老年人做好心理调节，社会工作者应该帮助其建立心理调节机制，引导老年人妥善处理在养老机构生活中遇到的问题，如病痛、家庭矛盾、与其他老年人关系不和等；鼓励老年人接纳自己，保持乐观的心态，发现在养老机构生活的快乐和幸福，实现自身价值。

（三）帮助老年人疏导不良情绪

社会工作者需要识别老年人的孤独、焦虑、紧张、失落等不良情绪，及时发现老年人的心理问题，并进行沟通和疏导，防止老年人产生更加严重的心理问题。一旦发现老年人存在不良情绪，可及时采取相应的心理治疗法，如精神分析法、认知行为疗法、理性情绪疗法等调节老年人的情绪，保证其情绪稳定。

（四）鼓励老年人接触新事物

为促进老年人心理健康发展，社会工作者应该鼓励老年人多接触新事物。随着社会的不断发展，互联网的广泛应用让我们的生活越来越便捷，但对于大部分老年人来说，他们并不会使用互联网设备。这导致老年人认为自己与社会脱节，从而产生自卑和恐惧心理，进而影响老年人的心理健康。社会工作者应该鼓励老年人接触新事物，在日常活动中教授老年人基本的互联网操作技能，帮助他们从现代技术中获得乐趣，保持旺盛的精力和丰富的精神生活。

｜第四步｜掌握退住类型和退住流程

一、退住类型

（一）主动退住

一般老年人主动退住的原因有很多，且具有复杂性，主要有以下几个原因。

（1）机构服务内容和质量与当前老年人的需求不匹配。当老年人的需求发生变化时，如突发疾病导致需要更高级的医疗护理服务，当机构服务质量下降影响到老年人的生活时，老年人有可能选择服务质量更好或医疗技术更高的机构入住，也有可能在医院康复后回归家庭。

（2）经济情况导致无法继续支付入住费用。当老年人的收入和存款无法持续支付机构的入住费用时，老年人也会选择主动退住。这种情况下老年人一般会选择一个价格更为低廉的机构入住，或是回归家庭。

（3）环境适应不良，选择回归家庭。入住初期是老年人在养老机构的关键时期，很多老年人由于在入住初期没有适应新环境，产生排斥情绪，快速地办理退住。也有少数老年人虽然在养老机构生活了一段时间，但最终因无法适应养老机构的环境而选择退住。

（4）与其他老年人产生矛盾，无法继续在养老机构居住。当与其他老年人发生较大的摩擦，且养老机构没有及时有效地协调处理时，有的老年人会选择主动退住。

（二）被动退住

被动退住主要指老年人离世后，养老机构为老年人家属做好哀伤辅导后，由家属按照相关流程办理退住手续。

二、退住流程

（1）遵循退住自由的原则，尊重老年人及其家属的选择。

（2）各部门接到退住申请时，立即了解退住原因，并通知护理部和社工部。

（3）社工部进一步了解退住原因，并填写“退住原因调查表”。

（4）确认退住后，社工部发出退住通知单和发起退住流程，通知相关部门（护理部、综合部、院部）进行审批。

（5）流程完成后，社工部通知护理部协助老年人及其家属办理相关手续，清点物品。

（6）综合部协助老年人及其家属办理结算手续。

（7）社工部及其他相关工作人员与老年人道别并护送老年人离开养老机构。

（8）综合部注销房卡。

（9）社工部整理老年人的所有档案，妥善保存。

（10）护理部清扫、整理房间，对床位进行消毒。

（11）对于主动退住的老年人，社工部在一周内进行电话慰问，以及在节假日进行不定期慰问，了解老年人退住后的情况，表达对老年人的关心和思念。如果老年人不喜欢被打扰，则减少或不再慰问。

任务工单

掌握养老机构老年社会工作服务流程

任务名称		学时		培训对象	
学生姓名		联系电话		任务成绩	
任务设备		操作时间		操作地点	
情景导入	小敏是一家养老机构的资深社会工作者。最近，该机构新招聘了5名社会工作专业的实习生。为了帮助这批实习生更快地熟悉养老机构的环境，了解机构养老服务流程及内容，把握工作要点，工作更富有成效，小敏要对这几名实习生进行一次入职培训。在培训开始前，小敏了解了几名实习生的学习需求。他们希望通过培训快速地了解在养老机构中社会工作者的角色及定位、了解机构老年服务的主要流程及内容等				
任务描述	如果你就是社会工作者小敏，请根据以上情况，制定一个培训方案				
任务分析	1. 在老年人入住前，社会工作者在参观接待中的工作内容是什么？ 2. 在入住初期，老年人一般存在哪些问题？ 3. 试着制定一份大型活动策划书				
任务目的	1. 了解养老机构的工作流程； 2. 熟悉老年人入住养老机构各阶段的需求及问题				
操作注意事项	对新入职的社会工作者而言，不仅要熟悉养老机构的环境，还要了解养老机构的文化				

（续）

任务实施	准备工作	
	实施流程	
	实施总结	
	实施评价	
教师评价		

任务三　熟悉养老机构老年服务的其他工作

在养老机构中，社会工作者除了提供专业性服务及日常工作外，还需要协助处理其他工作，例如志愿者管理、临终关怀服务、自杀危机干预等。

工作步骤

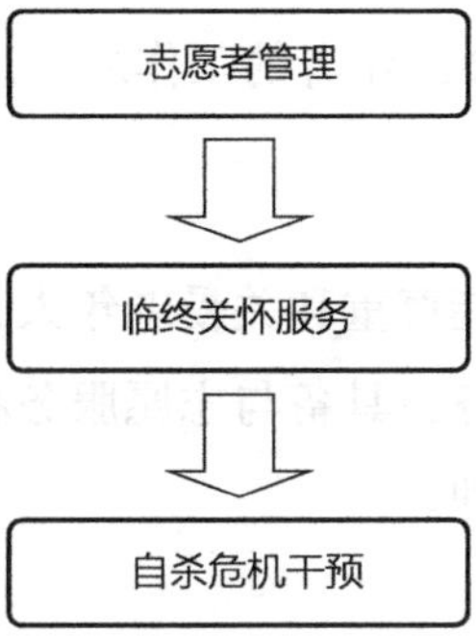

活动内容

阅读案例，如果你是该养老机构的社会工作者，你会如何处理王爷爷的问题呢？

情景导入

王爷爷81岁，有一子两女，其儿子在国外定居，两个女儿在本省工作，但日常工作都较忙，无暇照顾老人。为了让老人能安度晚年，三名子女把王爷爷送到了某养老机构住养。入住时，王爷爷患有多种疾病，大小便失禁。在养老机构工作人员的悉心照顾下，王爷爷的身体状况有所好转，其子女及王爷爷本人都比较满意。王爷爷的82岁生日是在养老机构度过的。生日当天，王爷爷一直在等子女到养老院陪自己过生日，但由于子女忙于工作，都没有前来祝寿，王爷爷感到非常失望。虽然养老机构特意给王爷爷买了生日蛋糕并为其祝寿，但他仍然一直闷闷不乐。后续的几天，工作人员发现王爷爷在偷偷藏药，并表现出持续的情绪低落，偶尔表达出觉得没人在意自己，活着也没有意思的观点。工作人员把王爷爷的情况反映给社会工作者，希望社会工作者可以帮助王爷爷排解负面情绪，预防自杀风险。

思考与讨论

假如你是养老机构的社会工作者，你认为在工作中可能会遇到哪些特殊问题呢？

____

____

第一步｜志愿者管理

志愿者管理也是养老机构社会工作者的工作之一。

（一）志愿者的基本条件

（1）具有爱心和奉献精神，能尊重和关爱老年人，真诚地为老年人提供服务。

（2）能够胜任和完成志愿服务，具备与志愿服务相适应的基本素质和能力。

（3）遵纪守法，服从机构管理。

（4）服务过程中注意安全。

（二）志愿者的权利与义务

（1）志愿者根据自愿原则，选择志愿服务项目，履行服务承诺。

（2）志愿者尊重老年人的意愿，自觉维护老年人的权益，保护老年人的个人隐私。

（3）参加与志愿服务有关的知识和技能培训。

（4）就志愿服务工作对机构提出合理建议和意见。

（5）相关法律、法规规定的其他的志愿者的权利与义务。

（三）志愿者申请程序

（1）志愿者个人或团体向机构社工部提出申请，根据要求出具有效个人证明材料。

（2）社工部审核后批准申请，双方达成合作意向。

（3）志愿者个人或团体代表进行登记并签署声明。

（4）必要时社工部为志愿者进行知识和技能培训。

（5）根据服务内容和志愿者个人或团体的意愿，社工部确定志愿者的服务类型。

（6）为志愿者配发志愿者服务标识。

（四）志愿者激励

（1）为完成服务的志愿者开具志愿证明。

（2）定期组织开展志愿者表彰活动。

（3）邀请优秀志愿者参与机构年度联欢活动。

| 第二步 | 临终关怀服务

临终关怀的主要服务对象是入住机构的各种急、慢性损伤或疾病致心肌、肝脾、大脑、肺、肾等器官功能衰竭的老年人，面临生命危险的老年人或各类恶性肿瘤晚期的老年患者，尤其是剧烈疼痛导致身心极度痛苦的老年患者。临终关怀的目的既不是治疗疾病或延长生命，也不是加速死亡，而是通过提供缓解性照料、疼痛控制和症状处理来提高老年患者的生存质量。

一、临终关怀的服务原则

（一）以照料为中心

临终阶段，针对老年人的服务已由以治愈为主转向以护理照料为主、以对症疗法为辅的全方位服务。处在临终阶段的老年人已对治疗不抱有太大的希望，他们最需要的是身体舒适、减缓疼痛、消除症状和获得精神与心理支持，而这一切只有靠精心的照料和细致的护理才能获得。因此，在临终服务中，工作人员要思考如何给予临终老年人以最及时、最适宜的照料。这种照料是以重视老年人的实际需要为前提的，尽量按照老年人及其家属的意愿进行护理，使老年人舒适、有尊严地度过最后阶段。

（二）维护个人尊严

老年人的个人尊严不应该因生命质量的降低而被忽视，其权利也不应该因身体衰竭而被剥夺。只要老年人还未进入昏迷状态，仍然有思想、有意识、有感情，其周围的人就应该尊重其人格并维护其个人权利与利益，如允许获知病情信息、允许保留个人隐私和自己的各种生活方式、参与医疗护理方案的制定、选择死亡方式等。

（三）提高临终生活质量

有人认为，临终只是等待死亡，生活已毫无价值。临终老年人的情绪会变得异常消沉，对周围一切都失去兴趣。从临终关怀的视角来看，临终也是生活，是一种特殊类型的生活。社会工作者必须学习和掌握提高临终老年人生活质量的知识与技术，对老年人进行心理疏导和满足老年人的最终愿望等。

（四）共同面对死亡

社会工作者自己应首先持有这样的生死观，即从生下来的那一刻起，人们便开始面对死亡了。人们最终无一幸免地走向死亡。只有看透这些，社会工作者才能教育、指导临终老年人坦然地面对死亡，接受死亡，珍惜即将结束的生命。同时，社会工作者、其他相关工作人员及老年人家属应该和临终老年人共同面对死亡，他们所做的每一件事都要设身处地地为老年人着想，站在老年人的角度来处理问题。这样临终老年人才不会感到孤独无助、惧怕与痛苦，而会保持一个平静的心理状态，以现实的态度面对死亡，以主动的态度追求最后的生活质量。

二、临终关怀的服务内容

（1）针对临终老年人的病痛和症状予以相应专业的全面身心照料。

（2）帮助临终老年人维持正常的生活状态。

（3）根据病情适当调整使用的药物及服用剂量。

（4）社会工作者发挥内在力量对临终老年人进行心理疏导和生命教育，给予他们最大的安慰和最有力的支持。

（5）对临终老年人家属进行情绪疏导。

（6）为临终老年人提供保持其独立性、隐私性所需的生活空间。

（7）在老年人死亡后对其家属进行追踪慰问。

第三步 自杀危机干预

一、老年人自杀的原因

（一）生理原因

生理疾病对老年群体自杀行为的影响比其他年龄群体更大，如患有慢性疾病、无法减轻疼痛、察觉自己的健康状况逐渐恶化等。当痛苦无法有效减轻，担心自己成为家人的负担时，自杀就成了老年人逃避现实的方式。

老年人进入养老机构的主要原因是生理机能衰退，导致其自理能力下降，缺乏家庭照顾者。不良的身体健康状况会降低老年人参与机构活动的能力，进而减少老年人的社会参与，使老年人产生孤独感和自卑感。身体健康状况不佳可能会引发严重的心理问题，如焦虑症和抑郁症，从而降低老年人的生活质量。一些老年人认为自杀是逃避由生理机能衰退而引发的残酷现实的一种手段。

（二）心理原因

中国传统的养老观念是养儿防老、居家养老，子女遵循孝道，在家里照顾年迈的父母。一些老年人并非自愿入住养老机构，他们主观上认为子女不孝顺，将自己“遗弃”，导致失了脸面。自尊心较强的老年人无法接受生理机能的衰退，更无法接受子女的“不孝”，缺乏继续生活的动力与希望，容易产生自杀意念。

孤独感也是产生自杀意念的重要因素之一。老年人离开熟悉的生活环境来到养老机构，面对陌生的环境，会产生适应障碍。由于自理能力和社会交往能力有限，老年人总有被遗弃的感觉，从而产生孤独感，甚至考虑结束自己的生命。

（三）社会原因

缺乏社会支持也会使老年人产生自杀的意念。老年人的社会支持主要来源于家庭，他们对家属有很大的依赖性。当老年人离开家庭，入住养老机构后，家庭给予的情感支持功能减弱，导致老年人产生焦虑、迷茫、孤独、失落的情绪。

脱离原来熟悉的生活环境，也使老年人突然减少了与朋友、邻里、社区等社会支持系统的联系。若老年人无法在养老机构建立新的社会支持系统，则容易产生心理障碍。此外，亲人尤其是配偶或者多年好友的去世，也容易导致老年人走向极端。

二、老年人自杀的易发人群和特征

（一）易发人群

（1）患有严重慢性病的老年人、恶性肿瘤晚期患者、老年性疾病导致失能的老年人、艾滋病患者等。

（2）患有精神和心理疾病（如重度抑郁症）的老年人。

（3）长期住院，经济困难而又治疗效果不佳的老年人。

（4）缺乏家庭及社会支持的老年人。

（5）酗酒、用药成瘾的老年人。

（6）有自杀未遂既往史的老年人。

（二）特征

1. 时间

工作人员较少、疲劳、精力不足的时段（如中午、深夜或清晨）为自杀的多发时间段。另外，工作人员繁忙、无暇顾及、无人防备的时候也是自杀的多发时间段，如节假日。

2. 地点

老年人经常选择厕所、窗台、楼梯间、院内池塘、花园、屋顶平台等偏僻处作为自杀的场所，也有老年人选择在机构外自杀。

3. 方式

最常见的自杀方式是跳楼，其次是自缢、服毒、割腕、触电、投河、拒食等。

三、老年人自杀的预防措施和应急处置

（一）预防措施

（1）为工作人员开展与老年人自杀相关的知识培训。

（2）要求所有工作人员掌握老年人自杀的高危因素，提高预防意识。

（3）社会工作者应掌握基本的危机评估及心理治疗方法。

（4）将具有内向、孤僻、自卑、忧郁等心理特征，近期有情绪和行为异常及重大负面生活事件的老年人，作为自杀的重点防范对象，特别是近期有过自我伤害行为者或自杀未遂者，更应引起高度警惕。

（5）发现老年人有自杀倾向时，应立即向院部汇报。

（6）通知各部门做好必要的防范措施，包括没收锐利的物品、锁好门窗等，防止意外事件发生。

（7）通知老年人的家属，并要求其陪护。家属离开老年人时，应通知在班的工作人员详细交接班。

（8）高度关注和关心老年人，准确掌握老年人的心理状态，给予心理疏导。

（二）应急处置

（1）发现老年人自杀，应立即通知值班医务人员携带必要的抢救物品及药品赶赴现场。

（2）判断老年人的生命体征，实施抢救。

（3）若抢救无效，保护现场。

（4）立即上报院部及相关人员，必要时通知派出所，配合调查工作。

（5）通知老年人的家属。

（6）做好相关记录。

（7）保证常规工作的有序开展，以及做好相邻老年人的心理疏导工作。

任务工单

熟悉养老机构老年服务的其他工作

任务名称		学时		培训对象	
学生姓名		联系电话		任务成绩	
任务设备		操作时间		操作地点	
任务导入	黄奶奶今年 89 岁，她的老伴去世很多年了，她有两个儿子、两个女儿，其中两个女儿都嫁到了外地。黄奶奶最初在两个儿子家轮流生活，但因为与两个儿媳的关系都不太好，现在居住在某养老机构。养老费用由两个女儿从外地寄来。女儿们因在外地很少来看望黄奶奶，而两个儿子因为工作较忙，也很少来看望她。黄奶奶看到周围老年人的家人经常来看望，而自己却望眼欲穿，心里很难过。 黄奶奶患有严重的高血压，每当病发时就很难受，她感觉自己被家人抛弃了，没有人管她，更没有人在乎她的感受，于是有了自杀的念头。黄奶奶以失眠为借口，向工作人员及其他老年人索要安眠药，就在她积攒到一定数量的时候，被清洁工小安在收拾房间时发现，并向工作人员报告了相关情况				
任务描述	1. 黄奶奶面临的困境是什么？ 2. 假如你是该机构的社会工作者，应如何开展介入工作？				
任务分析	可以尝试从以下几个方面进行分析。 生理层面：案主患有高血压，且高龄。 心理层面：疾病和案主子女较少看望使案主常会感到被抛弃，致其易产生孤独、无助、郁闷等不良心态。 社会层面：案主的儿子工作忙，很少看望案主；案主与两个儿媳关系都不太好；案主的两个女儿在外地，也很少回来看望案主				
任务目的	1. 了解机构养老中可能存在的特殊情况； 2. 掌握应对养老机构中存在的特殊情况的方法和技巧				
操作注意事项	1. 在处理危机事件的过程中，要以同理心、接纳、无条件关怀等社会工作价值理念对待案主； 2. 在介入过程中，要表现出高度的职业化和专业化能力				

（续）

任务实施	准备工作	
	实施流程	
	实施总结	
	实施评价	
教师评价		

参考文献

[1] 莫世民. 新入职社工的十一项操练［M］. 北京：中国社会出版社，2020.

[2] 陈辉，张秋霞. 老人睡眠质量不好怎么办？［N/OL］. 羊城晚报，2019－10－24［2022－12－15］. http://www.sohu.com/a/349298836_115354.

[3] 梅陈玉婵，林一星，齐铱. 老年社会工作：从理论到实践［M］. 2版. 上海：格致出版社，2017.

[4] 全国社会工作者职业水平考试教材编委会. 社会工作实务［M］. 10版. 北京：中国社会出版社，2021.

[5] 徐永祥. 社区工作［M］. 北京：高等教育出版社，2004.

[6] 奚伟东，邵文娟. 养老机构管理与服务［M］. 北京：清华大学出版社，2021.

[7] 许莉娅. 个案工作［M］. 2版. 北京：高等教育出版社，2013.

[8] 韦鹏. 浅析社工机构的利益相关者［J］. 社会工作（上半月），2010：（6）：52－53.

[9] 范明林，马丹丹. 老化与挑战：老年社会工作案例研究［M］. 上海：华东理工大学出版社，2018.

[10] 赵学慧. 老年社会工作理论与实务［M］. 北京：北京大学出版社，2017.

[11] 凯瑟琳·麦金尼斯－迪特里克. 老年社会工作：生理、心理及社会方面的评估与干预（第二版）［M］. 隋玉杰，译. 北京：中国人民大学出版社，2008.

[12] 吴玉韶，王莉莉，孔伟，等. 中国养老机构发展研究［J］. 老龄科学研究，2015（8）：13－24.

[13] 周博，主维，郑文霞. 乡村养老：世界养老项目建设解析［M］. 南京：江苏凤凰科学技术出版社，2016.

[14] 杨光平. 健康生活方式可降低老年痴呆症风险［J］. 家庭医学，2022（3）：33.

[15] CHI I，CHAPPELL N L，LUBBEN J. Elderly Chinese in Pacific rim countries：social support and integration［M］. Hong Kong：Hong Kong University Press，2014.

Item Ⅰ Service Preparation of Social Work for the Elderly

Project Information

Task name

Service preparation of social work for the elderly.

Task purpose

a. Understand the basic knowledge of social work for the elderly.

b. Understand the basic elements of social work for the elderly.

c. Understand the common situations of social work for the elderly.

d. Understand the common methods of social work for the elderly.

Task decomposition

Task 1: Master the basic knowledge of social work for the elderly.

Task 2: Understanding the clients of social work for the elderly.

Task 3: Prepare for the service of social work for the elderly.

Task 1 Master the Basic Knowledge of Social Work for the Elderly

Mastering the basic knowledge of social work for the elderly is helpful for learners to better understand and grasp the purpose, goal, demand and service mode of social work for the elderly, which is the key for social workers to providing effective services.

Working Steps

An Overview of Social Work for the Elderly

↓

Be Familiar with the Goal and Function of Social Work for the Elderly

↓

Master the Contents and Characteristics of Social Work for the Elderly

Activity Contents

Read the case and help Xiao Lin answer the questions encountered in the case. What is the connotation of social work for the elderly? What are the contents of social work for the elderly?

Scenario Introduction

Xiao Lin is a new social worker who currently works for a pension service in the city. As a newcomer, Xiao Lin seems at a loss. She is not familiar with the working environment and does not know how to apply what she has learned in the classroom to specific services, which makes her very confused about how to provide social work services for the elderly. In order to make Xiao Lin better familiar with the new working environment and help her better adapt to her job, what preparations do you think you can help Xiao Lin make?

Thinking and Discussion

What preparations do you need to make when you enter the social work position for the elderly?

____

____

| Step One | An Overview of Social Work for the Elderly

1 Social work

Social work is a worldwide concept, which is not only a specialized professional field, but also a professional and specialized activity of helping others, as well as a discipline.

Social work is a profession developed to meet the needs of modern industrial society. It is produced in Britain, the United States and other Western developed countries, and gradually spread to other countries. Social work originates from the influence of some people with a sense of mission on social inequality, providing services to vulnerable or poor groups through voluntary actions to help them solve the problems they encounter. With the passage of time, social work becomes more and more professional. Social workers begin to use social science research methods to understand the difficulties encountered by vulnerable groups, so as to find social policies and social practice methods to solve problems, and gradually developed professional knowledge and skills of social work. Therefore, social work is generally regarded as a professional service activity guided by altruistic values, based on scientific knowledge and using scientific methods to help others. This definition includes the following four aspects.

First, social work is an activity whose purpose is to help others (clients). Human actions can be divided into egoism and altruism. Social work is aims at helping those in need, and its motivation is altruistic rather than selfish, although social workers will be paid by the society through the provision of services.

Second, social work is an activity based on scientific knowledge. The problems to be solved by social work are very complex and need to be based on a variety of scientific knowledge.

Third, social work is a set of scientific methods of helping others. In the face of complex problems that need to be solved, there should be scientific and systematic methods. These methods are accumulated and tested by people in the practice of helping others.

Fourth, social work is a professional service activity. Social work is an activity to help people, especially those who encounter difficulties in social life. This kind of service activity is professional and it is a kind of social division of labor.

Social work is a kind of profession, which contains a complete knowledge structure and professional ethics system. People who are engaged in social work are often called social workers. Like other professionals (such as doctors, nurses, lawyers, etc.), social workers need to undergo professional training and put the code of professional ethics into action.

2 Social work and social work for the elderly

Social workers are committed to providing appropriate services for people of all ages, such as children's social work, youth social work and so on. Social work for the elderly is one of the fastest growing works.

The research report on the elderly released by the United Nations points out that the phenomenon of the aging of the global population is unprecedented. The impact of an aging population is widespread and will affect everyone in the world. The increasing number of the elderly will bring many opportunities and challenges to families, medical service, economy, housing, urban planning, social welfare and other social systems.

In the face of the increasing elderly population, society needs more professionals who serve the elderly, such as doctors, caregivers and social workers, especially social workers for the elderly. In order to actively respond to the opportunities and challenges brought about by the ageing of the population, and to help the elderly and their families continue to have a high quality of life, social workers must be trained in social work for the elderly and gerontology to have the knowledge and skills of services for the elderly that professional social workers need.

3 The meaning of social work for the elderly

Social work for the elderly takes care of and supports the elderly with professional knowledge, professional conduct and professional values of social work. Specifically, social work for the elderly means that professionally trained social workers use the professional concepts, methods and skills of social work to provide social security and social services for the elderly and their families under the guidance of altruistic values to help the elderly solve physical, mental, emotional and economic problems, so that the elderly can participate in social life and spend their remaining years in happiness.

The definition of social work for the elderly can be understood from the following aspects.

First, social work for the elderly usually serves the elderly and their caregivers. In the stage of old age, people are faced with the problem of understanding and acceptance of their own physical, psychological and social changes as well as the problem of adaptation to the environment. Social work for the elderly is a professional service activity aimed at the problems encountered by the elderly and the needs for the development of the elderly. In addition, the quality of life of the elderly is closely related to their families or caregivers, especially their relationship with their family members. Therefore, the families of the elderly and their caregivers are also one of the main service objects of social work for the elderly.

Second, social work for the elderly is a kind of interaction dominated by the professional values of social work. Therefore, in the process of social work for the elderly, social workers need to always adhere to the belief that everyone has inherent value and dignity, as well as the basic principle of professionalism.

Third, social work for the elderly pays attention to professional methods, and the professionalism of social work should be emphasized in the process of service.

Fourth, the ultimate goal of social work for the elderly is to tap the potential of the elderly, improve the ability of the elderly and promote the development of the elderly, so as to help the elderly get old with dignity.

4 the clients of social work for the elderly

In a broad sense, all elderly groups and their caregivers can become the service objects of social work for the elderly, but in practice, social workers may pay special attention to some elderly groups in weakness or adversity. According to the practice of social work for the elderly in China, there are three standards for dividing the service objects of social work for the elderly.

(1) Classification according to the groups served

① The elderly who encounter difficulties

The difficulties that the elderly may encounter include financial security, medical treatment, physical and mental health, interpersonal relationships, and so on. If the elderly ask for outside help or are willing to receive services, then they are the clients of social work for the elderly. Social workers should use professional social work methods to help these clients solve their difficulties or reduce the impact of difficulties on the elderly.

② Family members and caregivers of the elderly

With the aging of the physiological function of the elderly, their social participation activities are becoming less and less, and the scope of activities is getting smaller and smaller, which will eventually be completely limited to the family. Therefore, it is very important to deal with the relationship between the elderly and their families. For example, elderly people who have lived at home for a long time may face problems such as dependence on the long-term care of their families and inharmonious relationships with other family members. In addition, with the change of the family structure and the way of providing for the aged, many elderly people do not have their children around or their children are too busy working to take care of them when they enter the old age stage. Therefore, the daily work of taking care of the elderly is often undertaken by relatives and friends outside the family or unrelated nurses. These people serve the elderly day and night for a long time, and they are physically exhausted, so they are prone to impulsive behaviors, such as indifference, scolding the elderly, or failing to meet the basic needs of the elderly. Therefore, the family members and caregivers of the elderly should become the objects of social work services for the elderly. Elderly social workers should provide these people with necessary help, such as emotional support, care skills training, etc., in order to better improve their service ability, thereby improving the quality of life and care of the elderly.

(2) Classification according to the problems encountered by the elderly

In the stage of old age, especially in different age groups, people have different characteristics in physical health, self-care ability, social participation activities, marital status, family relations, psychological needs and so on. Therefore, according to the common needs and differences of the elderly group, classification according to the problems faced by the elderly is also a common classification of service objects. Specifically, the elderly can be divided into the following categories.

① Elderly people with long-term illness, severe physical decline or disability

Due to prolonged illness, these elderly people are in great need of medical resources, either living in convalescent institutions, or taken care of by their families (or nurses). As a result, the families of the elderly are affected and may lead to other problems, such as family financial difficulties, family members falling ill as a result of long-term care for the elderly, and decline in academic performance or behavioral disorders caused by poor care for children and adolescents in the family.

② The elderly with financial difficulties

After retirement, the income of the elderly decreases, while the expenditure increases with the decline of the body and the increase of medical expenses, which will lead the elderly gradually fall into the dilemma of living beyond their means. A small number of elderly people without old-age insurance and medical insurance will be in a desperate situation. In the face of this situation, social workers for the elderly can try to mobilize the strength of the elderly is family members and relatives and friends, or look for other social resources to help the elderly solve their problems.

③ The elderly who cannot adjust their lives after retirement

Most of these elderly people are male. After their retirement, they always find no laws in their lives and their psychology is always in a state of fluctuation. In this regard, apart from providing individual counseling to the elderly clients, social workers for the elderly can also provide corresponding consultation services according to the true wishes of the elderly, such as willingness to be reemployed, willingness to participate in leisure and recreational activities, willingness to engage in volunteer services, willingness to participate in education programs for the elderly, and so on, to help them find relevant social resources and inform them of the specific ways to participate.

④ The elderly with poor interpersonal relationship

These elderly people have the following problems: (a) not getting along well with their spouses; (b) having conflicts with their sons, daughters-in-law or other family members. (c) having conflicts and disputes with people outside the family, such as relatives by marriage, neighbors, etc. In the face of this kind of elderly, social workers for the elderly need to deal with them according to different situations. In the first situation, the problem lies in the elderly the clients. The elderly are either stubborn, or perverse, or difficult to get along with, and so on. In this regard, the work of social workers for the elderly should focus on the elderly culprits, providing them with ways and skills of getting along with other people through interviews and counseling. In the second situation, the elderly themselves are clients and are often badly treated by their spouses, children, or neighbors. In such cases, social workers for the elderly need to provide counseling to the spouses and children of the clients, urging them to gradually modify or change certain behaviors so that they can live in harmony and, where necessary, with the consent and authorization of the victim can assist the victim to solve the problem through legal means. In either case, social workers for the elderly can use an important intervention method, that is, to gradually lead the daily activities of the elderly from the narrow family space to a broader community activity center, community park or community group of the elderly, so that they can carry out sports, learn skills or develop a hobby with other elderly people, thus diverting their attention, establishing a new way or law of life.

⑤ Abused elderly

The situation of abusing the elderly includes neglect (such as not providing the necessities of daily life, not feeding the elderly, and ignoring the legitimate demands of the elderly, etc.), physical abuse (such as beating, kicking, biting, pressing, spearing, neck jaming, slapping, hair pulling and other physical attacks on the elderly), mental abuse (such as bad attitude towards the elderly, often scolding and satirizing, or deliberately damaging or throwing away objects loved by the elderly, or often turn on the radio or TV to wake the elderly in the middle of the night when they are asleep, and so on, resulting in serious emotional and mental harm to the elderly). The cases of abusing the elderly have a slow upward trend at home and abroad, and there are some difficulties in the intervention of social work for the elderly. Because most of the elderly abused by their families when their thinking has not declined significantly and their actions are convenient will be influenced by the idea that "the ugliness of the family should not be exposed to the public", or get ready to gloss things over to avoid trouble and do not inform others or report the case to the public security department. When ill-treated in bed for a long time, the elderly are unable to report the case or ask for help. Therefore, social workers for the elderly should pay close attention to this kind of elderly people, cooperate closely with relevant community groups and organizations, public security departments, hospitals and judicial departments, and take legal measures to effectively protect the elderly when necessary. At the same time, social workers for the elderly should also offer necessary guidance of social work for the elderly to the abusers and the abused elderly.

⑥ Bereaved elderly

The bereavement of the elderly or the early death of their children must be heartbroken and cannot be resolved. American medical experts have found that the life stress score of the elderly at this time is the highest compared to that caused by other events. Therefore, at this time, there is a special need for the intervention of social workers. Social workers for the elderly should also offer to provide psychological support and material help for elderly clients, and if possible, to help the elderly establish an effective social support network as soon as possible. Social workers for the elderly should make full use of various social resources to help the elderly get out of the shadow of bereavement as soon as possible and tide the elderly over the critical moment of life.

(3) Classification according to the needs of the elderly

① Old people who need to solve all kinds of difficulties

First of all, the service objects of social work for the elderly are the elderly who have specific difficulties and need help. These difficulties include life distress, lack of care, difficulties in seeking medical treatment, poor relationships, psychological deviations, behavioral disorders, recurrent setbacks, and so on. In this regard, social workers for the elderly can use professional methods to provide remedial services for these elderly people.

② The elderly who need access to development

With the economic and social development and the gradual improvement of people's living standards, many elderly people's basic needs such as food, clothing, housing and transportation have been met, and some elderly people have reached a well-off level. To these elderly people, receiving education for the elderly, increasing interpersonal communication, participating in social life, enriching leisure time and contributing experience and wisdom are the needs for the development in their later years. Therefore, social workers for the elderly should fully tap resources and provide opportunities to organize the elderly to carry out a variety of activities to meet their needs and provide guidance and assistance. Providing developmental services for more elderly people will be the future development trend of social work for the elderly.

Extended Reading

Preparatory Work for New Social Workers

There are many transition periods in one's life. For the vast majority of students, completing professional training and entering the workplace is probably their biggest turning point and challenge. In this new stage, in addition to expectation and excitement, prospective social workers who are new to the workplace are more generally worried and afraid. Difficulties in adaptation at this stage may adversely affect the long-term development of new social workers. If the transition is not good, it will not only affect the career of social workers, but also bring mental trauma.

For newcomers in the workplace, the new entry experience they face is mainly reflected in the following aspects.

The first is the transformation of the role of new social workers. New entrants to the workplace need to be prepared in identity, mentality, role, posture and other aspects, and these changes and preparations are to help newcomers change roles from students to workers. New entrants need to take the initiative to understand the organization, consult those with experience, or learn from supervisors and seniors. New social workers should have a positive attitude, think positively and be able to adjust themselves in a timely manner. Positive practices will appear in the attitude. Your attitude often determines your behavior, and your behavior determines your life.

The second is to adapt to the job quickly. Most organizations organize orientation activities for new social workers to help them adapt to the working environment as soon as possible.

First of all, new social workers need to take the initiative to get acquainted with their new colleagues. It is important to have one or two colleagues for you to support each other. For new social workers, colleagues are the biggest source of motivation and enthusiasm for their work.

Secondly, it is very necessary to help new social workers to be fully familiar with the institutional and community environment and to help them establish a social network at work as soon as possible. Therefore, social workers need to collect information related to the organization they work for, such as organizational structure, detailed business content, and so on. It would be better if they can further understand the professional mission of the organization, the professional values, vision, mission and ethics of social workers, and the characteristics of the operation of the organization.

Thirdly, get to know the community where social workers work. It is suggested that social workers should move around more in the community where they work, take the initiative to communicate with the residents in the community, and learn more about the culture and characteristics of the community, which can provide help for follow-up services.

| Step Two | Be Familiar with the Goal and Function of Social Work for the Elderly

According to the definition of social work for the elderly, it can be known that social work for the elderly is an activity that provides professional services aimed at the problems faced by the elderly and the needs for their development. In other words, the service goal and role of social work for the elderly need to respond to the common needs and problems faced by the elderly.

1 Common needs faced by the elderly

(1) Economic security

In the traditional society, the elderly rely on their children for support, but in modern society, the elderly usually get financial resources through pension, endowment insurance and other ways, so as to obtain economic security.

(2) Health maintenance

Old age is a disease-prone period, and health maintenance is an urgent need that concerns the elderly most eager to meet the needs of the elderly. The elderly need to establish healthy living habits, get appropriate life care and enjoy rehabilitation services.

(3) Social participation

The elderly need to express their wishes, protect their rights and interests and give full play to their residual heat, so social participation is an important need for the elderly. The elderly need to participate in social activities in many ways and in depth, rather than symbolically or simply and passively.

(4) Employment and leisure

Many elderly people who have reached retirement age still have the desire to continue to work, so re-employment has become their basic need. There are also many elderly people who intend to enjoy life, so raising flowers, taking care of pets, calligraphy and painting have become their new needs. The elderly need to develop their own expertise as well as their own interests.

(5) Marriage and family

Partner and family are the most important emotional support for the elderly, and the elderly also have the need to maintain their marriage and family life or yearn for a better marriage and family life.

(6) Safety at home

The improvement of family condition and the safety of the living environment are what the elderly look forward to.

(7) Arrangements for hospice

Old age is the last stage of life, so many elderly people are very concerned about their funeral affairs, and they need to arrange their children's life, property disposal, graveyard purchase, future affairs and other matters before they die. They expect to die without pain and with dignity.

(8) One-stop care

As the age grows, the elderly will have different needs, and may need to receive home care, community care, institutional care and other different types of services, which requires a good integration and transition between different types of services.

2 Common problems faced by the elderly

The problems faced by the elderly include those caused by the ageing of individuals and those caused by the ageing of the social population. In modern society, the elderly often face the following difficulties and problems.

(1) Issues related to diseases and medical care (medical social workers)

The elderly, especially the elderly over to years old, often suffer from chronic diseases, resulting in a decline in their quality of life. The related medical expenses often become a major problem for the elderly, causing economic tension and even plight for the elderly.

(2) Family care

Urbanization, family miniaturization, female professionalization, rising divorce rate and high mobility of young people all have a serious impact on family care for the elderly, especially for empty nesters, the elderly living alone and the elderly who have lost their only child.

(3) Livable environment

There are often hidden safety dangers and physical obstacles in the living environment of the elderly, which makes the elderly faced with the risk of disability and the difficulties in social integration. In addition, there are widespread stereotypes and discrimination against the elderly in society, which also makes the construction of livable environment for the elderly very prominent.

(4) The problem of intergenerational gap

In the era of globalization, informationization and knowledge explosion, the updating and increasing speed of knowledge is unprecedented. The knowledge and experience accumulated by the elderly may be out of date, and the reduction of learning opportunities and resources make it difficult for them to master modern knowledge and information, so information asymmetry often occurs in the communication between the elderly and the young, which can easily lead to intergenerational gap.

(5) Social segregation

After the elderly quit their jobs or lose their ability to work, the circle of social interaction is often greatly reduced, while illness, disability, and the death of spouses and people with close relationships may also lead to very limited social contact for the elderly. The lack of contact can even lead to serious problems of social isolation.

3 The goal of social work for the elderly

On the whole, social work services for the elderly should be committed to providing a sense of security, medical care, a sense of worthiness, learning, and a sense of happiness for the elderly. Social work services for the elderly should follow the principles of independence, participation, care, self-realization and dignity to promote the role transformation and social adaptation of the elderly, perfect their social support network, and improve quality of life in their later years.

First, adjust the living environment of the elderly and help them adapt to the poor social environment, such as, disease, undesirable family relations, loneliness and so on, so as to enable the elderly to spend their twilight years comfortably.

Second, coordinate the interpersonal relationship of the elderly by encouraging the elderly to participate in social activities, such as education for the elderly, voluntary work for the elderly, entertainment groups for the elderly, so as to enable the elderly to interact with others and meet the needs of their spiritual life.

Third, help the elderly to improve their personal ability and prevent the rapid degradation of physical or psychological functions, such as physical exercise assistance, nutritional guidance, health guidance, psychological adjustment counseling, etc., in order to promote the physical and mental health of the elderly.

Fourth, make good use of the concept of empowerment to encourage the elderly to use their talents and experience to continue to participate in social work; lead the elderly to become volunteers, and promote the elderly to become an important part of the re-development of social human resources.

Fifth, help the elderly to make full use of all kinds of social resources, including those owned by relatives, friends and neighbors in the natural system, as well as those provided by the formal system such as the government, enterprises and various non-profit organizations, to lead a healthy and happy life in their twilight years in all aspects.

Sixth, design appropriate and complete service facilities to enable the elderly to choose their favorite living environment; establish a community environment friendly to the elderly, encourage young people and the elderly to learn from each other, and build a community that is inclusive of the old and the young.

Seventh, provide practical experience and theoretical summary in various aspects such as welfare, security and services for the elderly, so as to provide reference for relevant departments to formulate and revise various policies and measures for the elderly.

4 The role of social work for the elderly

Social work service for the elderly can be divided into two types: micro direct service and macro indirect service. At the micro level, it is to provide direct intervention services directly to the elderly and their families, and its main goal and role is to help the elderly solve the role changes brought about by old age, so that they can actively maintain connection with society and maintain good daily life functions. Especially when the elderly encounter major life changes, such as hospitalization, bereavement, admission to pension institutions, dying and so on, it can provide a variety of supportive services for the elderly. The focus of social work for the elderly is to provide better social support for the elderly and to establish and make better use of social networks and social resources to enhance well-being.

At the macro level, social workers should also be involved in the formulation of social service programmes and related policies for the elderly with a view to building a society that is shared by all regardless of age.

Extended Reading

The Concept of "People-oriented" Holistic Care

Holistic care is a concept that provides services flexibly according to the physical, mental, social and spiritual needs of the elderly. There are four important core elements of holistic care: valuing the elderly themselves, considering them as independent individuals, taking the perspective of the elderly into account, and providing social and psychological support.

① Value the elderly themselves

In the traditional concept, care giving was considered sufficient when providing basic care, and sometimes negative impacts of certain behaviors exhibited by the elderly were complained about. However, if we use the concept of holistic care to look at the special behaviors of the elderly, we shift our focus from the negative impacts of these special behaviors to understanding the expectations and expressed needs and information behind the behaviors of the elderly, thus valuing the needs of the elderly themselves.

② Consider them as independent individuals

Each elderly person should be regarded as an individual with their own unique background, experiences and relationships. Therefore, no two elderly individuals should receive the exactly same care. Our care for the elderly must be personalized and cater to the uniqueness of the elderly and meet their different needs in all aspects of "body, mind, society and spirit".

③ Take the perspective of the elderly into account

Use the concept of holistic care to put yourself in the shoes of the elderly and understand his needs and difficulties. For example, giving them the respect they deserve as unique individuals, focusing on their abilities, emphasizing independence, respecting their past experiences, getting along with them from the perspective of adults to make them feel comfortable and willing to express, taking the initiative to socialize with others, connecting with others, caring about others, feeling life, and so on.

④ Provide social and psychological support

When the elderly try to communicate or socialize, it is important to respond as soon as possible and encourage them to communicate and get in touch with the outside world. Good social communications can effectively avoid social isolation of the elderly and keep them physically and mentally happy. At the same time, affected by aging, many elderly people will become negative, passive, and even depressed. The holistic care concept requires social workers to make the elderly experience happiness and joy, ignite the hope for life, so that the elderly have more confidence and ability to face the challenges brought by diseases.

| Step Three | Master the Contents and Characteristics of Social Work for the Elderly

According to the problems and needs faced by the elderly, the content of the society work for the elderly can be divided into two aspects: One is providing assistance for the difficulties faced by the elderly; the other is providing services to respond to the development needs of the elderly. Among them, solving the difficulties faced by the elderly mainly refers to helping and assisting the elderly to solve the difficulties of economic life, daily life care, body health, spousal or intergenerational relationships, and so on. Responding to the development needs of the elderly mainly means that the elderly may have some new needs after retirement, such as the need to receive continuing education, the need for interpersonal communication, the need to participate in voluntary organizations to serve others, the need to participate in leisure and entertainment activities with quality, and so on.

1 The main contents of social work for the elderly

According to the *Guide to Social Work Services for the Elderly* issued by the Ministry of Civil Affairs (MZ/T 064 – 2016), the contents of social work services for the elderly mainly include relief services, care arrangements, transformation of an age-friendly environment, family counseling, spiritual comfort, crisis intervention, social support network construction, community participation, education for the elderly, counseling services, rights and interests protection, policy advocacy, end-of-life care for the elderly, and so on.

(1) Rescue services

Rescue services mainly include the following.

a. Assess the basic material living conditions and economic situation of the elderly individuals, especially those who are empty nesters, advanced in age, disabled, and from families with special family planning circumstances.

b. Assist the eligible elderly individuals to apply for social assistance, such as government minimum living security, support for people in special poverty, assistance for disaster victims, medical assistance, housing assistance, temporary assistance, and so on.

c. Assist the elderly individuals in need to obtain donations, assistance and voluntary services from social forces such as units and individuals.

d. Provide corresponding services such as psychological counseling, ability improvement, social integration and so on.

(2) Care arrangements

The care arrangement mainly includes the following contents.

a. Organize and carry out the assessments of the ability for the elderly, including activities of daily living, mental state, perception and communication, social participation, in order to establish care files for the elderly.

b. Assist the elderly in need to obtain services such as home care and community-based day care.

c. Assist elderly individuals who are in need to apply for institutional pension services.

d. Coordinate long-term care arrangements for the elderly, especially the interface between home care, community-based day care and institutional care.

e. Assist carers to upgrade their care skills.

(3) Transformation of suitable age-friendly environments

The transformation of suitable age-friendly environment mainly includes the following contents.

a. Coordinate the assessment of the living environment safety of the elderly.

b. Assist elderly individuals, especially individuals those in need such as disability and mental retardation, as well as their families, in applying for government and social assistance to improve indoor lighting, optimize anti-skid measures, install bathroom handrails, etc. , in order to reduce the risk of accidents such as falls among the elderly.

(4) Family counselling

Family counseling mainly includes the following contents.

a. Assist the elderly in dealing with the relationship with their spouses.

b. Assist the elderly in dealing with the intergenerational relationship between the elderly and their children.

c. Provide counseling and guidance on marriage and relationships for the elderly.

(5) Spiritual comfort

Spiritual comfort mainly includes the following contents.

a. To identify the cognitive and emotional problems of the elderly, if necessary, coordinate with professionals for the assessment or diagnosis of cognitive and emotional problems.

b. Provide psychological counseling, emotional relief and cognitive regulation for the elderly in need to help them get rid of psychological problems such as depression, anxiety, loneliness and so on.

c. Help the elderly gain the respect, care and understanding of their relatives and friends.

d. Help the elderly adapt to the role transitions, redefine the value of their later lives , understand the meaning of life, and stimulate confidence and hope in living.

(6) Crisis intervention

Crisis intervention mainly includes the following contents.

a. Identify and evaluate the crisis faced by the elderly, including the source of the crisis, the degree of harm, the ability of the elderly to cope with the crisis, past coping styles and effects, etc.

b. Co-ordinate the formulation of crisis intervention plans, including problems or behaviors that need to be intervened, available strategies, available social support, establishment and division of labor of crisis intervention teams, emergency drills, information communication, and so on.

c. Deal with the most urgent problems in a timely manner, especially behavioural problems such as suicide and injury to others, which may endanger the safety of life. If necessary, coordinate the support of other professional forces and carry out physical restraint or other restrictive behaviors on the elderly.

d. Deal with the aftermath of crisis intervention, including the return visit to the intervention objects, the evaluation and summary of crisis intervention, and the improvement of emergency plans to prevent the recurrence of similar crises.

(7) Construction of social support network

The construction of social support network mainly includes the following contents.

a. Assess the social support network of the elderly, including the number, type, distance and functions of support at the individual level, as well as the problems and needs, resource allocation and demand satisfaction of the elderly at the community level.

b. Comprehensive use of various strategies to strengthen social support networks for the elderly, including individual empowerment and self-help, family caregiver support, neighborhood mutual assistance, volunteer links, community empowerment, etc.

c. Consolidate the effectiveness of social support network and establish a long-term mechanism.

(8) Community participation

Social participation mainly includes the following contents.

a. Carry out cultural, sports, entertainment and other activities suitable for the elderly, cultivate interest groups of the elderly, enhance their social activities and enrich their social lives.

b. Organize the elderly to actively participate in various voluntary services, cultivate a team of elderly volunteers, and develop voluntary service organizations for the elderly.

c. Support the elderly to participate in community consultation and make suggestions for community development.

d. Expand the channels of communication and community participation of the elderly and promote the social integration of the elderly.

(9) Education for the elderly

Education for the elderly mainly includes the following contents.

a. Evaluate the interests, hobbies and educational needs of the elderly.

b. Promote the establishment of various types of learning institutions and platforms for the elderly, such as senior universities and senior learning communities.

c. Carry out learning and training courses on health education, cultural traditions, safety prevention, and emerging media usage.

d. Encourage and support the elderly in forming various learning and exchange organizations, and engage in various learning and discussion activities to expand their social interactions.

e. Encourage the elderly to transform, apply and pass on their learning achievements, and encourage intergenerational learning and mutual understanding.

(10) Consulting services

Consulting services mainly include the following.

a. Coordinate relevant professionals to provide policy advice, legal advice, health advice, consumer consultation and other services for the elderly.

b. Improve the mechanism and process of providing information and answering inquiries for the elderly.

(11) Protection of rights

The protection of rights mainly includes the following.

a. Safeguard and protect the rights of the elderly in property disposal and marital freedom.

b. Discover and promptly report the damage to the rights of the elderly, such as abuse, abandonment, neglect and so on.

c. Carry out social publicity and public education to prevent discrimination, insults and other unfair and unreasonable treatment of the elderly.

d. Assist eligible elderly people to enjoy various old-age services of communities and institutions, and to receive subsidies for the elderly and old age allowance, etc.

(12) Policy advocacy

Policy advocacy mainly includes the following contents.

a. Study and analyze the imperfect and unreasonable contents of the laws, regulations and social policies related to the elderly in the formulation and implementation, and put forward policy improvement suggestions to the relevant functional departments.

b. To educate and publicize the public so that the elderly can get objective and fair social evaluation.

(13) hospice care for the elderly

Hospice care for the elderly mainly includes the following contents.

a. Carry out life education to help the elderly establish a rational concept of life and death.

b. Coordinate with medical personnel to provide proper care and pain management for the terminally ill elderly.

c. Pay close attention to the emotional changes of the elderly and provide corresponding psychological support.

d. Assist the elderly in fulfilling their outstanding wishes and handling other legal matters such as making wills and organ donations.

e. Assist the elderly, their families members, relatives and friends in resolving conflicts, saying farewell and other related matters.

f. Provide spiritual support for the elderly.

g. Provide grief counselling services for the elderly and their family members in need.

2 The characteristics of social work for the elderly

The main objects of social work for the elderly are the elderly and their families. Due to the particularity of the physiological characteristics, psychological status and social situation of the elderly, elderly social workers often encounter many specific problems, which is also the reason why the elderly social work is different from other fields of social work.

(1) Clients are often discriminated against because of their age

On the whole, some people in society have fears and misunderstandings about normal aging, and they are biased against the elderly. Elderly social workers often come into contact with the worst-off and most severely disabled groups of the elderly. Despite the proportion of elderly people receiving social work services in the elderly population is not high, social workers may still form negative views on the elderly and affect their attitude towards the elderly because of their own lack of experience and other reasons. Discrimination against older persons can also affect service programmes for older persons and lead to a lack of due services. Therefore, when carrying out social work for the elderly, social workers should seriously reflect on their values and learn the knowledge about gerontology in order to eliminate the misunderstanding and understanding of the elderly.

(2) Social workers are prone to counter-transference towards their clients

In the social work of the elderly, social workers may have counter-transference, which can manifest not only as a lack of patience and care towards the elderly, but also as a over-protection of the elderly and a desire to "save" them. When trying to save the elderly from failure, social workers tend to turn frustration into anger and hostility towards the elderly. Social workers pay attention to the problem of counter-transference and often reflect on what they have done to the elderly, which is very important for social work for the elderly.

(3) Social workers are prone to substitute trauma

Intercourse with the elderly always reminds social workers to pay attention to the process of life. Social workers may feel a deep sense of powerlessness when they see the irreversible process from birth to death. And it may trigger anxiety and sad reactions of social workers to death. Therefore, when doing tutoring for the elderly, social workers should examine how they feel about the elderly and how they feel about facing mortality and death. In their work, social workers should be good at using the supervision mechanism to solve the issues of job responsibilities, professional skills and emotional distress.

(4) The issues of service clients often need to be solved by multidisciplinary cooperation

The issues of the elderly are often complex and multiaspect, requiring collaboration across multiple disciplines. Social workers should understand how to coordinate and cooperate with different disciplines in order to provide more effective services to the elderly, so that the work can achieve better results.

Extended Reading

To Understand the Elderly from the Course of Life

From the perspective of life process, aging is the continuation of the growth and development of life. Therefore, how the elderly face the challenges and solve the problems during the aging process is related to the personality of the elderly and the way they handled the problems in the past.

People are influenced by social roles and social culture at every stage of their life. Physically, people go through the stages of infancy, childhood, youth, adulthood, middle age and old age from birth. Each person's development at different stages varies according to genetic composition, disease, and lifestyle. The stage of old age is a stage in the course of human life, and the health of the elderly will be affected by their physical condition and life experience. Therefore, the work of preventing diseases and strengthening physical and mental health must start as soon as possible. And all human development and adaptation are not limited to childhood. People constantly adjust and learn in the course of life in order to adapt to the physical, psychological and social roles at all stages.

People usually have a series of development and growth tasks associated with it at each stage. Adolescence requires the establishment of self-identity and the shift of focus from the family of origin to peers. In youth, you need to make career choices and choose a life partner. During the period between youth and middle age, personal attention is mostly focused on getting married and starting a career, and begin to look for social and financial stability. As for the elderly, in today's living environment, they should face many different choices and complete many tasks of continued development. According to their education level, nature of work and economic conditions, the elderly may choose to retire completely, do what they like, volunteer and pursue further studies; or semi-retire and continue to support future generations with their own professional experience; or they may continue to do the work they like and devote themselves to it. I have a friend who works as a social worker. He worked as a professor at Columbia University's Institute of Social work for 60 years until he retired from teaching at the age of 93. Of course, the elderly with good financial conditions can have more choices, while those without families or lack of economic resources may be more challenging in aging. Therefore, the development of social services should be diversified, which can provide different employment training or employment services for the elderly, and establish a friendly service environment, living environment and learning environment with long-term care for the elderly who are in need of support because of illness. Regardless of whether the elderly are in good health or not, they need society to provide them with opportunities to continue to grow, learn and contribute.

Social workers need to learn about the personality, social and family support systems, physical and mental health, problem coping and past solutions of the elderly through their life history, so as to enhance their autonomy and support them to actively face and solve problems in a way that they and their families deem reasonable.

Task Work Order

Knowledge Preparation of New Social Workers

Task Name		**School Hours**		**Training Object**	
Student Name		**Contact Number**		**Task Grade**	
Task Device		**Operating Time**		**Operating Location**	
Scenario Introduction	Xiao Zhang is an intern who has just entered the organization. In order to help Xiao Zhang better adapt to his job and understand the organization's services, the organization arranged for Lao Zhang, a social worker, to lead Xiao Zhang to visit the community. In the course of visiting the community, Xiao Zhang has found the following issues. Some elderly people said that their issues could be solved by themselves and did not need the help of others; some elderly people were frail and inconvenient to move; some elderly people had no pension and had difficulties in living; some elderly people had good financial conditions but feel lonely and isolated because their children were not with them; some elderly people reflect that there are too few cultural activities in the community and lack a stage to show their talents; some elderly people are neglected or even abused by their families, so it is difficult to protect their legitimate rights. In the face of the complex community situation, Xiao Zhang returned to the organization with a series of questions. Such questions include: What are the clients of social work for the elderly, What kind of services can we provide? What are the service objective? After returning to the organization, Xiao Zhang threw out his questions and wanted to get the help of the supervisor. Instead of, directly answering Xiao Zhang's questions, the supervisor accompanied him to read a lot of materials about social work and social work for the elderly, and advised Xiao Zhang to make preparations before starting the job				
Task Description	If you are a supervisor, how can you help Xiao Zhang to prepare for the job				
Task Analysis	For new social workers, they tend to have a strong sense of strangeness to the field and working environment they serve. Therefore, we can help them to understand and familiarize themselves with the basic concepts and service objects of social work for the elderly, so as to make them understand the areas they serve more quickly. In addition, in view of the fact that they are not familiar with the service environment, we can also help newly hired employees familiarize themselves with the environment through various means such as organizing orientation meetings, community visits, or arranging for experienced employees to share				
Task Purpose	a. Understand the definition of social work for the elderly. b. Be familiar with the goal and function of social work for the elderly. c. Master the contents and characteristics of social work for the elderly				

(Continued)

Operation Precautions	a. When conducting task analysis, it should be noted that those with and without experience, those who have received social work professional training and related professional training and those who have not received social work professional training and related professional training have different needs for this part of the task. b. When arranging activities, attention should be paid to meeting the needs of scientific and diversity. c. In the course of activities, attention should be paid to individual differences	
Task Implementation	Preparatory work	
	Implementation process	
	Implementation summary	
	Implementation evaluation	
Teacher Evaluation		

Task 2 Understanding the Clients of Social Work for the Elderly

The elderly group is one of the main service objects of social work for the elderly. Therefore, an in-depth understanding of the elderly can help social workers better understand the clients, strengthen the understanding of their thinking and behavior, and facilitate social workers in the follow-up service. Find the potential service demand from the group law.

Working Steps

Understand the Physiological Characteristics of the Elderly

↓

Understand the Psychological Characteristics of the Elderly

↓

Be Familiar with the Social Characteristics of the Elderly

Activity Contents

Read the case study, analyze why Director Yao and the retired elderly in Lixian County still actively participate in social activities after retirement. What is the impact of active participation in social activities on the physical, psychological and social communication of the elderly?

Scenario Introduction

Three years ago, at the invitation of Ms. Li, the community director of the retired bicycle factory workers' hospital, Director Yao, came to the community office to become a community health doctor, voluntarily measuring blood pressure for residents twice a month and providing guidance on their illness. Over the past three years, Director Yao's practice of free clinic has never changed, without interruption, sometimes sitting for more than three hours. As a result of wearing a stethoscope for a long time, Director Yao's ears hurt too much to touch, but he still endured the pain and patiently answered for the residents. In more than three years, Director Yao has received more than 4, 000 patients. Director Yao said: "If I want to make money, I can work at a hospital, but I don't think it is necessary to excessively pursue material wealth. Spiritual enrichment is the most important thing. I feel happy to serve the residents, and the residents trust me, which is enough." The elderly know how to enjoy the pleasure of serving others in order to enjoy their twilight years.

A hundred retired elderly people in Lixian spontaneously raised funds to set up the Lipu Poetry Society. They hope to achieve a sense of worthiness and contribute to society through their own efforts. As the saying goes, "Old age does not prevent me from feeling young again". Through poetry, they praise the beautiful years, magnificent mountains and rivers, and the glory of reform, carry forward the truth, goodness and beauty, and spread knowledge and civilization. According to the introduction by the person in charge of Lipu Poetry Society, since its establishment in 1983, the poetry society has been holding bi-montly gatherings for the elderly to learn and share chinese poetry and literature. The elderly enjoy intellectual activities and social processes in their activities. At the same time, such activities also improve the physical state and psychological mood of the elderly, and improve their social and cognitive functions. The praise of life and the perception of beauty make the elderly have a more positive and healthy state of mind.

Thinking and Discussion

Just imagine, when you are old, how will you arrange your retirement? And give a reason.

____

____

| Step One | Understand the Physiological Characteristics of the Elderly

The World Health Organization (WHO) criteria for the age of the elderly: people over 65 years old are called elderly people in developed countries, while people over 60 years old are called elderly people in developing countries. In our country, people aged 60 and above are usually called elderly people.

With the increase of age, the physiological function of physiological tissues and organs of the elderly gradually declined, and the metabolism and endocrine of the body changed. Aging is reflected not only in physical features, but also in the degenerative changes in the structure and function of tissues and organs, such as narrowing the range of environmental stability, decreasing reaction, adaptability, immunity and resistance. In some cases individual organs may even lose their functionality. The basic structural changes are reflected in the decrease of cell number, atrophy, increase of cellular stroma, intracellular lipofuscin deposition, tissue fibrosis and sclerosis.

1 Changes in the nervous system

The volume and weight of the brain of the elderly are gradually reduced. The main manifestations of decline caused by brain aging are as follows: forgetfulness, decreased perception, decreased thinking agility, significant decline in learning and language ability, but no decrease in intelligence; an increase in the intensity and persistence of emotional experience, such as irritability, nagging, etc; the scope of interest in things becomes smaller, it is easy to form a sense of loneliness and inferiority, behavior and thinking become rigid, and it is easy to produce psychological states such as anxiety, fear, depression and so on.

2 Changes in the sensory system

Sensory organs include vision, hearing, taste, smell and touching. The structural atrophy and degeneration of sensory organs have a great impact on the physiology and psychology of the elderly. Aging and disease state can reduce the function of sensory organs and reduce the ability of sensory organs to receive and perceive information. In addition, the elderly's sense of touch, temperature, motor position, pain and so on have varying degrees of decline. The elderly gradually have a feeling of isolation from their surroundings, thinking that everything around them is unrelated to them, which will lead to loneliness, indifference, and even psychological reactions such as paranoia and depression.

3 Changes in the motor system

After the age of 50, muscle fibers gradually atrophy, muscle rigidity, muscle strength decline, physical activity ability decline, easy fatigue, low back pain, hunchback and fracture. In addition, the abdominal wall thickens, the waistline becomes larger, and the movement is gradually clumsy and slow.

The loss of bone calcium in the elderly is becoming more and more serious. The decrease of sex hormone level directly affects bone transformation, resulting in massive loss of bone calcium and osteoporosis. Osteoporosis occurs mostly in long bones, skulls and pelvis, with women being particulary susceptible. This may be related to the loss of assimilation of sex hormones. Almost all elderly people are accompanied by varying degrees of hyperosteogeny, and osteogeny mostly occurs in the sacral segment or lumbosacral segment of the spine.

Articular cartilage wear and fibrosis, joint capsule sclerosis, so that the joint flexibility is reduced. The intervertebral disc atrophy becomes thinner, the spine becomes shorter and bends easily, which reduces the height of the elderly.

In addition, with the increase of age, the decrease of proteoglycan content in bone, long-term stimulation of living environment, including mechanical and trauma, as well as the damage of chondrocytes caused by free radicals, it is easy to cause degenerative osteoarthritis in the elderly.

When people reach old age, the teeth will shake or even fall off due to the atrophy of the root and gingival tissue.

4 Changes in the cardiovascular system

The changes of cardiovascular system in the elderly are mainly reflected in coronary arteriosclerosis, lumen stenosis, decreased myocardial blood supply, myocardial dystrophy, myocardial cell atrophy, myocardial fibrous tissue infiltration, lipofuscin deposition and fibrosis. Long-term myocardial overload can lead to myocardial hypertrophy, especially left ventricular hypertrophy, and further aging of the heart valve can affect the function of the valve. Due to the increase of myocardial hardness, the decrease of compliance and the decrease of cardiac compensatory capacity, the elderly are prone to heart failure.

With the increase of age, systemic vascular degeneration and pathological atherosclerosis will occur. The elasticity of capillary wall is poor, brittleness and permeability increase, and blood flow slows down, so the elderly are prone to ecchymosis after mild trauma. Due to the decreased sensitivity of carotid sinus and aortic arch baroreceptor, blood pressure is easily affected by postural changes, and the elderly are prone to postural hypotension. Due to systemic vascular degeneration, the blood perfusion of various organs in the elderly decreased, especially in cerebral artery, coronary artery, liver and kidney.

5 Changes in the digestive system

The digestive system is an important tissue and organ for the human body to obtain nutrition and survive, which is composed of digestive tubes and digestive glands. Its basic function is to intake and absorb nutrients and excrete the food residue after digestion and absorption. With the increase of age, the daily activities of the elderly decrease, the basic metabolic rate decreases, the function of digestive organs decreases, and various protective mechanisms of gastric mucosa are weakened, which can lead to digestive system disease in the elderly, such as gastric ulcer, gastric cancer, cholecystolithiasis and colorectal cancer.

The salivary glands of the elderly are atrophied and saliva secretion is reduced, which is easy to cause oral dryness, which reduces the natural cleaning and protective function of the oral cavity, and then leads to infection and ulcer of oral mucosa in the elderly. With the increase of age, the enamel and dentin on the occlusal surface of teeth gradually wear out, which can easily lead to gingival atrophy, tooth root exposure; gradual atrophy and decrease of taste buds lead to a decrease in taste and a preference for stronger flavors in older adults; masseter muscle and weakness of mastication, which leads to loss of appetite in the elderly.

The esophageal smooth muscle of the elderly is atrophied and the contractile force is weakened, which can easily lead to delayed food emptying and decreased swallowing function. Some elderly people are prone to reflux esophagitis and hiatal hernia due to the decrease of lower esophageal sphincter pressure.

In the elderly, the gastric mucosa became thinner, the glandular cells atrophied and degenerated, and the gastric juice secretion decreased. Atrophy of gastrointestinal wall smooth muscle weakens gastrointestinal peristalsis, delayed food emptying and reduced secretion of digestive enzymes, which can easily cause indigestion and constipation in the elderly.

The digestion and absorption function of the elderly is poor, which is easy to cause protein and other nutrition deficiency, leading to liver fat deposition. The elderly gallbladder and bile duct wall thickening, poor elasticity, bile excretion function decreased, prone to cholestasis, thickening, and bile contains a lot of cholesterol, so the elderly are prone to cholecystitis and cholelithiasis.

In the elderly, due to pancreatic atrophy, decreased secretion of pancreatic juice, decrease in the amount and activity of digestive enzymes, affecting the digestion and absorption of starch, protein and fat; islet cell degeneration, reduced or delayed insulin secretion, and decreased glucose tolerance, increase the risk of developing type 2 diabetes.

6 Changes in the urinary system

With the increase of age and the gradual aging of the human body, the genitourinary system has also undergone a series of aging changes and functional degradation. The kidney undergoes a series of anatomical, physiological and pathophysiological changes: (a) decrease of renal weight and decrease of cortex; (b) decrease of renal blood flow and decrease of cortical blood flow, decrease of responsiveness to vasodilators; (c) decrease of glomerular filtration rate; (d) changes in renal tubular function, including impaired sodium retention and excretion function, impaired concentration and dilution function, impaired uric acid function, and so on.

In the elderly, the bladder muscle atrophied, the muscle layer became thinner, the fibrous tissue proliferated, the bladder muscle contracted weakly, and the capacity of the bladder decreased by about 40% after the age of 50 compared with that of the age of 20.

Extended Reading

A Healthy Lifestyle Can Reduce the Risk of Alzheimer's Disease

Although there is no cure for Alzheimer's disease, a healthy lifestyle may reduce its risk, according to a study from the University of Pennsylvania.

Alzheimer's disease is divided into two types: early-onset and late-onset. The former mainly affects people under 65 years old and is usually related to family inheritance. While the latter affects people over 65 years old, and the cause is not clear. However, the researchers believe that it may be the result of a combination of lifestyle, environmental factors and genetic factors. In Alzheimer's disease, an abnormal protein forms in the brain and spreads to other parts of the brain, causing the death of normal brain cells. Its early signals include difficulty remembering the names of old friends, slow response, and then symptoms such as getting lost, repeating the same thing, forgetting to take medicine, and so on.

Researchers say a healthy lifestyle can reduce the risk of developing Alzheimer's disease. The most effective way to have a healthy lifestyle is to keep exercising, eat a healthy diet and get enough sleep. Such as adhere to fast walking, jogging, cycling, swimming and other aerobic exercise, eat less red meat, limit drinking and so on. The American Alzheimer's Association also recommends that older people engage in normal social activities to keep their brains active.

| Step Two | Understand the Psychological Characteristics of the Elderly

Life is like a symphony, although the whole repertoire has its ups and downs, but the best part is in the final movement—the stage of old age. A complete life process includes not only the youth and middle age, but also the old age. The beauty of the morning and the splendor of noon are good, but life in old age also has its unique fun, not inferior.

1 Cognitive function and intelligence of the elderly

In many ways, the elderly have a complete and flexible mind. Fear of intellectual degradation in the elderly, as well as discrimination and negative perceptions of the elderly, are social prejudices and misunderstandings about the elderly. Although some elderly people have the phenomenon of intellectual aging because of disease, the decline of their cognitive function is not part of the normal aging process, and most elderly people still have sufficient ability and wisdom to create and enjoy a meaningful and satisfactory life.

There are three levels of cognitive function in the elderly.

① Intelligence

Intelligent refers to the limit of personal performance, which depends on physiological and genetic factors, but the ability to reach the limit will be affected by environment, opportunity and educational training.

Intelligence mainly includes two forms: crystallized intelligence and fluid intelligence. Crystallized intelligence, also known as cumulative intelligence, is the knowledge and ability acquired by individuals through education and life experience; fluid intelligence refers to skills determined by physiology and has nothing to do with experience and learning, which is widely known as "innate intelligence".

② Learning

Learning refers to the process of storing new information or skills in the memory system.

③ Memory

Memory refers to the process of retrieving or recalling information stored in the brain when needed, including intelligence and intellectual skills. Memory is a way of thinking, through which a person obtains information and analyzes it, establishes new ideas, and applies them to daily life.

2 Mental health standards and psychological characteristics of the elderly

Entering the stage of old age, various physiological functions of the human body are in decline. At the same time, the elderly are often faced with life events such as changes in social roles, diseases, bereavement and so on. If the elderly do not adapt well in this special period, it will often cause psychological problems, and even serious mental disorders, thus damaging the health of the elderly and reducing the quality of life. Therefore, the mental health problems of the elderly must be highly concerned, and full social support should be given to the elderly to help them improve their social adaptability so as to promote their adaptation to aging.

(1) Mental health standards for the elderly

With regard to the standards of mental health of the elderly, a number of scholars have put forward their own views. Based on the research of psychological experts domestially and internationally on the mental health standards of the elderly, combined with the actual situation of our country, the mental health standards of the elderly in China include the following six aspects.

① Cognitive normal

Cognitive normality is the most basic psychological condition of the normal life of the elderly and is the primary standard of mental health. The cognitive normality of the elderly is reflected in: (a) normal perception, basically accurate judgment of things, without illusion; (b) clear memory without forgetting major events; (c) clear thinking, without logical confusion; (d) imagination ability having a rich imagination in daily life and being able to we imagination to set achievable goals for oneself; (e) general ability to maintain daily life.

② Emotional health

Emotional stability is an important sign of emotional health. The mentally healthy elderly can correctly evaluate their personal ability, do what they can, and often maintain a happy, optimistic, cheerful, open-minded and stable mood; when they encounter difficulties and misfortunes, they can control their emotions rationally and vent their bad emotions moderately, and quickly restore calm and re-adapt to the environment.

③ A harmonious relationship

The elderly who have a harmonious relationship are happy to communicate with others, have a harmonious relationship with their families, care about others, and can receive genuine understanding and respect from their families members; they can communicate frequently with friends, can be lenient to others, and maintain an independent and complete personality in their interactions.

④ Environmental adaptation

Environmental adaptation is reflected in that the elderly can maintain moderate contact with the external environment, are willing to take the initiative to understand all kinds of social information through various channels, are good at learning new things, can correctly understand and evaluate the current social situation, and try to adapt to the new way of life.

⑤ Normal behavior

The normal behavior of the elderly can complete normal life, work, study and entertainment activities, but the behavior characteristics are in line with their age, identity, status and personal cultivation.

⑥ Sound personality

The elderly with sound personality are mainly reflected in: (a) maintain a positive and enterprising outlook on life, with more positive emotions than negative ones; (b) correctly evaluate personal and external things be good at listening to others' opinions, effectively control one's own behaviors, reduce blindness and impulsiveness; (c) display strong willpower, can withstand the strong stimulation of external things, appropriately vent emotions, calmly deal with all kinds of difficulties; (d) harmoniously integrate the psychological characteristics such as ability, interest, character and temperament.

(2) Psychological characteristics of the elderly

With the decline of physiological function and the change of social role, some special changes have taken place in the psychological state of the elderly, which affect their mental state, physical health, as well as the prevention and prognosis of diseases. Therefore, it is necessary to grasp the psychological characteristics and influencing factors of the elderly, and take targeted measures to maintain and promote the mental health of the elderly. The psychological characteristics of the elderly are shown in the following six aspects.

① Perceptual aspect

Perception is the earliest psychological function of individual development and decline. The psychological change of the elderly begins with the gradual change of perception. The aging and functional decline of sensory organs lead to the decline of sensory functions of the elderly, such as sight, hearing, smell, taste, among which vision and hearing are the most obvious, followed by taste and pain perception. This leads to slowed reactions, reduced mobility, lack of concentration, and increased risk of falling in the elderly. Consequently, they may experience negative emotions such as pessimism, loneliness, indifference and suspicion.

②Memory

Memory refers to the process that people perceive or experience the impression of things in the brain to remember, maintain and restore. The memory of the elderly will gradually decline, and its memory characteristics are as follows: (a) Memory capacity decreases with age. (b) Conscious memory is mainly, supplemented by unconscious memory. (c) Meaning memory is intact, mechanical memory is poorer. (d) Recognition ability is still good, recall ability is poorer. For example, the elderly may recognize familiar faces but have difficulty recalling names. (e) Long-term memory is still good, short-term memory is poorer.

③ Changes in intelligence

Intelligence is the ability to learn or to acquire practical experience. The brain tissue of the elderly gradually atrophied and their intelligence decreased. The main changes in intelligence are as follows: operational IQ decreases obviously, it is more difficult to learn new things; the decline of language IQ is not obvious, and the ability of synthesis, induction, generalization, judgment and reasoning will become better because of many years of life experience. Therefore, there is an unbalanced trend in the change of intelligence of the elderly, with the characteristics of multi-dimensionality and multi-directionality.

④ The change of thinking

Thinking is the general and indirect reflection of the human brain to the objective reality, it reflects the nature of things and the regular relationship between things, including logical thinking and image thinking. In psychology, it specifically refers to logical thinking. Due to the decline of memory capacity, the elderly are affected in terms of concept formation, problem-solving, creative thinking and logical reasoning. Especially in terms of agility, flexibility, fluency, flexibility and creativity, their thinking abilities are inferior to those in the young and middle-aged stages, and there are great individual differences.

⑤ The change of personality

In psychology, personality refers to individual characteristics or personality, mainly refers to the unique and stable way of thinking and behavior style, including outlook on life, values, ability and morality, personality habits, interests and hobbies and so on. At the stage of old age, there are corresponding changes in personality, such as anxiety, conservatism, loneliness, capriciousness caused by excessive worry and attention to health and economy, nostalgia and cynicism caused by being unable to grasp the status quo.

⑥ The change of emotion and will

Emotion is the attitude experience of people towards objective things, which is more inclined to the attitude experience of social needs and desires. Due to the difference of social status, living environment and cultural quality, there are great differences in the emotion and will process of the elderly. Changes in living conditions and social status can lead to emotional changes, not caused by age itself.

(3) The factors influencing the changes of psychological characteristics of the elderly

① Physiological function decline

Entering the stage of old age, there will be aging of human tissues and organs, and the physiological function will decline with age. When the visual and auditory function of the elderly, especially the auditory function, decreases significantly, the elderly's ability to understand other people's language decreases, particularly when dealing with unfamiliar content. The decline of taste and olfactory function will make the elderly feel tasteless and easy to be picky.

② Changes in social roles

After the elderly leave work, due to the change of social role, the social status, economic status and family interpersonal relationship may change, and the leading role may be reduced. Therefore, elderly individuals often feel that their opinions are no longer valued as they once were, which can lead to feelings of emptiness and emotional depression.

③Disease

Many diseases will affect the psychological state of the elderly. For example, cerebral arteriosclerosis can lead to insufficient blood supply to the brain, resulting in cognitive decline and memory loss. Cerebral infarction and chronic heart failure can lead to the elderly life part or even completely unable to take care of themselves. Some diseases are not cured for a long time, and it is also easy to make the elderly have psychological problems such as pessimism, loneliness, despair and so on. In addition, elderly people with more serious diseases have worries and fears about aging and death.

④ Decreased nutritional status

The second national nutrition survey shows that the calcium intake of the middle-aged and elderly in China is only 57% of the recommended supply, riboflavin is 67. 2%, vitamin A is 68. 8%, and zinc is 86. 4%, the intake of these nutrients is more significantly lower than the recommended amount, resulting in the lack of some nutrients. When the intake of nutrients is insufficient, the human body may appear lethargy, fatigue, memory loss, apathy, and even depression and other mental and neurological symptoms.

⑤ Bereaved

The spouse is the most important partner and main caregiver for the elderly. As the saying goes, "young couples are old partners". Losing a partner in old age is an unbearable pain for the elderly and will have a serious impact on their spirit. The expression of sadness of the elderly after bereavement is a psychological response of the body to adapt to the crisis, but if it is immersed in a state of sadness for a long time, it will be harmful to health.

Extended Reading

Standards for Mental Health of the Elderly Put Forward by Different Scholars

The 10 standards of mental health put forward by American psychologists Abraham Maslow and Mittleman are regarded as the "most classic standards": (a) have sufficient sense of security; (b) know yourself well and be able to make a proper estimate of their abilities; (c) have realistic goals and ideals; (d) keep in touch with the real environment; (e) maintain the integrity and harmony of personality; (f) have the ability to learn from experience; (g) maintain good interpersonal relationships; (h) appropriately express and control their emotions; (i) give full play to their talents and interests without violating the collective consciousness; (j) properly meet the basic needs of individuals without violating social ethics.

Professor Xu Shulian, a famous geriatric psychologist in China, summarizes the criteria of mental health of the elderly as follows: (a) love life and work; (b) feel cheerful and metall content; (c) have stable emotions and strong adaptability; (d) have an outgoing personality and be reasonable; (e) have strong interpersonal adaptability.

| Step Three | Be Familiar with the Social Characteristics of the Elderly

1 The social role and support of the elderly

(1) Social roles

With the advancement of the aging process and the growth of age, people need to re-adapt and adjust in the face of changes in social roles and interpersonal relationships. The aging process is a process of life growth and maturity for everyone, including the elderly. In this process, the elderly, such as young people, need to adapt and adjust in time in the face of changes in social roles and interpersonal relationships, such as employment, marriage, childbirth and so on.

The adaptation and adjustment of the elderly mainly include physical condition, psychological needs, family relations, work or retirement life. For example, after retirement, some elderly people may gradually lose contact with their former friends because they have reduced their daily social contacts; some elderly people may continue to participate in different activities and re-establish new friends after retirement, or regain the friendship of old friends who don't get in touch with each other very often when they are busy at work. These friends and other harmonious relationships are important support for the elderly, as well as a source of their happiness and sense of belonging.

(2) Social support

After the retirement of the elderly, if the adult children have formed another family, then there may be only themselves and their couple at home. The relationship between the elderly couple is a great test. The two people are together day and night and are inseparable, which requires both partners to make an effort to adapt and adjust to this new dynamic. A meaningful aging process requires three important factors: economic situation, marital relationship and friendship, commonly known as "financial security, spouse, friends". The latter two factors are important social support for the elderly in addition to their children and grandchildren. Economic situation is an important factor affecting the lives of the elderly. If necessary, employment in old age can also improve the economic situation of the elderly. People's life is always full of opportunities and challenges. The elderly are different from people of other ages in many ways because they have different expectations for life. It is very important to guide and encourage the elderly to establish harmonious marriage, family and other interpersonal relationships, and to build a solid social support system.

In theory, social support includes informal social support system and formal social support system. Family or friends are the informal social support system for the elderly, which plays a very important role in supporting the life satisfaction and sense of belonging of the elderly. Formal social support system refers to the formal social service system. Social workers assess the social support system for the elderly, in addition to assessing the impact of its quality and quantity on the elderly, including psychological or physical support, the frequency and extent of support, and whether the elderly are satisfied with the support. The two-way relationship between the elderly and their family and friends has a very important and decisive impact on the physical and mental health and quality of life of the elderly. Maintaining a good relationship between an elderly person and his family and friends can contribute to a meaningful aging process. On the contrary, extreme social isolation and disharmonious interpersonal relationships can lead to an increase in mortality among the elderly.

In the process of taking care of the elderly, elderly social workers should respect the elderly, enhance their confidence, think and discuss the problems they encounter from the perspective of the elderly, and help them actively face the challenges of physical, psychological and social role changes brought about by aging. Elderly social workers also help older persons assess family and environmental factors and assess the positive or negative effects of family and environment on the quality of life and independence of older persons.

2 The change of the social role of the elderly and the reorganization of family relations

Because women generally live longer than men, older men have more opportunities to live with their spouses, while older women are likely to face a lonely life after bereavement. Due to the gap in life expectancy between the sexes, older women are more likely to live alone after the age of 65 (McInnis-Dittrich, 2012), which is a common phenomenon in the world. Although the number of elderly couples will decline with age, there are still many elderly couples who can spend their twilight years together. It is a happy thing for the elderly to be together in their old age, but they also have to adapt to changes in all aspects of life and face a variety of challenges, including the relationship between husband and wife, the relationship between parents and adult children, illness, financial problems and so on. When adult children finish their studies, most of them set up their own families and rarely live with their parents. So the elderly couples will find themselves returning to a two-person world and need to gradually adapt to the empty nest syndrome. When their children are young, many couples live around their children and maintain a harmonious relationship between husband and wife. For these couples, the responsibility of raising children is the key to maintaining a marriage, while the relationship between husband and wife is secondary. So when the adult children leave home, the couple may look like strangers. They only regard each other as the "father" or "mother" of their children, and the relationship between husband and wife is not close. It is necessary for these elderly couples to re-adapt and adjust their relationship and re-establish a model of getting along.

Most elderly couples have different expectations for their families and their children at different stages of growth. Elderly social workers should be evaluated according to the characteristics of different families. A research points out that each couple has different views and reactions to the common life process, which can be divided into two categories conceptually: one is reactive adaptation, the other is proactive choice. These different attitudes will directly affect the quality of life of the elderly in their later years.

The first mentality will make the elderly feel sad and powerless because they feel that they do not have any control. The second mentality will make the elderly actively choose to adapt and adjust their empty nest life. In fact, the second mindset will encourage the elderly to prepare ahead of time for their old age and enjoy their togetherness. For example, the elderly can plan to travel, attend a senior university, volunteer, and so on. They will expect their adult children to become independent and leave them soon. These elderly couples will enjoy the days of being together and free, and feel relaxed and happy to fulfill their responsibilities as parents. This kind of elderly is more chic and unrestrained, willing to let go of their children so that they have more room for development, and they also seize the opportunity to learn new knowledge and become free-spirited and open-minded, becoming loveable and admirable individuals that everyone admires and wants to be around. According to geriatric psychology, one's character does not change as a result of aging. In other words, personality orientation is quite stable. Stubborn young individuals will become stubborn elderly individuals, romantic young individuals will become romantic elderly individuals, so handsome and lovely young individuals will certainly become unrestrained and lovely elderly individuals. As a young man, you can imagine that when you become an old man, your character will be the same as it is now. In other words, this young heart will stay in your aging body forever. Therefore, no matter how old the elderly are, they can share a harmonious and romantic marriage with their partner and continue to learn in life and practice every life test in the engagement together. Some elderly couples choose to help their children take care of their grandchildren, strive to play the role of grandparents, re-participate in family life and continue to contribute to the family. In addition, some elderly couples may choose to pursue their dreams in their old age, such as law, literature, traditional Chinese medicine, and so on. These are new changes and adjustments to life and life. The author knows some old people in wheelchairs who learn wheelchair dance and live a wonderful life. The choice and fighting spirit of life in old age vary from person to person, regardless of the physical status of the elderly, the elderly should be encouraged to participate in meaningful activities. A study has confirmed that these meaningful social participation have a positive impact on the body and mind of the elderly.

3 The social adaptation of the elderly in transition

Social workers need to assist elderly couples in transitioning and learning how to deal with "loss", such as loss of health, loss of loved ones, loss of harmonious family relationships, loss of good friends, or loss of opportunities for autonomy as a result of lifestyle changes in old age. Social workers need to understand the personal meaning and interpretation of different types of "loss" on the elderly and the psychological impact of "loss" on them. For example, the elderly may think that their partner has lost the ability to cook or handle housework after illness, so they have to be admitted to a nursing home. At this time, social workers need to help them understand that this decision will lead to other more serious losses, such as the loss of a sense of independence, freedom and the intimacy of the sense of security couple after admission to a nursing home. In this situation, social workers can help primary caregivers and caregivers learn new skills or use support services so that elderly couples can continue to live together at home. Aging in place, also known as saying at home for retirement, is very important for the elderly.

Elderly couples will also face other difficulties caused by "loss". For example, a retired husband will stay at home all day and do housework with his wife. These husbands often apply the same set of skills and knowledge they used in their previous administrative and managerial roles to their home life. The wife may feel like she has lost her autonomy at home, while the husband may feel worthless, inactive and anxious because he has nothing to do after retirement. What elderly social workers need to do is to help them use creativity to solve the problem of family division of labor, or to provide them with opportunities to learn or participate in social activities, and to expand their life circle, in order to establish meaningful relationships outside the relationship between husband and wife.

In addition, social workers can also create opportunities for elderly couples to master and control their lives, such as learning a new musical instrument or a language and volunteering to help others in need. It is also important to give the elderly the confidence to face the changes brought about by physical aging. If the elderly feel in control of their lives, it plays an important role in preventing geriatric depression. In fact, we can deal with the challenges brought by "loss" flexibly. Although the sick wife can no longer cook, she can instruct her wife to cook or give advice on recipes. Although the sick husband can't repair the electrical appliances at home, he can teach his wife how to operate it. When both parties are willing to understand and respect each other, social workers can help them explore what they can, so that they can redefine and maintain roles that they find meaningful, thus helping them avoid experiencing a tense marital relationship. A harmonious and deep marital relationship requires effort and nurturing.

When one of the couples "loses" their original role in the marriage because of illness, they may be worried about it. As the husband who has been the pillar of the family, he may feel anxious after retirement, believing that he no longer contributes to the family. A wife who has been in charge of housework may also feel depressed if she is not contributing to the family due to her illness. Couples need to continue to affirm each other's role in the relationship. Social workers should also convince them that marriage is a lifetime commitment and that no challenge in life will change it. The following analogy can be used to explain the marriage more vividly. If marriage is boating, then the people on board should try to keep the boat steady. When the storm comes, what the ship needs most is mutual cooperation and support. If marriage is a jigsaw puzzle and it takes a long time for both husband and wife to put it together, then they don't have to throw away the whole puzzle because some of them are inappropriate (life challenges).

In the process of aging, couples may face a variety of physical and psychological challenges, what they need most is to meet these challenges through the knowledge and skills they have acquired. Knowledge is power. Social workers need to provide this knowledge to elderly couples and their families. Elderly couples may temporarily lose their ability to cope in the face of physical illness or other difficulties. In such cases, social workers should assist them in understanding their needs and guide them in utilizing relevant resources to meet their needs. Older people may feel frustrated and embarrassed when they ask for help. Social workers should encourage the elderly to seek assist from their families or professionals while being sensitive to their self-esteem.

When providing direct assistance and guidance to the elderly, socical workers should use words carefully and avoid solely using the term "help". Words like "help" can imply that social workers are competent and superior. In order to show respect and balance of power, older persons should be asked if they are willing to give social workers a chance to support them. Furthermore, social workers must prioritize maintaining the dignity of the elderly, as it is a fundamental professional responsibility. Afterwards, we should thank the elderly for their willingness to accept the service and show that it is a wise and brave choice.

Extended Reading

Self-esteem and Self-efficacy of the Elderly

With the transformation of the social role of the elderly, the most important adjustment of the third-year-age is to redefine self-concept and self-cognition. Self-concept comes from the interaction between individual and social environment, social roles and achievements. The self-concept of the third-year-age is based on his social roles (family role, occupational role, professional role) and other people's expectations of him. The loss of related roles has a great impact on their self-esteem. Self-esteem refers to the evaluation or feeling of one's own identity with reference to a certain ideal or standard. Self-esteem is based on self-emotional assessment, while self-concept is a cognitive definition of personal identity. Men's sense of achievement and leadership tends to peak between the ages of 35 and 49, before gradually declining. On the contrary, women's sense of achievement and leadership peak during pregnancy and child-rearing, then decline gradually until they rise again at the age of 65. The fluctuation of self-esteem in the life cycle reflects people's understanding of life responsibilities and their ability to assume these responsibilities.

If the elderly are satisfied with their lives, their ability to adapt to the environment will be greatly improved. Psychologists have studied the relationship between life satisfaction and successful adaptation, pointing out that when the elderly can adapt better to the challenges and pressures in life, they seem to be more satisfied with life because they have a stronger sense of achievement. No matter how satisfied the elderly are with their lives, they can find some meaningful activities in their old age to compensate for the loss of some roles in their old age.

Task Work Order

Recognize the Clients of Social Work for the Elderly

Task Name		**School Hours**		**Training Object**	
Student Name		**Contact Number**		**Task Grade**	
Task Device		**Operating Time**		**Operating Location**	
Scenario Introduction	Grandma Li is 82 years old, and her husband passed away last year. Grandma Li has two children, both of whom have already settled down with their own families. After graduating from university, her son study abroad in the United States and eventually settled there. After graduating from a normal school, her daughter went to work in another city married a local resident, also settling there. Neither of the two children come back to visit her. Since his wife died last year, Grandma Li has been left alone in the old house. In the previous years, Grandma Li was in a good health, but since her husband died, Grandma Li's health has been deteriorating day by day. She once fainted in the old house. Neighbors found her and sent her to the hospital for treatment. In the past, Grandma Li used to take part in activities for the elderly in the community with the company of her husband, but this year Grandma Li hardly went out except for daily necessities, especially now that she is in poor health, let alone going out. She has also lost contact with the elderly people in the community with whom she had a good relationship. Grandma Li is also depressed and feels like she's nearing the end				
Task Description	According to the above situation, think about the difficulties and specific problems Grandma Li faces				
Task Analysis	We can try to analyze it from many aspects, such as maintaining good health, keeping social and so on				
Mission Purpose	a. Understand the living conditions of the elderly. b. Analyze the psychological status of the elderly. c. Grasp the social situation of the elderly				
Operation Precautions	a. Task analysis can not only help social workers understand the elderly, but also prepare them for the subsequent provision of professional services. b. In the course of operation, we can try to make more elderly people actively participate in social activities in groups or communities				

(Continued)

Task Implementation	**Preparatory work**	
	Implementation process	
	Implementation summary	
	Implementation evaluation	
Teacher Evaluation		

Task 3 Prepare for the Service of Social Work for the Elderly

In the face of the complex needs and issues of the elderly, it is crucial to choose the appropriate service mode in different pension service situations. Therefore, before carrying out social work for the elderly, besides understanding the basic knowledge connotation, we also need to do a good job in the preparation of service from three aspects: service situation, service role, methods and steps.

Working Steps

Be Familiar with the Service Situation of Social Work for the Elderly

↓

Understand the Service Role of Social Work for the Elderly

↓

Choose the Appropriate Methods and Steps

Activity Contents

1. What are the common workplaces of social work for the elderly?
2. What is the service focus of elderly social workers in different places for the aged?

Scenario Introduction

Xiao Cao and Xiao Tao both graduated from a university majoring in social work. They have entered different units, but both are engaged in social work for the elderly. Xiao Cao works as a full-time social worker in a pension institution, while Xiao Tao goes to a private non-enterprise, and her organization also provides social work services for the elderly in the community. After a month of busy work, Xiao Cao and Xiao Tao finally had a chance to get together again. When they got together to discuss their work, they found that although they were both engaged in social work for the elderly, their work contents and roles were very different.

Thinking and Discussion

Please try to analyze the differences in the social work services for the elderly provided by Xiao Cao and Xiao Tao. What are the reasons for these similarities and differences?

____

____

| Step One | Be Familiar with the Service Situation of Social Work for the Elderly

The scope of social work for the elderly is relatively broad and varied. Nursing homes and hospitals are often regarded as the most important places for social work for the elderly. But in fact, social work for the elderly is rarely carried out in nursing homes, because only a very small number of elderly people live in nursing homes, mostly in the community.

1 The main places for social work for the elderly

Generally speaking, social work agencies, community-based elderly care centers, elderly care institutions, hospitals, adult day care facilities and supportive housing are the main settings for social work for the elderly.

(1) Social work agency

There are usually a large number of professional social workers in the social work agencies. Some of these social workers have expertise in working for the elderly and can provide necessary professional services according to the needs of the elderly. Generally speaking, social work agencies provide services in the form of active expansion and passive reception. Active expension means that social work agencies actively and systematically provide professional services for the elderly according to the requirements or service purpose of the project. On the basis of implementing the assessment, social workers first determine what services may be helpful to the elderly, and then provide direct services or resource links according to the needs of the services. Passive reception means that the elderly and their families actively contact social work institutions in the face of the challenges brought by old age, hoping to get the necessary help. This situation often occurs when the elderly and their families encounter a sudden crisis, and the elderly hope to get relief, support and valuable information to get them out of the current predicament.

(2) Community-based elderly care center

Most of the elderly live in the community, and the community social work services for them are mainly designed to meet their health, emotional, housing and social participation needs. Community social work services for the elderly usually include activity centers for the elderly, volunteer service groups, community health centers, meal gathering and delivery services, community centers for the elderly and so on. Most of these projects are funded by local governments or charitable funds.

(3) Elderly care institution

Elderly care institutions are places that provide professional life services for the elderly. Social workers in pension institutions also need to provide supportive and educational services to the elderly and their families. For example, social workers have already started to do the work of the elderly and their families long before they move into pension institutions, arranging visits for them before moving in, making preliminary assessments, and determining services suitable for the needs of the elderly. Once they move into the elderly care institutions, social workers should help the elderly adjust their living habits to adapt to the schedule system of the elderly care institutions. The elderly should also be encouraged to participate in the activities of elderly care institutions, so as to make them adapt to the life of elderly care institutions faster and better. In addition, in elderly care institutions, social workers often provide some regular services for the elderly, such as games, concerts and other social activities, tai chi, art, gate ball and other interest groups, in order to enrich the lives of the elderly.

The above three places are the main places for great social workers to exert their skills. In addition, there are hospitals and other places for the elderly also need a large number of social workers, so I will not repeat them here.

2 The main service situation of social work for the elderly

(1) Community care for the elderly

The focus of social workers in community care for the elderly is social care. The main contents are: (a) practical assistance for daily life; (b) provide advice and help for the daily problems encountered by the elderly; (c) teach and guide the elderly to master new skills, or strengthen existing skills; (d) develop special social care assessment, management and rehabilitation programs to improve the social functions of the elderly so that they can live more freely and independently; (e) protect the high-risk groups among the elderly.

The target groups of community care for the elderly include the "five guarantees" elderly (guaranteed food, clothing, housing, medical care, burial) and the "Three-without" elderly (those without dependents, financial resources or the ability to work), empty nesters, the elderly, the disabled, the elderly from single families and other elderly people in need.

Usually, social workers' community care for the elderly includes the following categories.

① Friendly cities and livable communities for the elderly

The elderly-friendly city is to explore the potential of the elderly and the city actively through policy guidance and scientific management in urban construction, planning and development, and through the support of social services, places and facilities, encourage the active participation of communities, enterprises, social organizations, families and individuals to provide appropriate public social resources and cultural environment for the elderly. We will create an atmosphere in which the whole society respects and tolerates the elderly, promote their full integration into society, and let them have more opportunities for independent life and social participation, and enjoy a healthy and dignified life for the elderly.

② Community care

The core of community care is "normalization" and independent selectivity, which includes seven aspects: long-term nursing care, non-institutionalization, reduction of public dependence, informal care, choice and participation, demand-oriented services and cost-effectiveness. What it advocates is to enable the elderly to receive care services without being separated from their families and familiar with the community environment, so that they can live a normal social life as much as possible.

According to the physical, psychological and social conditions of the elderly being cared for, M. Bayley divides community care into two modes: "care by the community" and "care in the community". "Care by the community" is mainly a non-institutional, non-residential, non-isolated way of care. It is a comprehensive care provided to the beneficiaries by professional and non-professional service personnel in the community, including the government, society, family members. It encompasses a series of supportive services. "Care in the community" is mainly institutional care, which means that recipients need to rely on the care of professional institutions or trained professional staff in the community.

In "care in the community", there are three forms of family-centered family care (informal care), home care and day care, among which home care and day care are the main modes of "care in the community".

(2) Institutional care for the elderly

The main tasks of social workers in institutional care include conducting needs assessment, guiding residents in their admission process, assisting residents and their families to use community resources to solve the economic, legal, mental health and other problems brought about by the institutions, formulating the organization's social work service plan, coordinating various social service programs, and implementing social support, case management, referrals, etc.

The common types of pension institutions in China are as follows.

① Elderly day care center

The community old-age service places that provides short-term care services for the elderly, providing various services such as daily living assistance, cultural and recreational activities, rehabilitation training, health care and other services. It offers different care options, including day-time care, full-time care, temporary care and so on.

② Senior apartment

Apartments for the elderly, usually those who can take care of themselves, are provided with catering, housekeeping, cultural and recreational activities, health care and other services.

③ Nursing homes for the elderly

The social pension service organization set up for the elderly who need some assistance in their twilight years, providing a variety of services such as daily living assistance, cultural and recreational activities, rehabilitation training, health care, etc.

④ Senior care facility

The social pension service institutions set up in towns and villages to provide for the elderly with "five guarantees", as well as to receive the elderly in society to spend their twilight years. These institutions provide a range of services such as daily living assistance, cultural and recreational activities, rehabilitation training, health care, and other services.

⑤ Elderly welfare institution

The social old-age service institutions funded and managed by the state to comprehensively receive the take care of the elderly, help the elderly, and care for the elderly spending their twilight years. These institutions are equipped with daily living assistance, cultural and recreational activities, rehabilitation training, health care, and other services.

⑥ Retirement home

The social pension service organization specially designed to provide services for self-care elderly individuals or comprehensive accommodate self-care, assisted care and nursing care elderly individuals, enabling them to spend their twilight years in peace. These organizations provid a variety of services such as daily living assistance, cultural and recreational activities, rehabilitation training, health care and so on.

⑦ Geriatric care facility

The social pension service organizations specially set up for the elderly who have difficulties in taking care of themselves spending their twilight years. These organizations provide a variety of services such as daily living assistance, cultural and recreational activities, rehabilitation training, health care and so on.

(3) Specific objectives of social work services in pension institutions

The specific objectives of social work services in long-term care institutions include the following.

a. Assist residents and their families to maximize the use of the corresponding social and health resources of their institutions and communities while each member remains in the institution.

b. To enhance communication among residents, families, work programmes or employees of institutions.

c. Assist the agency in creating and maintaining a therapeutic environment.

d. Promote interaction between the organization and the community by encouraging community participation in the organization's affairs and participation of residents and employees in community affairs, and establish partnerships with more community resources, participate in the evaluation and planning of service plans related to other long-term social services and health care resources.

(4) The work contents of social workers in pension institutions

Social workers play a very important role in pension institutions, and their main work contents are as follows.

a. Pre-reception services, including assessment of physical, psychological and social functions, participation of multidisciplinary staff in the assessment of the need for residential care of the elderly, and preparations for the reception of the elderly.

b. Identify needs and coordinate services to ensure that the physical, psychological and social needs of each resident are met.

c. Participate in the development and re-evaluation of personalized social services and multidisciplinary care plans to meet the physical, psychological and social needs of each resident as required.

d. Assist residents and their families in the implementation and use of economic, legal, mental health and other community resources.

e. Provide individual, family and group services to maintain or strengthen the physical, psychological and social functions of the occupants. Services include assisting residents in dealing with matters relating to disease, disability, financial and medical decisions. They also assist with transitions within or between institutions, interpersonal relationships, rebuilding community life, and dealing with separation, loss, end-of-life issues and death.

f. Make residents, institutional employees and families aware of the rights of occupants and to promote appropriate care and services for occupants through the formulation and implementation of policies.

g. Assist occupants in obtaining or maintaining the best state of physical and mental health, while helping occupants with mental or psychosocial difficulties to receive appropriate care and services.

h. Assist employees involved in the intervention.

i. Implement multidisciplinary discharge plans and follow-up services to facilitate the safe integration of residents into the community.

j. Participate in the overall service plan and policy formulation of the organization.

k. Participate in the establishment of residents' organizations and family organizations as needed or required.

l. Discuss the retention of medical instructions and financial issues with competent residents and their families together with health care personnel and staff of institutions; and for incapacitated residents, participate in the discussion of custody issues and the appointment of agents to make decisions.

m. Guide and supervise the volunteers.

n. Develop community resources to promote the physical and mental health of residents and to meet their other welfare needs.

o. Supervise social work interns.

p. Participate in independent or cooperative research and demonstration projects.

| Step Two | Understand the Service Role of Social Work for the Elderly

Generally speaking, in the complex social work practice, social workers have to assume a variety of roles and provide a variety of services to help clients out of the predicament.

In the field of social work services for the elderly, social workers usually play three roles: direct service, indirect service and merger service. Direct service is the service provided by social workers directly to service objects, which is the most basic aspect in social work. Indirect service is the assistance that social workers provide to clients through other programs. Merger service involves both direct service and indirect service components.

1 The direct service role of social workers

① Service provider

First of all, social workers are those who provide services to their clients, which include not only material assistance and labor services, but also psychological counseling, counseling and relationship support. As social workers are facing difficult groups, it is the primary responsibility of social workers to provide material, labor and psychological services and assistance.

② Healer

Social workers have a long history as healers. Traditional treatments focused on individuals with problems, which have now been extended to groups and communities. Treatment is from the perspective of "pathology", thinking that there is something wrong with the clients and behavior deviation, so it needs help and correction. The purpose of treatment is to systematically affect the interpersonal interaction or internal psychological function of the clients, and to control or alleviate the symptoms of the clients. Social workers often play the role of healers in helping marginalized groups with community correction, detoxification and Internet addiction treatment.

③ Supporters

In interactions with clients (recipients), social workers should not only provide direct services or help, but also encourage them to become self-reliant and overcome difficulties where possible, that is, "help others and help themselves". Therefore, social workers should be positive supporters and encouragers of their clients, and should try their best to create conditions for them to be self-reliant or self-development. Here, the authorization and empowerment of clients is an important part of the supporter role of social workers.

④ Enabler

Enabling is to empower the client to face and solve problems. Social workers mainly rely on stimulating the internal ability of the clients to solve problems, so according to the practical problems faced by the clients, social workers should help them overcome their fear of difficulties, stimulate their potential and enhance their self-confidence, and improve their ability to solve practical problems in order to improve their bad situation. At this time, social workers play the role of enabler.

⑤ Advocate

Advocacy is the act of initiating or endorsing a certain behavior. In social work, advocacy includes advocating for government actions and advocating for the actions of the clients. The former can be called policy advocacy, while the latter can be called social advocacy. Social advocacy belongs to direct service, that is, social workers directly advocate a certain behavior to the clients. When the clients must take new action to help it out of the predicament, but the clients does not understand the new action, the social worker should become the advocate of the clients to take some kind of behaviors, that is, advocate some appropriate behaviors to the clients. Of course, the advocacy here is not a forced push regardless of the acceptability of the clients.

⑥ Relationship coordinator

In many cases, the clients fail to deal with the relationship with the people, groups or social organizations around them, that is, their interpersonal and social relations are out of order, causing themselves to get into trouble. At this time, social workers have to face the contradictions or conflicts between different individuals and different groups. Undertake the task of coordinating relations, alleviating and dealing with contradictions. Social workers hope that their intervention can promote mutual communication and understanding between the two sides of contradictions and conflicts, so as to ease and resolve contradictions and establish a harmonious relationship. This requires social workers to make a comprehensive and in-depth analysis of the problem, choose their working methods carefully and deal with them strategically.

2 The indirect service role of social workers

Social workers should not only provide direct and effective services for the clients, but also provide support for such services, known as, indirect services. In this regard, the roles of social workers mainly include the following.

① Administrative managers

Social workers should carry out effective control in the process of social work, and at the same time, many resources and information related to helping others must be coordinated, arranged and managed in order to achieve the efficiency of the process, especially to prevent accidental harm to the clients. The role of administrators is not only crucial important for the operation of welfare institutions, but also very important in case management and community work.

② Resource planner

In order to help others effectively, social workers often need to contact government departments, enterprises and institutions, social organizations (including foundations) and the broad masses of social members to raise the resources needed by their clients. It can be said that it is an important responsibility of social workers to raise resources for the smooth development of service work. After the completion of raising resources, social workers either transfer the resources to the clients, or link the resources with the clients, this role is also called resource linker.

③ Policy influencer

Social workers can and should influence social policy to make it more perfect, when social workers play the role of policy advocates. As some social problems are caused by institutional factors, it is necessary to improve the existing policies or systems. When social workers find that some problems are universal in the process of service, they should put forward suggestions to influence and improve social policies, solve social problems and avoid the recurrence of social problems. Policy influencers often have relatively clear policy propositions, so they are also called policy advocates.

④ Researcher

In a sense, every social worker is a researcher. Social workers' research on their own service practice can not only improve their professional service level, enrich their social work professional knowledge and theory, but also provide a basis for social policy formulation. In fact, it is also a research problem to understand the issues of the clients in detail and give reasonable suggestions.

3 The merger service role of social workers

The merged service role of social workers refers to a comprehensive role that contains a variety of functions. This combined service role includes both direct and indirect services, and may also include services in which different roles are linked to each other. For example, the coordination service provided by the coordinator includes a variety of coordination: the coordination between the clients and the environment, the coordination between various environmental factors, the coordination of actions among different service providers, and so on. In fact, even direct services and indirect services can not be completely clearly separated, various services are interrelated. The correlation between various services makes the services of social workers have the characteristics of integrity and comprehensiveness. It can be said that the merger of service roles is an important aspect of social workers.

| Step Three | Choose the Appropriate Methods and Steps

1 The main methods of social work service for the elderly

The main methods of social work services for the elderly can be divided into two categories: One is the basic methods of general social work, and the other is the unique working methods in the field of elderly services.

(1) Basic methods

According to the actual situation, elderly social workers can comprehensively use social work direct service methods such as case work, group work, community work, and indirect service methods such as social work administration and social work research.

① Case work method

Case work refers to taking the elderly and their families with maladjustment as the working object, based on the value concept of professional social work, using all kinds of scientific knowledge and professional technology about human relations and personal development, in view of the special circumstances and needs of the elderly, to help the elderly and their families reduce pressure and adjust their social relations in a personalized way. And use social resources to improve or restore the social function of the elderly, stimulate the potential of the elderly, enhance the social adaptability of the elderly, and improve the quality of life of the elderly.

② Working methods of group for the elderly

Group work aims at the psychological, physical and social adaptation problems of the elderly in the community or institution, through providing group programs with different target models for counseling and treatment, so as to enhance the mutual support of group members and their social functioning, including attitudes, interpersonal relationships and coping with the actual living environment. In additionally, it aims to meet the instrumental and emotional needs of the elderly.

③ Community work methods

Community work is the specific application of community work methods in the field of social work for the elderly. Community work methods involve the intervention of social workers specializing in the elderly populations inorder to organize planned collective activities for elderly individuals within the community. This aims to address community living issues among the elderly and meet their needs, ultimately improving their living environment and enhancing quality of their life. At the same time, in the process of participation, this method can enable the elderly to establish a sense of community belonging, cultivate the spirit of self-help, mutual assistance and self-determination, enhance the awareness and ability of social participation, and give full play to the potential of the elderly.

(2) Unique methods

In addition to using the basic methods of general social work, social work services for the elderly have some unique methods, including nostalgia therapy, life review, reality identification, motivation stimulation, horticultural therapy and care management.

① Nostalgia therapy

Elderly social workers help the elderly to remember the past, find the positive events and feelings of the past, understand and face the past failures and troubles from a positive point of view, so as to affirm themselves and adapt to the current living conditions.

Nostalgia therapy is mainly suitable for helping the elderly to alleviate depression, mild dementia and other problems.

② Life review

Elderly social workers guide the elderly to help them deal with problems that have not been properly dealt with in their early life by reviewing the past, so as to untie the long-term heart knot of the elderly.

Life review is mainly used to help the elderly deal with long-term emotional problems.

③ Reality identification

Elderly social workers help them integrate with the real environment by providing continuous stimulation and appropriate environmental tips to the elderly.

Reality recognition is mainly suitable for preventing and alleviating cognitive confusion and memory loss of the elderly.

④ Motivation stimulation

Elderly social workers stimulate their interest in present and future life by helping them get in touch with others and participate in group activities.

Motivation stimulation is mainly suitable for preventing and alleviating the impairment of social ability and negative emotions of the elderly.

⑤ Horticultural therapy

Elderly social workers organize and assist the elderly to participate in gardening activities, get in touch with nature, relieve stress and restore their minds.

Horticultural therapy is mainly suitable for preventing and alleviating the physical and mental aging of the elderly.

⑥ Care management

Elderly social workers comprehensively assess the needs of the elderly and plan, co-ordinate, supervise, re-evaluate and improve services to achieve sustained and comprehensive care for the elderly.

Care management is mainly applicable to the elderly in need of long-term care, as well as to the elderly with multiple problems and complex needs.

2 The process and steps of social work service for the elderly

In 2016, the Ministry of Civil Affairs of china issued the *Guide to Social work Service* for the elderly (MZ/T 064 –2016). It is pointed out that the process and steps of social work service for the elderly follow the general social work service process. It includes the following processes and steps.

(1) Receive cases

Elderly social workers should complete the following tasks in the course of receiving cases, including but not limited to:

a. Collecting data on the elderly.

b. Understand the problems and needs of the elderly and decide whether urgent intervention is needed.

c. Assess whether the problem-solving of the elderly is within the capacity and institutional capacity of elderly social workers and refer them if necessary.

d. Establish a professional relationship with the elderly or their main caregivers.

(2) Estimate

Elderly social workers should complete the following tasks in the estimation process, including but not limited to:

a. Priority assessment of the risks faced by the elderly, such as health, abuse, depression, suicide, etc.

b. Coordinate the multi-disciplinary and comprehensive assessment according to the actual situation, including the problems, needs and resources of the elderly.

c. Work with the elderly to determine the priority of solving the problem.

(3) Plan

Elderly social workers should complete the following tasks in the planning process, including but not limited to:

a. Invite the elderly and their families to participate in the development of service plans.

b. Set the purpose and goal of the service plan.

c. The formulation of goals should comply with the specific, measurable, achievable, assessable and time-bound SMART principles.

d. Formulate intervention strategies, action steps and schedule.

e. Draw up the anticipated difficulties, risks and their coping strategies and plans.

f. Define the respective tasks and roles of social workers, the elderly and caregivers.

g. Develop process assessment and effectiveness evaluation plans and indicators.

h. Formulate the resources required for services, such as manpower, funds, equipment and facilities.

(4) Intervention

Elderly social workers should complete the following tasks in the process of intervention, including but not limited to:

a. Promote the elderly, their families and related personnel to learn to make use of existing resources.

b. Mediating the conflict between the elderly and the environment.

c. Use all kinds of forces that can influence the elderly to help them achieve positive change.

d. Encourage and assist the elderly to realize their potential from the perspective of advantages.

e. Pay attention to the exploration and use of the resources of the community or institution where the elderly live.

f. Coordinate and link various resources and systems that provide services for older persons.

g. Promote the improvement of the environment of the elderly.

h. Promote the improvement of policies for the elderly.

(5) Evaluation

Elderly social workers are required to complete the following tasks in the assessment process, including but not limited to:

a. Carry out evaluation according to the process assessment and effectiveness evaluation plan developed in the service plan.

b. Collect and analyze service-related data in a variety of ways, including objective data, subjective feelings and evaluation, etc.

c. Rite an evaluation report.

(6) Closing the case

Elderly social workers should complete the following tasks in the process of closing cases, including but not limited to:

a. Determine whether the case can be closed according to the service effect and the specific situation.

b. Consolidate the changes in the elderly and their environment.

c. Enhance the ability and confidence of the elderly to solve problems independently.

d. Avoid or properly deal with the negative emotions arising from the closure of the case.

e. Provide follow-up services after the case is closed.

Extended Reading

Common skills in case work for the elderly

In carrying out the case work for the elderly, social workers should not presuppose that the elderly clients have a thorough understanding of themselves in their later years of life. In fact, this is not always the case. Everyone has a blind spot in their understanding, and the same is true of the elderly. Therefore, social workers also need to help elderly victims explore themselves, so that they can understand their mindset and feelings more deeply and carefully, so as to create conditions for achieving the expected change. The skills of case work for the elderly are as follows.

① Avoid using advice skills at the beginning of your work

Advice skills are a kind of intervention in the process of case work, but at the beginning of the work, because the two sides have not yet established a trust relationship, the use of advice skills will often be fruitless and not conducive to the self-exploration of elderly victims.

② Avoid relying entirely on questioning

In the first interview with an elderly case client, using an inquiry-based approach undoubtedly helps social workers to get information about the client, but asking a series of questions can sometimes make the client feel threatened.

③ Listen carefully to the case of the elderly

In the course of the interview, social workers not only need to listen carefully to the elderly victims, but also to get their views on other things through their language and grammar.

④ Empathize

Empathy refers to social workers "feeling and involvement" in standing the elderly client. Empathy is divided into high and low levels. Low-level empathy only indicates that the social worker has entered the shallow inner world of the elderly client, and expresses the feeling and understanding of the elderly client to a certain extent. On the other hand, high-level empathy is that on the basis of good professional relations, social workers try to use professional strength to influence the elderly client and guide them to look at their problems from a more objective perspective. At the same time, it can clearly identify the potential, implicit or inadequate parts and communicate them effectively. In the process of expressing empathy, it is necessary to distinguish between "consent" and "compassion". "Consent" means to approve a certain behavior or agree with a certain opinion, while "sympathy" expresses regret for a certain experience.

⑤ Review the life

Life review is a work skill that enables the elderly to rebuild themselves by vividly remembering past successes or failures. The difference between life retrospect and nostalgia is that the former is a review of the whole life, not just the most important events and moments in life. The purpose of using this skill is to enable elderly client to re-appreciate the value and meaning of life through introspection.

In addition to the above skills, counseling skills also include self-disclosure, encouraging response, appreciation, ending interviews, understanding non-verbal communication, and so on. Comprehensive and skillful mastery and application of these skills manner greatly benefits the effective development of case work for the elderly.

Task Work Order

Service Preparation for Social Work for the Elderly

<table>
<tr><td>Task Name</td><td></td><td>School Hours</td><td></td><td>Training Object</td><td></td></tr>
<tr><td>Student Name</td><td></td><td>Contact Number</td><td></td><td>Task Grade</td><td></td></tr>
<tr><td>Task Device</td><td></td><td>Operating Time</td><td></td><td>Operating Location</td><td></td></tr>
<tr><td>Scenario Introduction</td><td colspan="5">Xiao Wang has been working in a social work service organization specializing in elderly social work for several years, and he is already familiar with the business that he is responsible for. He has gained extensive experience in this field and can handle his tasks with ease. However, recently, due to the adjustment of the organization's business, he was transferred to the newly established pension institution to engage in the social work program for the elderly and served as one of the main leaders of the new project</td></tr>
<tr><td>Task Description</td><td colspan="5">Please help Xiao Wang analyze the similarities and differences between institutional social work service for the aged and community social work service for the aged. Can his previous experience be transferred to his new job</td></tr>
<tr><td>Task Analysis</td><td colspan="5">Social workers often need to provide different service contents according to different service scenarios, and also need to provide personalized services for different elderly people. These are all problems that social workers need to pay special attention to when analyzing problems and providing services</td></tr>
<tr><td>Mission Purpose</td><td colspan="5">a. Master the different service scenarios of social work for the elderly.
b. Distinguishing the similarities and differences of social work services for the elderly in different scenarios</td></tr>
<tr><td>Operation Precautions</td><td colspan="5">Pay attention to distinguish the similarities and differences between the roles played by social work for the elderly in different service scenarios</td></tr>
<tr><td rowspan="4">Task Implementation</td><td>Preparatory work</td><td colspan="4"></td></tr>
<tr><td>Implementation process</td><td colspan="4"></td></tr>
<tr><td>Implementation summary</td><td colspan="4"></td></tr>
<tr><td>Implementation evaluation</td><td colspan="4"></td></tr>
<tr><td>Teacher Evaluation</td><td colspan="5"></td></tr>
</table>

Item Ⅱ
Methods and Skills of Social Work for the Elderly

Project Information

Task name

Methods and skills of social work for the elderly.

Mission purpose

a. Master the service skills of life review therapy.

b. Master the service skills of nostalgia therapy.

c. Master the service skills of horticultural therapy.

Task decomposition

Task 1: Master the service skills of life review therapy.

Task 2: Master the service skills of nostalgia therapy.

Task 3: Master the service skills of horticultural therapy.

In "Item I", we have learned that social work services for the elderly mainly include direct social work service methods (case work, group work and community work) and indirect social work service methods. According to the *Guide to Social work Services for the Elderly* (M2/T 064—2016), the intervention methods for the specific needs of social work services for the elderly include nostalgia therapy, life review, reality identification, motivation enhancement, horticulture therapy and care management. However, in fact, with the continuous development of social work, more and more new methods and models are being developed. Here, the focus is on life review therapy, nostalgia therapy and horticulture therapy.

Task 1　Master the Service Skills of Life Review Therapy

Life review therapy has been used in the field of elderly care abroad in the 19th century. At the same time, foreign scholars have applied life review therapy to different environmental conditions and objects to conduct empirical research. The results show that, it plays a unique role in relieving depression in the elderly, it plays a positive role in helping individuals in illness and despair to awaken hope, reinvent themselves and rediscover the meaning of life.

Working Steps

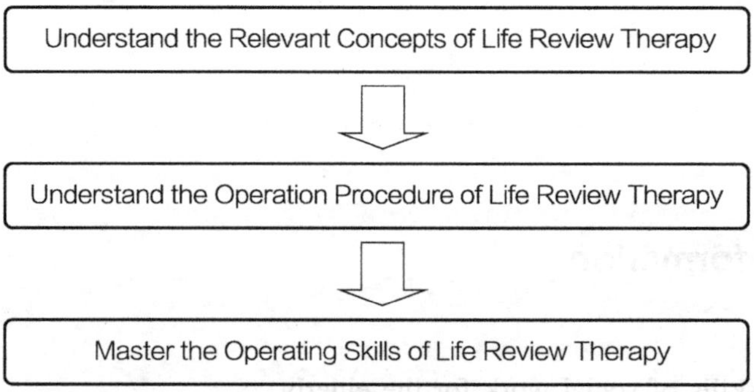

Activity Contents

Reading the cases, we find that with the increase of age, the decline of physical function, the decline of energy and so on, some elderly people can not meet the self-required standards as before, resulting in a sense of powerlessness, resulting in a lower sense of self-worth in old age. Please use life review therapy to help Grandpa S deal with the problems he has encountered.

Scenario Introduction

Grandpa Sun is 73 years old and currently lives in a community. Before retirement, Grandpa Sun was a scientific research scientist. He is generally concerned about his physical condition and only has minor ailments such as myopia, lumbar disease and scapular pain. Overall, his physical condition is good. However, Grandpa Sun felt the decline of physical function and often felt powerless, and his sense of self-worth decreased gradually. In addition, due to lumbar problems, he could not walk for a long time, so he had to mostly stay at home, with a strong sense of uselessness. Grandpa Sun believes that he has a lot of "unhappiness" in his career, and he has been bitter about some things in the past, which contributes to his low satisfaction with his current elderly life and lack of self-worth, leading to a strong sense of disappointment.

Thinking and Discussion

Have you ever heard of retirement syndrome? Do you know the main manifestations of retirement syndrome?

____

____

| Step One | Understand the Relevant Concepts of Life Review Therapy

Life review therapy can help the elderly solve the unsolved problems in the early stages of life, eliminate the continuing anxiety and unease, help the elderly to accept and affirm their own life, and get a sense of self-worth and satisfaction with the meaning of life.

1 The definition of life review therapy

The life review therapy is to analyze and reorganize the unsolved contradictions and problems by reviewing, evaluating and integrating the life practice of all periods of life in the past, including childhood, youth, middle age and old age. So as to help the client gain a sense of self-perfection in the final stage of life and discover self-worth and meaning of life, and give positive meaning to the present life. The therapy is to encourage clients to talk about their past in a safe and comfortable environment, and to evoke memories of the past by watching old photos, collecting memorabilia and listening to nostalgic songs. This therapy facilitates conversations between the client and the social worker, guiding the client to review the past life, relive the fragments of the past life, and giving a new explanation. These processes assist the service recipient in gaining self-understanding, reducing the sense of loss, increasing self-esteem, and promoting socialization.

2 The clients of life review therapy

Life review therapy has been widely used in the elderly, including the elderly with Alzheimer's disease, malignant tumor, depression and other physical and mental disorders, or in the terminal stage of the elderly. When using life review therapy, social workers need to evaluate the physical, psychological, mental, physical diseases, interpersonal relationships, economics, interests and hobbies of the elderly, and at the same time, they need to establish a good professional relationship with their clients, respect their willingness to participate, and inform them of their privacy and confidentiality, so as to lay a good foundation for follow-up services.

3 The service form of life review therapy

Life review therapy can be used in families, social work institutions, hospitals, nursing homes, communities, day care institutions, etc. , usually in an one-on-one form or in small groups. Among them, the advantage of the group form is that many people participate in the group. If the elderly in the group have had the same or similar experience, the memory gate of the elderly can be easily opened by peer review, so they are more willing to share their experiences with others. If the personal review of some elderly people involves personal privacy, or if there are some painful memories that they do not want to be known to others, the effect of one-to-one life review is better. Therefore, it is necessary to comprehensively evaluate the type of disease and willingness to participate in the elderly before choosing the form of intervention in order to achieve the best intervention effect.

4 Intervention time of life review therapy

The intervention time of life review therapy is generally 6 weeks, once or twice a week, each time lasting about 60 ~ 90 minutes. At the same time, we should also pay attention to seek the consent of the elderly before intervention, avoid their treatment and arrange other life affairs as far as possible, and carry out personalized and systematic intervention to the elderly in a planned way.

| Step Two | Understand the Operation Procedure of Life Review Therapy

1 Pre-intervention preparation of life review therapy

(1) Site preparation

Life review therapy should be conducted in a place where it is relatively quiet, undisturbed, well lit, safe and comfortable, and capable of playing multimedia. This is to prevent interruptions during the intervention process and facilitate the social worker in show-casing the older adut's photos, videos and letters of the elderly, so as to arouse the elderly to review their own experiences.

In service intervention, we should try our best to choose the familiar environment of the elderly, keep an appropriate distance between social workers and the elderly, and keep the personal information of the elderly confidential, so as to create a working environment in which both sides trust each other and ensure the effect of service intervention.

(2) Preparation for the use of materials

The objects and pictures used in service intervention are important tools for life review therapy. Studies have shown that the use of objects or words to guide the intervention can better stimulate the imagination of the elderly. Therefore, the pictures used in the intervention should not be too complex and divergent, but have a certain plot of the story, and must be clear and large enough to facilitate the elderly to watch and review their life experiences. At the same time, the memorabilia collected by the elderly and the nostalgic songs they often listen to are important tools to awaken the memories of the elderly, which can effectively guide the elderly to review their past life experiences and re-experience the fragments of their past life, so as to promote communication between the elderly and social workers. In addition, with the consent of the elderly, tools like paper, pens, recording pens can be used to record the stories of the elderly, so that the elderly can really feel that social workers are listening to their stories carefully.

(3) Preparation of social workers

The preparation of social workers before service intervention means that social workers should be prepared in advance at the psychological level. When using life review therapy, the elderly talk about some positive and negative events, some events may cause empathy among the elderly and regard social workers as an important person in life, and some events may also make social workers empathize and arouse social workers' emotional experience of others, so social workers should pretreat empathy and anti-empathy.

2 The implementation steps of life review therapy

Scholars, has explored the intervention framework of life review therapy based on years of practical experience, which includes prerequisite, evaluation, setting service goals, choice of life review, and outcome measurement, as shown in figure 2 – 1.

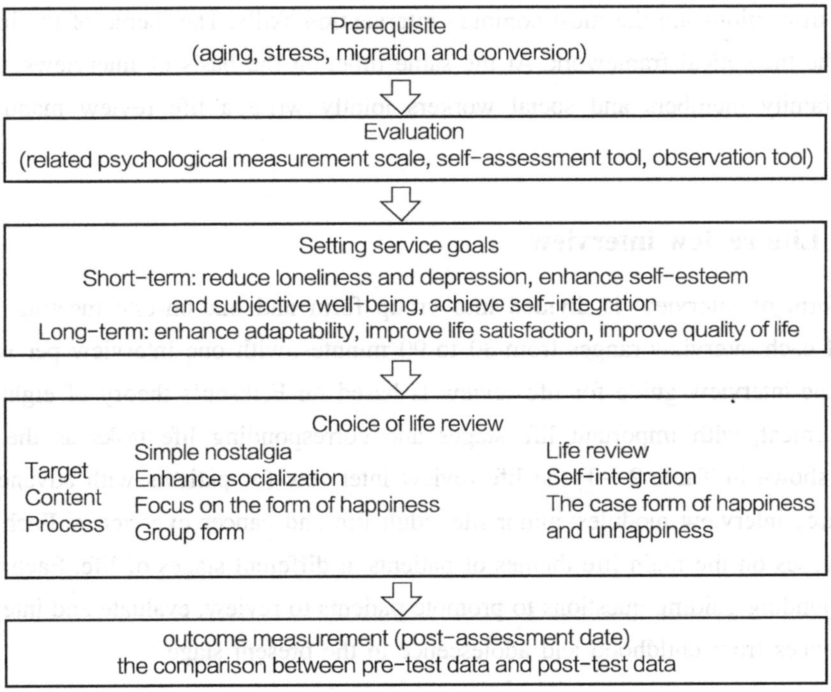

Figure 2 – 1 Intervention Framework of Life Review Therapy

The first stage is a prerequisite, in which individuals will encounter various external pressures that are difficult to adapt to in the process of aging such as diseases, bereavement, accident, family care, social participation, livable environment. These are the prerequisites for the implementation of the life review method.

The second stage is assessment, which includes relevant psychological measurement scale, self-assessment tool and observation measurement tool, such as Symptom Checklist-90, Depression scale, self-rating anxiety scale, interpersonal relationship scale, Psychological stress scale.

The third stage is to develop service goals, after the evaluation of the psychological problems of the elderly, to determine the specific psychological problems of the elderly, and then formulate targeted and specific goals according to these problems.

The fourth stage is the choice of the form of life review, life review is a long-term process, different elderly people should choose the corresponding service mode according to the specific situation. In order to achieve the service goal, it is necessary to reasonably and fully use the life review theory in the service process.

The fifth stage is to evaluate the effect of intervention, including process evaluation and result evaluation, short-term effect evaluation and long-term effect.

| Step Three | Master the Operating Skills of Life Review Therapy

The implementation skills of life review are flexible and varied, among which interviews and group discussions are the most common intervention skills. The theme of the interview is based on the theoretical framework. At the same time, on the basis of interviews, the elderly and their family members and social workers jointly write a life review manual for the elderly.

1 Life review interview

The form of interview is divided into group form and one-on-one meeting form. The duration of each interview ranges from 30 to 90 minutes, with one interview per week . The design of the interview guide for life review is based on Erikson's theory of eight stages of life development, with important life stages and corresponding life tasks as the interview theme. As shown in Table 2 – 1, the life review interview for patients with advanced cancer includes three interview modules: minor life, adult life and cancer experience. Each interview module focuses on the main life themes of patients at different stages of life. Each life theme has corresponding guiding questions to promote patients to review, evaluate and integrate their life experiences from childhood and adolescence to the present stage.

Task Work Order

Table 2 - 1 Life Review interview Guide for patients with Advanced Cancer

Interview module	Life stage	Life theme	Give an example
Underage life	Childhood and adolescence (before the age of 18)	Study, family, interpersonal relationships, psychology, etc	Have you ever been to school? What does going to school mean to you? How did your family members treat you when you were a child
Adult life	Adulthood (from the age of 18 to the diagnosis of cancer)	Work, sex, family, dealing with others, difficulties encountered, etc	What are your main achievements in your family? What do you think of your marriage
Cancer experience	Current stage (from the diagnosis of cancer to now)	Disease, family, social support, death, fate, religious beliefs, etc	What do you think of birth, old age, sickness and death? What worries, hopes and blessings do you have for your family after your illness

2 Make a life review manual

The Life review manual is compiled on the basis of interviews. The production of a life review manual attaches great importance to the participation of the elderly and family cooperation. The social workers edit and organize the interviews into articles (events and feelings can be selectively recorded according to the preferences of the elderly), and the elderly are accompanied by photos, pictures or blessings provided by their family members, after revision and confirmation by the elderly, the social worker will make a book and give it to the elderly (it is important for social workers to delete any recordings, texts and images collected during the service process concerning the elderly to protect their privacy). The life review manual is the product of the summary of individual life experiences, which helps to improve the mental health level of individuals, help individuals appreciate their own life, share their own life experiences with others, and convey their feelings and feelings to their families, or as a souvenir for the family. Social workers can also set up photo walls, spiritual space, blessing transmission and other sections, so that the elderly can re-experience and feel the beautiful, unforgettable and cherished experiences in life.

3 Points for attention in life review therapy

a. In the implementation of life review therapy, it is necessary to make tests to understand the feelings of the elderly to life, such as the use of relevant scales to understand the life satisfaction and depressive symptoms of the elderly, and to establish a baseline for evaluation. The method of life review can not only better understand the life of the elderly, the important thing is to let the elderly gain insight through review, so that they can get rid of the shadow of the past and live a happier life. It is therefore important to establish a baseline for assessment, which allows social workers and older persons to assess the effectiveness of interventions at the end of their work.

b. The time of life review therapy can be decided according to the purpose of life review, health status and personal preference of the elderly. Generally, each important stage of life is discussed in two sessions, lasting 30 ~ 90 minutes each time.

c. In terms of content arrangement, you can make a plan to clarify the areas to be discussed, such as death, sadness, fear, reading life, difficult things, sex, work, relationships. These contents can be discussed in some stages of life, but not in every stage of life, and can be chosen according to the specific circumstances of the elderly.

d. In the process of review, we should pay special attention to things that are not mentioned by the elderly but generally occur at a particular stage of life. It is important to find out whether the elderly do not remember or whether they intend to do so. If it is intentional, it is likely to indicate an unresolved conflict. Social workers should take their time to help the elderly carefully recall what happened in the past and give something new meaning.

e. In the process of review, we should also help the elderly to discover some themes in the course of life, and let him understand how these themes affect his past and present life. It is particularly important to pay attention to themes that have caused the elderly to lose or gain a sense of control in their lives. The former includes anxiety, negation, despair, helplessness, loneliness and loss, while the latter includes connection, coping, efficacy, hope and trust. One of the purposes of life review therapy is to make the elderly gradually realize the power they have.

f. Social workers can summarize and end life reviews by working with the elderly to design and produce specific results, such as making a photo album or video. However, this is not important, what is important is to post-test the whole work, compare the pre-test, and evaluate the effect of the intervention. It is crucial for the elderly to draw clear conclusions by evaluating and integrating the experiences of the elderly. Based on this, social workers can help the elderly discuss what to do in the rest of the time in order to live a better life now and in the future.

Extended Reading

The skills of case guidance for the elderly in Life Review Therapy

First, establish a mutually trusting working relationship with the elderly clients.

Second, encourage elderly clients to talk about the past, initially focus on a more pleasant life experience, and then slowly transition to a more depressed past.

Third, focus on listening to the feelings of the elderly clients when telling their experiences, paying special attention to their feelings of happiness, anger, sadness and sadness to help them express their repressed feelings.

Fourth, for elderly clients with children, help them express their experiences and feelings as parents, so as to assist in the diagnosis and treatment of the cases.

Fifth, for the elderly clients who have the experience of bereavement and disability caused by illness or accident, social workers can help them vent their feelings of pain, especially the meaning of the spouse to the clients's life.

Sixth, when nostalgia is expressed, social workers can adopt the technique of "pressing for time" to help elderly clients return to reality from their past lives.

Seventh, life review is to help seniors evaluate their life experiences in a fair way, rather than letting them blame themselves too much. In case of such a situation, social workers should help the elderly clients to analyze the external factors leading to their failure, so as to prevent the elderly clients from taking all the responsibility on themselves.

Task Work Order

Practical Training of Life Review Therapy

Task Name		**School Hours**		**Training Object**	
Student Name		**Contact Number**		**Task Grade**	
Task Device		**Operating Time**		**Operating Location**	
Scenario Introduction	Yezi is a full-time social worker in a nursing home. In carrying out daily activities, Yezi found that Grandpa Li likes to be alone and is unwilling to participate in the activities of the nursing home, recently, his mental state has been poor. It is known that Grandpa Li is 70 years old this year and in good physical health. He is a retired cadre. When he was young, he worked in a government department and held a variety of positions. Now he has lived in a nursing home for more than two years. Grandpa Li is introverted, more reticent, and unwilling to take the initiative to interact with people. He has contracted the whole room alone, so he has no roommates. Due to various reasons, Grandpa Li is not satisfied with the current life in the nursing home and has average interpersonal relationships with other elderly people and he is often a loner. Grandpa Li's pension is CNY 5000 a month, so his daily expenses mainly depend on his pension. Grandpa Li's wife died of cancer two years ago. Grandpa Li has a good relationship with his wife. After his wife left, he lived alone in the nursing home. Grandpa Li has a son and a daughter. After graduating from university in the 1980s, his son went to the United States to engage in scientific research. Now he is settled in the United States, has little contact with Grandpa Li and occasionally pays alimony. Grandpa Li's daughter works in other provinces. Due to work and family reasons, she seldom comes back to visit Grandpa Li. In recent years, she seldom calls him and usually. Only comes to visit during the Spring Festival or when there is an emergency. So Grandpa Li lives alone most of the time. After evaluating Grandpa Li's basic situation, Yezi decided to provide assistance to improve his future life in the senior living facility				
Task Description	Please use life review therapy to help Grandpa Li better adapt to his present life and regain the meaning and value of life				
Task Analysis	Combined with the case content, complete the following tasks. Problem thinking refers to the decomposition of specific tasks in the task context; knowledge and skills refer to the methods and skills necessary to accomplish specific tasks; step links refer to enumerating the specific steps and timing required to complete the task; the required resources refer to enumerating the human, material, social support and other resources involved in completing the task				
Mission Purpose	a. Master the operating steps of life review therapy. b. Be familiar with the methods and skills of life review therapy				
Operation Precautions	Life review therapy focuses on both positive and negative events in the life of the elderly. Life review therapy identifies the problems that the elderly have solved in the past by asking the elderly to face negative emotions and events				

(Continued)

Task Implementation	**Preparatory work**	
	Implementation process	
	Implementation summary	
	Implementation evaluation	
Teacher Evaluation		

Task 2 Master the Service Skills of Nostalgia Therapy

Nostalgia therapy is part of the life review process. Social workers help the elderly recall happy memories so that they don't fade away with time and continue to cherish the happiness they have experienced. Social workers also guide the elderly to review their painful experiences or knots that have not been solved, and let them receive professional guidance to rethink their views on these things, accept the past, or take action to reconcile with their own past, so as to achieve "self-integrity".

Working Steps

Understand the Related Concepts of Nostalgia Therapy

↓

Master the Operation Procedure of Nostalgia Therapy

↓

Master the Operational Skills of Nostalgia Therapy

Activity Contents

The elderly often recall the past, which psychologists believe is a regulatory mechanism for the elderly. Nostalgia therapy has a positive effect on depression, self-esteem and socialization of the elderly. Read the case, please try to use nostalgia therapy to help Aunt Zhang solve the problem and change the status quo.

Scenario Introduction

Aunt Zhang is a 72-year-old lonely elderly, her husband died a year ago and her son has already settled abroad. After her husband died, Aunt Zhang sold her house and lived in a local nursing home. Aunt Zhang is very cheerful and enthusiastic, and gets along well with elderly people in the nursing home. However, despite her cheerful and warm demeanor, she suffers from mild depression that is not alleviated by medication, Xiao Wang, a social worker, hopes to help him in a non-pharmaceutical way, that is, by using a professional method of social work. Xiao Wang visits Aunt Zhang every week to help her solve her recurrent depression by interviewing her. Strangely, every time Xiao Wang came to visit Aunt Zhang for an interview, Aunt Zhang would tell Xiao Wang about how she and her husband had participated in a singing contest organized by their workplace, providing detailed descriptions of the competition process and their eventual award-winning achievement.

Although Xiao Wang has heard this story many times, she has been listening to it tirelessly, and decided to use nostalgia therapy to guide Aunt Zhang to adjust her current mood and make her gradually adapt to her present life.

Thinking and Discussion

Can you distinguish the similarities and differences between life review therapy and nostalgia therapy?

____

____

| Step One | Understand the Related Concepts of Nostalgia Therapy

1 The concept of nostalgia therapy

Nostalgia therapy, is a concept derived from geriatric psychiatry. It is to guide the elderly to review the past life, re-experience the past life fragments, help them understand themselves, reduce the sense of loss, increase self-esteem and enhance the socialization of the treatment process.

The focus of nostalgia therapy is not events, but whether the elderly can hold an open, harmonious and self-accepting attitude and point of view when they are nostalgic. It aims to encourage them to confront the shadows of their lives, feel the power to get out of the shadows, and then reorganize and accept their own life course. Now reminiscence therapy pays more attention to the positive and positive things in the lives of the elderly, so as to help the elderly regain the meaning of life and their own value.

2 The similarities and differences between nostalgia therapy and life review therapy

Nostalgia therapy and life review therapy are both types of memory therapy. There are both similarities and obvious differences between the two.

Some scholars believe that nostalgia therapy is a kind of life review therapy, or a part of life review therapy. This is because there is indeed a lot of overlap between the two. First of all, the theoretical basis of the two is the same, both derived from Erikson's eight-stage theory of life development and Butler's psychological stage theory. Secondly, both use memories of past things, feelings and thoughts as therapeutic media, and both have links to recall past life experiences.

In addition, there are also very obvious differences between the two in terms of work content and work objectives.

① Work focuses are different

Life review therapy is to sort out the life experience of the elderly, not only to identify negative emotions and events, but also to identify positive emotions and events. The focus of life review therapy is to help the elderly get rid of the influence of past negative events, reintegrate their lives and gain self-confidence.

Reminiscence therapy is to help the elderly trace and reproduce positive events and feelings of the past. Social workers use nostalgia therapy to improve the emotional state of the elderly and let them know that they are worthy of respect and have inherent value.

② The goal of the work is different

Nostalgia therapy generally leads the elderly to review the positive events of the past, to review their sense of existence, pride, honor and value at that time. By experiencing their own strengths and achievements from a positive point of view, older adults can gain a better understanding and acceptance of both past and present challenger, alleviate negative emotions, and avoid falling into despair. Thus, the focus of nostalgia therapy is not events, but whether the elderly can hold an open, harmonious and self-accepting attitude and point of view in the process of nostalgia, so as to face up to the shadows of life and feel the power to get out of the shadows, and then reorganize and accept the course of your life.

In life review therapy, social workers guide the elderly to review past painful experiences or heart knots that have not been solved. The goal is to enable the elderly to rethink their views on these things and accept the past through professional guidance and take action to reconcile with their past, so as to achieve "self-integrity".

| Step Two | Master the Operation Procedure of Nostalgia Therapy

In the process of practical application, nostalgia therapy can be divided into two types: individual nostalgia therapy and group nostalgia therapy.

1 The types and steps of nostalgia therapy

① Individual nostalgia therapy

Individual nostalgia therapy refers to the use of counseling or therapeutic interview techniques to help the elderly recall special events in their lives in an one-to-one manner after assessing topics that have a positive and potential impact on the elderly. The times of treatment were 6 ~ 12 times, 60 ~ 90 minutes each time. In the individual nostalgia therapy, social workers mainly play the role of interrogator, explorer and listener, respecting the values of the elderly, aiming to improve the self-awareness and self-examination ability of the elderly, and enhance their sense of achievement and self-affirmation, in order to achieve "self-integrity".

Individual nostalgia therapy is divided into four periods.

The first stage is the initial stage. Social workers can express their care and empathy through eye contact, facial expressions, and language. They can encourage and guide elderly individuals to reminisce at the appropriate time. This stage needs to provide a certain amount of time for the elderly to recall, without forcing the elderly to recall the sad events of the past.

The second stage is the integration period. Social workers need to assess the response of older people to review the past and their ability to deal with negative emotions.

The third stage is the withdrawal period. Social workers should try their best to help the elderly effectively turn negative emotions into positive emotions and help them improve their coping ability.

The fourth stage is the final stage. Social workers can play the role of active listening to enhance the self-esteem of the elderly and improve their social adaptability.

Individual nostalgia therapy is widely used in nursing homes and nursing institutions because of its concentrated attention and resource investment to the elderly, which can produce better results and is targeted.

② Group nostalgia therapy

Group nostalgia therapy is a structured group process that takes a group approach. The number of participating members is generally 10 ~ 15. If there are elderly people with mental disorders or confusion, the number of participating members should be less than 6, gathering once or twice a week, usually 6 ~ 10 weeks, and each discussion time is 60 ~ 90 minutes. It can be adjusted according to the situation of the members, according to this model, the interaction between members can be promoted. The best effect of group therapy can be achieved. The main feature of group nostalgia therapy is that it provides social opportunities, promotes the development of meaningful relationships and support systems for the elderly, and reduces the sense of loneliness and loneliness of the elderly. Through the sharing of the experience of group members, it stimulates the elderly to do more in-depth memories, so that the elderly can gain a sense of identity and a sense of belonging, so that the elderly can better and faster integrate into society.

In group remembrance therapy, the tasks of social workers are: to maintain the integrity of the group; to avoid the loss of members; to control the group skillfully; and to protect the vulnerable members of the group. Research has shown that conducting a comparative study on the effects of individual and group nostalgia therapy activities on 73 elderly individuals revealed that group interventions resulted in more positive nursing outcomes. Conscious nostalgia has been found to enhance the memory of older adults, and participating in sharing activities within small groups has a promoting effect on their overall health.

2 Matters needing attention in nostalgia therapy

Social workers should abide by the following basic principles when implementing individual or group nostalgia therapy.

a. To understand the physical, psychological, social and cultural background and past life experience of the elderly, and make a baseline assessment of the situation of the elderly.

b. Choose a safe, warm and suitable working environment.

c. Careful design and preparation are needed before implementation, and appropriate objective indicators need to be selected for effect evaluation.

d. Take the initiative to provide care, observe and deal with various emotional changes and emergencies in the group in a timely manner.

e. Use appropriate nostalgic tools and be good at using therapeutic negotiation skills.

f. Adopt an adoptive attitude and accept the behaviors and values of the elderly.

g. Do not interrupt the topic at will and give positive affirmation and feedback to the elderly at the right time.

h. Changes after receiving treatment for the elderly.

In addition, it should be noted that nostalgia therapy has a positive effect on depression, self-esteem and socialization of the elderly. This method does not apply to older people with severe cognitive problems, such as those with Alzheimer's disease, but it can be effective if systems are mild. This method is also not applicable to the elderly with behavioral disorder, severe mental illness and incontinence.

| Step Three | Master the Operational Skills of Nostalgia Therapy

Nostalgia therapy is a form of therapeutic conversation that falls under the category of treatment-oriented discussions. It involves purposeful and highly specialized communication between social workers, elderly individuals, and their families, centered around the goal of service provision. This therapy serves as an important method for gathering information about the elderly individuals. When using nostalgia therapy, social workers can learn from and follow the relevant contents of therapeutic conversation. From the perspective of therapeutic talks, social workers should seriously organize, arrange and plan the time, place, purpose, content and form of the conversation, and implement a good plan, and it is best to evaluate the effectiveness of the talks.

The purpose of the therapeutic conversation is as follows.

a. To establish and maintain a positive and open interpersonal relationship.

b. Gather the information about the elderly individuals.

c. Discuss identified issues with the elderly.

d. Consult and develop a common desired and targeted service plan with the elderly.

e. Provide new information and guidance to the elderly.

The process of therapeutic conversation includes the preparation of the conversation, the beginning of the conversation, the formal conversation and the end of the conversation. In order to improve the success rate and effectiveness of the conversation, social workers are required to prepare in advance at each stage.

① Preparation of the conversation

a. To have a comprehensive understanding of the relevant situation of the elderly, and if necessary, to learn about the situation of the elderly from other health service personnel and caregivers.

b. To clarify the objectives of the talks.

c. Choose the appropriate time for the conversation, usually when it is convenient for both parties.

d. Set the specific content of the interview according to the goal, and list the outline, so that the conversation can be closely related to the topic.

e. Arrange the environment for the conversation. First of all, to ensure a quiet environment and reduce the factors that distract the elderly, such as turning off the TV and radio; Second, to ensure the privacy of the space, such as closing the door, and it is best to ask other unrelated personnel to leave the meeting place temporarily if possible; Finally, treatment and nursing activities should be avoided and visitors should be declined during the conversation.

f. Inform the elderly in advance of the time of the conversation, so that the elderly can talk under good physical and mental conditions.

g. Social workers themselves should be prepared, including physical and psychological preparations, such as dignified appearance, amiable attitude and proper speech and behavior, so as to give the elderly a sense of trust.

② The beginning of the conversation

a. Address the elderly politely can help create a sense of equality and mutual.

b. Take the initiative to introduce yourself and tell the elderly your name and scope of responsibility, so as to create a sense of trust among the elderly.

c. To introduce to the elderly the purpose of the conversation and the approximate time required for the conversation.

d. To create a warm and quiet atmosphere for conversation.

e. Help the elderly to choose the appropriate location.

③ The formal conversation

a. Apply the skills of the conversation and ask questions according to the objectives and contents of the conversation.

b. Provide assistance to the elderly through specific interview methods, such as clarification, empathy, and provide information.

c. To observe the non-verbal performance of the elderly.

d. Communication skills such as silence, concentration and listening can be used to enhance the effectiveness of the talks.

④ The end of conversation

a. Prepare the elderly psychologically, such as saying to the elderly, "We only have 10 minutes to talk today" and so on.

b. Try not to ask new questions.

c. Briefly summarize the contents of the conversation.

d. Ask the elderly if they have anything to add, which can make up for the unexpected content.

e. Express gratitude to the elderly, arrange for the elderly to rest, and make an appointment for the next conversation if necessary.

The general considerations for therapeutic conversation are as follows.

a. Be compassionate and responsible for the elderly and care for the elderly.

b. Respect the personality of the elderly, address them properly and use appropriate words.

c. Respect the facts and seek truth from facts.

d. Be good at understanding and accepting the elderly.

e. Pay close attention to the subject during the conversation.

f. Use less professional words as much as possible.

g. Apply interpersonal communication skills.

h. Pay attention to the non-verbal performance of the elderly.

i. Pay attention to the confidentiality of the contents of the talks.

j. Keep a good record of the conversation carefully.

Extended Reading

Skills related to narrative therapy

In the process of social work service intervention, some methods and skills in narrative therapy are often used, including storytelling, externalizing problems and reshaping stories.

① Tell stories

By telling stories, individuals can change themselves. When individuals tell their own life stories, they can lead to new ideas, lead to different viewpoints, and then find new meaning of life. The process of narrative therapy is to first let the elderly tell their own life stories, and then take this as the main clue to reconstruct these stories through the interaction between social workers and the elderly, improve the original stories and add new content. Individuals often encounter a variety of problems in their daily work and life, which can also be regarded as composed of stories. When the elderly tell their "problem stories", social workers can guide the elderly to find meaningful places in the stories, that is, special events in narrative therapy.

② Externalizate problems

Externalizing problems refers to separating individuals from the problems they face. People are not synonymous with the problems; the problems are merely the problems themselves, separate from the individuals. In daily life, people encounter various problems, primarily because there is a certain conflict between their lives and the dominant narratives in reality. It is often challenging for people to identify the root causes of these problems. At this point, it is necessary to reevaluate the relationship between oneself and others, externalize the problems that exist within oneself, and effectively integrate personal significance with the prevailing narrative. Externalizing problems requires individuals to view the problems as external factors that can have an impact on them, rather than inherent traits they possess. One common skill used in externalizing problems is metaphor. After separating individuals from the problems, metaphors are utilized to instill confidence and hope in individuals. Social workers engage in a process of reconstructing the problems that the elderly face, enabling them to describe themselves using different language. Through this, they establish self-identity, enhance self-confidence, and construct new life narratives.

③ Reshape stories

In the process of narrative therapy, the elderly generally tell some short fragments of life, sometimes some problem stories after screening, and it is often easy to ignore many positive stories in life, thus looking at themselves more negatively and unable to form self-identity. At this time, the task of social workers is to help the elderly find neglected stories in life, conduct in-depth interviews with the elderly, and jointly find and develop new life stories and neglected storylines in the dialogue, make the elderly realize that there are still many hopes and possibilities in their future life, and give these stories a new meaning in life. After reshaping the story, the life story of the elderly will become richer and richer, and establish a strong self-identity, even the "problem story" can bring unusual meaning to the individual life. After receiving the professional services of social workers, individuals can create some new stories and find the way of life they really want.

Task Work Order

practical training in reminiscence therapy

Task Name		**School Hours**		**Training Object**	
Student Name		**Contact Number**		**Task Grade**	
Task Device		**Operating Time**		**Operating Location**	
Scenario Introduction	Grandma Li, a 77-year-old female with a primary school education, was a sewing worker before she retired. Her husband died of illness ten years ago, and her son privately sold her house three years ago, leaving her homeless. With the help of her sister. In september 2018, Grandma Li moved into a community nursing home with the assistance of her sister. Since coming to the nursing home, Grandma Li has been in a state of self-isolation for a long time and has little contact with the outside world. Before coming to the nursing home, she had several colleagues and friends who could chat with each other. She usually contacted each other frequently by phone, but she didn't contact her very often after she came to the nursing home. Only when Grandma Li's sister visits her every month can she clearly feel happy. Recently, paramedics found that Grandma Li was lying in bed all day, unwilling to talk to others, her eyes were scattered and listless, and she even hid her medication and refused to take it. The nursing staff reported Grandma Li's situation to the dean, who was very concerned about Grandma Li's condition. In order to help Grandma Li enjoy a high quality and happy old age in the nursing home, the dean asked Xiao Liu, a social worker from the nursing home, to intervene to help Grandma Li				
Task Description	Combined with the contents of the case, in order to help Grandma Li out of her current predicament, please design a nostalgic treatment service program				
Task Analysis	When designing the service plan, the plan can be written from the following aspects: First, decompose the specific tasks in the task situation. Second, analyze the methods and skills necessary to complete the specific task. Third list the specific steps and timing needed to complete the task. Forth, list the human, material and social support resources involved in the process of completing the task				
Mission Purpose	a. To understand the specific application of nostalgia therapy. b. Be familiar with the specific operating steps of nostalgia therapy. c. Master the specific operation process of nostalgia therapy				
Operation Precautions	a. Appropriate objective indicators should be selected when designing service plans. b. Nostalgia therapy is not applicable to the elderly with serious cognitive problems				

(Continued)

Task Implementation	**Preparatory work**	
	Implementation process	
	Implementation summary	
	Implementation evaluation	
Teacher Evaluation		

Task 3 Master the Service Skills of Horticultural Therapy

Studies have shown that horticulture therapy can effectively stimulate the five senses of sight, smell, taste, hearing and touch in the elderly, improve the immune system and endocrine system, reduce the level of anxiety and depression in the elderly, and improve the cognitive function of the elderly to a certain extent.

Working Steps

Understand the Related Concepts of Horticulture Therapy

↓

Master the Operation Flow of Horticulture Therapy

↓

Be Familiar with the Operating Skills of Horticultural Therapy

Activity Contents

To read the case, please try to use gardening therapy to help the elderly living alone and empty nesters in the community to ease their emotions, improve their mental state and improve their quality of life.

Scenario Introduction

The current registered population in a certain community is 53, 04 people, of which 874 are elderly individuals aged 60 and above, accounting for approximately 16. 5% of the registered population. There are 92 individuals aged 80 and above, accounting for 10. 5% of the total elderly population. The community is characterized by a moderate aging population. Additionally, there are approximately 80 vulnerable elderly individuals in the community who live alone, have empty nests, require assistance in daily life, or have mobility issues.

During daily home visits, social workers find that some elderly people in this community are unwilling to go out of their homes and have nothing to do at home every day, which leads to poor psychological and emotional control, and is prone to sadness and depression because of loneliness and lack of care. In addition, with the increase of age, the desire of the elderly to participate in activities is very low, resulting in their physical and psychological characteristics and emotional changes, seriously affecting their quality of life and mental state.

Thinking and Discussion

Do you know what horticultural therapy can do for the elderly?

| Step One | Understand the Related Concepts of Horticulture Therapy

1 The definition of horticultural therapy

According to the American Horticultural Therapy Association, horticultural therapy is defined as an effective method of adjustment and renewal in social, educational, psychological, and physical aspects for individuals who require improvement in both their physical and mental well-being. Horticultural therapy primarily uses plants as a medium, allowing individuals to engage in gardening activities under certain conditions. Through plant cultivation and management, people can experience the positive effects brought by plants. This helps them recover emotionally and find joy in the embrace of nature. It fosters a sense of serenity and evokes pleasant memories amidst the fresh and fragrant surroundings. With the guidance of horticultural therapy theory, social workers can connect plants with the needs of the elderly in the community, guiding them to contemplate life and find meaning through plants.

2 Characteristics of horticultural therapy

(1) Diversity of activity objectives

Horticultural therapy is a therapeutic aimed at people who need to improve physically well-being. It involves purposeful gardening activities such as plant cultivation, pruning, and other activities to enhance the individual's quality of life. In the process of specific application, horticultural therapy often has the characteristics of multiple functions, not only through the color, taste, smell and touch of plants to stimulate the sensory organs of the human body, but also targeted design of plant planting can improve the limb function of the elderly, improve cognitive ability and train hand-eye coordination. At the same time, it can also help the elderly feel and grow, experience harvest, establish information, resolve stress, eliminate depression and so on.

(2) Diversification of service groups

The service population of horticultural therapy is not only suitable for specific elderly people, but also for healthy and sub-healthy people, and not for any particular disease. Therefore, the broad sense of horticultural therapy service population has a variety of characteristics.

(3) The two sides of activity effectiveness

According to the roles and efficacies of plants in the treatment process, horticultural therapy can be divided into horticultural therapy programs and therapeutic landscape. Horticultural therapy projects mainly produce active effects on participants through operational horticultural activities, while therapeutic landscapes produce passive effects on users through therapeutic landscape design. Therefore, the activity efficacy of horticultural therapy has the dual characteristics of initiative and passivity.

(4) Economy of cost-effectiveness

Horticultural therapy is different from other medical institutions or units, does not need to invest a lot of money to buy instruments, equipment, construction, the cost is relatively low. However this does not mean that horticultural therapy does not cost, but it is cheaper to buy horticultural aids, such as fertilizers and flowerpots, than to buy large equipment and build large buildings.

(5) The long-term nature of the treatment process

Horticultural therapy is a relatively slow treatment, only if we adhere to it for a long time, can we achieve satisfactory results.

3 The effectiveness of horticultural therapy

The goal of horticultural therapy is to improve cognition, focus attention, stimulate memory, improve quality of life, enhance self-confidence, relieve stress, adjust emotions, improve interpersonal and social skills, promote physical health, and develop vocational skills. Specifically, horticultural therapy has five effects that enable a person to achieve physical, psychological, social, cognitive and economic improvements.

(1) Promoting or maintaining physiological functions

Horticultural therapy is a comprehensive activity of the whole body. Proper labor can promote the training of various muscle groups, promote hand-eye coordination, improve physical health, and increase opportunities for outdoor activities. When elderly individuals have physical impairments, they can start with tasks like planting seeds and gradually increase the workload until they can harvest. Watering, fertilizing and pulling grass are mild activities, and when the elderly gradually recover, they can be allowed to reclaim wasteland, which is a high-intensity activity.

(2) Training and cultivating positive psychology

Through landscape construction and collective gardening activities, horticultural therapy can not only increase the opportunities of communication and cooperation between people, transfer negative emotions, eliminate restlessness, nervousness and impatience, but also promote self-efficacy and satisfaction, improve self-image and improve the quality of life. When someone is in a bad mood, doesn't want to go out, or feels lonely, they can make a carnation out of recycled paper at home, or plant something valuable in a flowerpot. They can also go out to buy some succulent plants and set up a succulent plant. Actually, the best way to change one's mood is to try one's best to help people in need, so that one can see their own value and the meaning of life.

(3) To upgrade social skills or increase social opportunities

Through gardening activities, the elderly can make new friends, increase opportunities for communication and interaction, and improve communication skills. If gardening is taken as a hobby, it can lead to horticultural diplomacy, where friend ships are formed based on a common love for plants. In addition, gardening gives us opportunities to go out, such as visiting botanical gardens, attending exhibitions, participating in cooking gatherings, going out to buy plants or books.

(4) To improve and enhance cognitive awareness

Horticultural therapy enables the elderly to gain sensory experience through the color and smell of plants. At the same time, in the process of horticultural activities, the elderly are often required to follow the established sowing order, so they need to stimulate their memory, improve their concentration and promote their observation training. Additionally, horticultural therapy can also promote the elderly to learn new knowledge and skills, enhance the ability to solve problems, and enhance the cognitive awareness of the elderly as a whole.

If someone's logic or cognitive ability is poor, then planting plants is a good choice. This is because planting is something that can be achieved by following the steps. For example, choosing to plant tomatoes, burying seeds in the soil, watering, fertilizing, weeding, setting up stents, catching pests, harvesting, eating, each step is clear and gives people a sense of achievement.

(5) To obtain appropriate economic benefits

In horticultural activities, you can choose to cultivate some economical plants. For example, if you are worried about pesticide residues or find the fruits and vegetables in the market are too expensive, you can grow your own fruits and vegetables.

| Step Two | Master the Operation Flow of Horticulture Therapy

1 Types of horticultural therapy

According to the needs and purposes of the clients, horticultural therapy generally includes three types. The first is functional horticulture, aiming to improve health levels and employability through rehabilitation. The second is therapeutic horticulture, primarily focused on medical aspects, aiming to expedite physical recovery and alleriate the pain caused by diseases. The third is social horticulture, aiming to enhauce the quality of life and promote general well-being.

2 Steps of horticultural therapy

Horticultural therapy serves the disabled, the elderly, the mentally ill, the mentally retarded, drug abusers, criminals and the weak in society and other physical and mental aspects of people in need of improvement. It is more suitable to carry out group activities for groups with higher homogeneity groups, so social workers should fully consider the service flow and skills of elderly groups when designing service programs.

(1) Assess the disease and set long-term treatment targets

Learn about the basic situation of the elderly, collect information from the elderly themselves, their families, hospitals or welfare centers receiving treatment, and compile information that can clarify the basic situation of the elderly and facilitate the implementation of the programme. Assess the disease status of the elderly, understand the abilities and obstacles of the elderly, and set achievable ultimate goals as well as long-term, medium-term and short-term goals. In order to set treatment goals reasonably, social workers should have knowledge of social welfare, medical care and psychology.

(2) Setting the effect of horticultural therapy

Choose the appropriate horticultural therapy to achieve the therapeutic effect. Generally, patients are allowed to relax and work together in a natural environment, learn how to get along with others, experience the sense of responsibility to take care of another life, understand their relationship with nature, experience the disappointment of plant withering, enhance their tolerance for setbacks, and experience the planting process. Train professional skills (the ability to operate instruments), communication skills, social skills, self-independence, emotional regulation and so on. At the same time, it also has the effect of eliminating restlessness and impatience, increasing the spiritual vitality of the elderly group, activating the atmosphere, cultivating creative passion, cultivating attention and so on.

(3) Designing horticultural therapy courses that meet the needs of customers

Horticultural therapy course consists of two parts: healing garden site design and placement and horticultural operation course design. The place where horticultural therapy is carried out should be fully considered when designing the course. Most of the work places that adopt horticultural therapy for the elderly are mental sanatoriums, welfare homes for the elderly, schools for the disabled, work-study schools, hospitals, colleges and universities, retirement dormitories and so on. The places where horticultural therapy is carried out are generally divided into indoor and outdoor places. Outdoor places, such as gardens, flower beds, roof gardens, balconies, roadsides, and indoor places such as canteens, reception rooms, living rooms, corridors, greenhouses, horticultural plastic sheds. Social workers should properly choose the place where the activities are carried out according to the physical and psychological characteristics of the clients.

① Design and placement of healing garden site

Usually in the design of healing, the following factors will be taken into account when designing the garden.

a. Location: Easily accessible, visible from indoors, availability of water and electricity.

b. Size: Not restricted by space, use of container gardening for customers with limited space.

c. Lighting: Adequate sunlight for at least six hours a day, consideration for shade or sheltered areas.

d. Safety considerations: Attention to slopes, surfaces, and potential hazards such as sharp corners.

e. Soil: Assessing the quality of soil; if the soil is unsuitable, the use of containers or raised beds may be considered.

f. Assessment of existing landscape elements for retention.

g. Proper height of flower beds to meet customer needs.

h. Establishing garden usage guidelines and opening hours.

The healing garden is specially designed according to the needs of the healer. For example, a botanical garden in New York City in the United States is specially designed for the disabled. The height, length and width of the flower bed are carefully designed so that the disabled can sit on the soft chair and reach out to touch the flowers and plants. There are safety railings in the garden, and blind people can walk along the railings, and the names and uses of various flowers and plants are engraved on bronze plates for blind people to read with their hands. Although blind people can not see, their sense of hearing, smell and touch are particularly sensitive. They listen to the wind blowing flowers and plants, insects and tourists talking in the garden, touch flowers and plants with their hands, and enjoy the pleasures of nature by smelling flowers and plants. The healing garden should be designed to facilitate the activities of the elderly, allowing the elderly to grow their own herbs that are easy to grow. They feel especially happy when they use the herbs they grow.

② Horticultural operation course design

When designing horticultural operation courses, we need to take full account of plant materials, garden tools, homework content (cultivation methods), homework time and so on.

When choosing plant materials, it is recommended to choose plants that stimulate the facial senses or evoke emotions, or find some novel plants or edible plants. The choice of plants also varies from person to person. For people who are depressed in spirit, if they choose the flowering perennial grass in the coming year, the effect is very poor, they should choose plants that sprout and grow fast, through the continuous changes of plant growth to help patients enhance their self-confidence, sense of satisfaction, sense of existence and so on. For the disabled, it is not enough to choose only annual plants. In order to help them establish the determination to fight against disabilities for a long time, plants with fast and slow growing periods should be selected, and should be combined with social activities to make them realize the value of their existence. In recent years, herbs have been widely used in plant selection in horticultural therapy. Because herbs can stimulate facial features and can be easily cultivated, and herbs can be processed into herbs, sachet, cosmetics, condiments, dyes and other green products, which are very popular in the market and give great encouragement to the therapists' spirit.

The content of homework is chosen according to the physical strength of the therapists, including heavy manual labor, light physical labor, indoor labor and outdoor labor. Outdoor work includes outdoor sightseeing, sowing, cutting, transplanting, weeding, watering, fertilization, harvest, flower bed making, etc. While indoor work includes horticultural plant books and periodicals reading, specimen making, flower arrangement, dehydrated flower production, flower basket wreath production, etc. and also participating in the production of green products such as incense bags, condiments, medicines, The activities designed must be the easiest for those who treat mild symptoms, and those with special treatment need special treatment. The efficacy of horticultural activities lies in the process itself, not in the final product.

(4) Conducting course operations

When horticultural therapy is carried out according to the plan, the therapist should be allowed to do it oneself as far as possible within the scope of physical strength and concentration. If the instructor does too much, the effect will be halved. The ability and interest of the healer should also be taken into account so that they can operate happily and easily.

(5) Results of assessment

After the implementation of the plan, all the contents of the operation, guidance methods and plans should be evaluated to determine the contents and objectives of the next implementation, and consult with other medical and welfare departments according to the actual situation. The evaluation should not be based on the harvest of horticultural works, but on the changes in action, mentality and the completion of therapeutic objectives caused by horticultural therapy activities.

| Step Three | Be Familiar with the Operating Skills of Horticultural Therapy

(1) Distinguishing between horticultural therapy and horticultural activity

Horticultural activity is plant-based. Participants learn some planting knowledge and skills by participating in horticultural activities and devote themselves to busy and interesting horticultural activities. Horticultural therapy is people-oriented, focusing on participating in the process and weakening the results of planting. When social workers carry out horticultural therapy, they should not only understand and experience the relevant horticultural planting methods, but also understand and master the concepts, techniques and skills of horticultural therapy. To carry out horticultural therapy for the elderly with cognitive impairment, social workers should evaluate their abilities and needs, set goals according to the situation, and design reasonable gardening activities, so as to achieve the effect of treatment. In this process, horticultural activity is only a medium, and planting results are not the primary goal, but focus on the improvement of the physical, mental and emotional state of the elderly. For example, in the "Green Garden" gardening group, the author asked the elderly to transplant peppermint plants, arrang flowers with all kinds of simulated flowers as materials, and collect flowers and leaves in the garden, to give them cognitive training in receiving information, language ability, computing ability, sensory vision and so on.

(2) Define the goal of group therapy

Horticultural therapy for teenagers often focuses on the improvement of self-efficacy and creativity, while horticultural therapy for decompression people focuses on feeling and experience and pays attention to the changes of inner activities. Horticultural therapy for the elderly with cognitive impairment needs to pay attention to the completion of the horticultural steps, so the horticultural steps should be refined in the horticultural group activities. At the same time, different gardening activities need to be arranged for the elderly with cognitive impairment at different stages. Social workers should carry out appropriate gardening activities according to the degree of degradation of the elderly. For example, for the elderly with mild cognitive impairment who can participate in general planting activities, the goal of the group may be to maintain physical function and improve self-esteem. For the elderly with moderate cognitive impairment, simple and relaxed activities are preferable, focusing on the process of participation of the elderly. For the elderly with severe cognitive impairment, the group goal should be sensory stimulation, so that the elderly can come into contact with the outside world and increase their sense of happiness. Most of the "Green Garden" gardening groups are elderly people with mild and moderate cognitive impairment, so I chose peppermint, a plant with unsmooth leaves and special taste, to train the elderly's sense of touch and smell. In the fifth section of group activities I also carry out sensory training for the elderly through plant treasure collection activities, and lets the elderly go out of the building to feel the green grass and a hundred flowers blossom.

(3) Pay attention to the improvement of self-efficacy

Gardening group activities are faced with cognitive impairment of the elderly, so the group task should be small and specific, otherwise it is more difficult for the team members to complete. Whether it is to allow the team members to complete the action of picking and releasing plants, or to plant a specified number of plants, or to control the amount of water, all of these can better reflect the effectiveness of the group. In the choice of plants, it is appropriate to choose plants that are easy to grow and easy to survive, basically do not need to take care of, and have a quick income, such as lettuce, cherry radish, so that team members can easily get a sense of achievement. Horticultural therapy groups are usually carried out for only a few weeks, during which the team members can gain something by observing the changes of the plants, so as to improve the enthusiasm and efficacy of the team members.

(4) Engaging the attention of team members tightly

The elderly with cognitive impairment usually have difficulty in concentration, loss of will, and even emotional apathy. Therefore, in horticultural activities, plants with bright colors, rich shapes and obvious sensory stimulation should be selected as far as possible, and gaudy, novel and creative props should be selected in order to catch the attention of the team members as much as possible. The operation of planting should be simplified as much as possible in the process of horticultural planting. If the operation links are designed too much, the patience of the team members will be weakened. The "Green Garden" gardening team only requires its members to complete the three steps of soil loading, planting and watering in each group task. In addition, in the program design, we should pay attention to the emotional experience of the elderly and attract the attention of the team members by activating the group atmosphere. For example, if the task length of each group is 1 hour, the gardening operation part can take up to 40 minutes. Before and after group activities, we can enrich the content of group activities by adding interaction and sharing links. While increasing the interest of group activities, we should also pay attention to the changes of social needs and emotional feelings of group members.

Extended Reading

Singapore Has Built a Garden for Cognitive Impairment in the Elderly

In order to help the sick elderly, Singapore National Park has built a "rehabilitation garden" for people with cognitive impairment. The garden, located on Hyderabad Road in Singapore, is designed by the NUHS College of Health Sciences of the National University of Singapore and is aimed at the elderly with cognitive impairment. Within this garden, there are plants of various colors, scents, and shapes, along with different types of seating. This allows visitors to observe flowers and plants of different shapes and colors throughout the year. The cement pathways are imprinted with leaves of various plants since elderly individuals often walk with their heads down, making the ground surface important as well. Furthermore, there are tinkling fountains, lifelike animal models, and dedicated areas for various gardening activities suitable for the elderly. All the designs described above are closely related to horticultural therapy.

(source: https//mp. weixin. qq. com/s/dgAwHHDTmokJZBIQsvFtew)

Task Work Order

practical training in horticultural therapy

<table>
<tr><td>Task Name</td><td></td><td>School Hours</td><td></td><td>Training Object</td><td></td></tr>
<tr><td>Student Name</td><td></td><td>Contact Number</td><td></td><td>Task Grade</td><td></td></tr>
<tr><td>Task Device</td><td></td><td>Operating Time</td><td></td><td>Operating Location</td><td></td></tr>
<tr><td>Scenario Introduction</td><td colspan="5">In the process of visiting the community, social workers found that there were a large number of elderly people in the community they served, accounting for 60% of the total population. These elderly people, upon retiring, return to the community and experience disparities in various aspects such as physical and mental well-being, due to the decline of physiological functions and social roles . This gap lowers their self-confidence and makes their attitude towards life negative. In the process of communicating with the elderly, social workers found that some of the elderly showed negative emotions such as disappointment and uselessness. In order to help the elderly regain their self-confidence and guide them to face life with a positive attitude towards life, social workers plan to carry out life education activities for the elderly under the guidance of the theory of horticultural therapy. It is hoped that the elderly can get emotional recovery and spiritual pleasure by feeling the positive effects of plants</td></tr>
<tr><td>Task Description</td><td colspan="5">According to the introduction of the above cases, use horticultural therapy to design a service scheme</td></tr>
<tr><td>Mission Purpose</td><td colspan="5">a. Understand the basic contents of horticulture therapy.
b. Master the steps and methods of horticulture therapy</td></tr>
<tr><td>Operation Precautions</td><td colspan="5">Usually, horticultural therapy service plan should include treatment goal, needs assessment, implementation steps, implementation process, archival records, effect evaluation, summary report and so on</td></tr>
<tr><td rowspan="4">Task Implementation</td><td>Preparatory work</td><td colspan="4"></td></tr>
<tr><td>Implementation process</td><td colspan="4"></td></tr>
<tr><td>Implementation summary</td><td colspan="4"></td></tr>
<tr><td>Implementation evaluation</td><td colspan="4"></td></tr>
<tr><td>Teacher Evaluation</td><td colspan="5"></td></tr>
</table>

Item Ⅲ
Community-Based Elderly Social Work Services

Project Information

Task name

Community-Based Elderly Social Work Services.

Objectives

1. Understand of the service environment for elderly social work in the community.
2. Explore the main components of elderly social work in the community.
3. Acquire skills to assess the needs of the elderly in the community.
4. Gain proficiency in planning community-based activities (proposal) for the elderly.

Breakdown

Task 1: Understand the service environment for elderly social work in the community.
Task 2: Acquire skills to assess the needs of the elderly in the community.
Task 3: Implement community social work services for the elderly.

Task 1 Understand of the service environment for elderly social work in the community

The community serves as a vital working environment for elderly social workers. It is through engaging with the public, gaining an in-depth understanding of the community, and embracing its essence that social workers can truly understand the needs of both the community and elderly people, delivering impactful services.

Working Steps

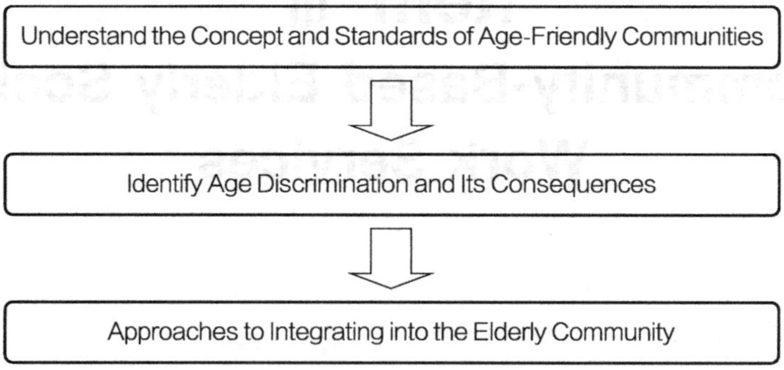

Activity Contents

Please review the materials and analyze the reasons behind the initiation of the age-friendly renovation project in Xi'an. What characteristics define a truly age-friendly community living environment?

Scenario Introduction

Statistics show that half of the 267 million elderly people in China are "empty-nest elderly" or living alone. The lack of call and alarm systems, bathroom handrails, and adequate lighting can pose inconveniences and even dangers to them.

In an effort to address these issues, Xi'an launched an age-friendly renovation project in 2021, specifically targeting household enjoying the minimum living guarantee, disabled elderly, and other vulnerable elderly families. The renovation initiative adopts a form of "one household, one design", encompassing enhancements to flooring, handrails, thresholds, and entrance doors. The primary focus of the renovation efforts lies in improving bedrooms and bathrooms, with additional provisions such as night lights, hearing aids, and magnifiers tailored to the specific needs of the elderly.

These measures have significantly improved the quality of elderly home care, providing them with a reassuring living environment.

Thinking and Discussion

Are you aware of what constitutes a truly conducive community environment for the elderly to reside in?

| Step One | Understand the Concept and Standards of Age-Friendly Communities

Aging is a gradual process in life. Therefore, it is crucial to incorporate the provision of a supportive environment for elderly people during urban development, which should enable them to navigate their surroundings without obstacles and empower them to embrace aging with a positive mindset.

1 The concept of age-friendly community development

In 2002, the World Health Organization (WHO) pioneered the concept of active aging and subsequently evolved it into the idea of "age-friendly cities". An age-friendly city is designed to embody principles of respect, equality, and non-discrimination on age, gender, and culture. It aims to remove physical barriers that impede the mobility of elderly people and address the invisible obstacles that discourage their engagement. It envisions a city where elderly people can live and move freely, promoting respect, care, unhindered movement, accessibility, comfortable living, connectivity, well-being, and graceful aging.

In 2007, WHO released *A Guide for Global Age-Friendly Cities,* aiming to assist developing countries in proactively addressing the growing needs of their aging populations within the urban development. The *Guide* includes statistical analysis and discussions on the current situation of elderly people. It presents eight key issues for consideration, including accessible and safe public spaces, transportation facilities, housing, social participation, respect and social inclusion, employment and volunteer services, communication and information, as well as community and health services, through which the *Guide* prompt cities to examine their architectural frameworks, environments, services, and policies, encouraging self-reflection on the challenges posed by population aging and contemplating how to create a more age-friendly urban landscape.

2 Objectives of establishing an age-friendly community

The objectives of establishing an age-friendly community revolve around enhancing the physical and psychological health of elderly people. The promotion of health should address the following four dimensions of elderly people's needs:

a. Fulfilling the basic needs and instilling a sense of security among elderly people.

b. Enhancing the physical and mental well-being of elderly people and improving their overall life satisfaction.

c. Facilitating greater independence and self-determination for elderly people, cultivating a sense of autonomy.

d. Encouraging active participation of elderly people in community life, fostering a sense of purpose and fulfillment.

3 Practice standards for age-friendly communities

Age-friendly communities and cities adhere to eight comprehensive standards. The indicators for outdoor spaces, transportation, and housing aim to evaluate the physical infrastructure and facilities, ensuring a friendly and secure community environment. The indicators for social participation, respect for elderly people and social inclusion, citizen engagement and employment opportunities, information and communication, and community support and health services are utilized to assess the service structures and amenities within the community for their age-friendliness. These five indicators above are dedicated to supporting elderly people in living meaningful lives and actively integrating in the community and age-friendly services.

(1) Outdoor spaces

a. Environment: The city or community should be clean and hygienic, with safe green spaces and pathways. There are an ample number of shaded areas, sanitary facilities, and seats available. The pathways are free from obstacles and provide easy access for pedestrians, with flat surfaces. The sanitary facilities are plentiful and easily accessible.

b. Outdoor Seating: Adequate seating arrangements are provided, especially in parks and public spaces. Surveillance devices or patrol personnel should be present near seating areas to ensure the safety of all residents.

c. Sidewalks: Well-maintained sidewalks are flat, wide enough to accommodate wheelchair access, and free from any obstructions.

d. Roads: Prominent and slip-resistant pedestrian crossings, with clearly marked zebra lines, ensure the safety of pedestrians. Pedestrian signals are equipped with visual and auditory cues, allowing elderly people ample time to cross safely.

e. Transportation: Pedestrians, non-motorized vehicles, and motorized vehicles strictly observe traffic rules, with pedestrians given priority.

f. Safety: Well-illuminated streets, regular police patrols ensuring personal and community security.

g. Services: Conveniently situated facilities in close proximity to elderly people's residential areas, easily accessible. Special customer services provided for elderly people, including dedicated queue areas or separate cashier counters.

h. Public Restrooms: Clean, well-maintained, clearly marked, and conveniently located, catering to residents with diverse physical requirements.

(2) Transportation

a. Affordability: Public transportation offers discounted fares for elderly people and maintains high reliability and frequency of service.

b. Destination Accessibility: Access to residential communities where elderly people reside and to senior citizens activity center.

c. Specialized Transportation for elderly people and the disabled: Vehicles with adjustable chassis, low-step entry, and spacious seating.

d. Dedicated Services for People with Disabilities: Reserved seating for elderly people and individuals with disabilities.

e. Driver Standards: Bus drivers receive specialized training to ensure they are courteous, adhere to traffic regulations, and willingly assist passengers with limited mobility.

f. Safety and Comfort: Public transportation should prioritize safety and take measures to prevent crimes like theft and incidents of overcrowding.

g. Bus and Subway Stations: Equipped with ramps, escalators, elevators, public restrooms, and clear signage.

h. Information: Clear and visible schedules, distinct identification of designated public transportation routes and vehicles for the disabled.

i. Community Transportation Services: Recruitment of volunteer drivers and vehicles to facilitate elderly people's participation in special activities or access specific locations.

j. Taxi Services: Attentive service, affordability, and provision of subsidies for low-income elderly people. Spacious interiors accommodate wheelchairs or mobility aids.

k. Road Infrastructure: Wide, well-illuminated roads with unobstructed visibility for drivers.

l. Driver Skill Development: Provision of refresher courses for driving skills.

(3) Housing

a. Buildings: Designed to be easily accessible, featuring elevators, ramps, and non-slip flooring. Rest areas are equipped with comfortable seating.

b. Affordability: Ensuring that all elderly people have access to affordable housing options, including options for low-income housing or public housing.

c. Basic amenities: Providing essential services such as air conditioning, heating, water supply, electricity, and sanitary facilities.

d. Design: The structure is sturdy, providing ample space for elderly people to move freely. It caters to the needs of the elderly with flat surfaces, spacious wheelchair-accessible pathways, well-designed bathrooms, showers, and kitchens. Rooms and corridors are well-lit, with clear pathways free from tripping hazards such as clutter and exposed wires. Staircases are equipped with lighting fixtures and secure handrails, while bathtubs and shower areas feature handrails and non-slip mats.

e. Renovation: Meeting the specific needs of elderly people; ensuring that renovation costs are affordable; providing financial support for furniture modifications; maintaining public housing, rental properties, and public spaces in good condition.

f. Maintenance: Keeping maintenance costs within the financial capabilities of elderly people; engaging qualified and trustworthy service providers. The local government can offer a reliable directory of maintenance service providers.

g. Home Safety: Closely related to quality of life. A single fall can potentially ruin the remaining years of an elderly people's life. Research has revealed that if an elderly people suffers a hip or leg bone fracture, there is a 50% chance they may never fully recover to their previous level of physical activity. Limited mobility often hinders their active participation in community activities, leading to adverse effects on their mental well-being, such as feelings of loneliness and depression. Moreover, falls account for a significant number of injuries and fatalities among individuals aged 65 and above, with home environments being the most common settings for such incidents. Due to age-related physical decline, elderly people may face difficulties in their mobility. To preserve their physical functionality and mobility, they often rely on mobility aids such as canes, walkers, and wheelchairs. However, improper usage of these assistive devices can increase the risk of falls. Thus, it becomes imperative to assess and ensure home safety in order to prevent falls and their consequences.

h. Fire Hazard Assessment: Is there any potential fire hazard inside the house, such as piled-up magazines, books, papers? Are smoke detectors, carbon monoxide detectors, and lifeline system (such as panic buttons) installed inside the house to facilitate emergency assistance for elderly people?

i. Environmental Considerations: elderly people often develop a strong attachment to their long-term living environment and are reluctant to leave their familiar surroundings. In such cases, providing in-home services for elderly people is preferable to relocation.

j. Community Integration: Increasing opportunities for elderly people to participate in community activities enhances their sense of purpose and meaning in life.

(4) Social participation

a. Easily Accessible Social Venues and Activity Locations: Located in communities and their vicinity where elderly people reside, these places are convenient for elderly people to visit and can be reached via affordable and convenient transportation options. The timing of activities is designed to accommodate elderly people, ensuring they can participate without difficulty. Admission to these venues is open to all, without the need for special memberships, and the entry process is streamlined, enabling quick and hassle-free ticket purchases, minimizing the time elderly people need to spend in queues.

b. Affordability: The costs associated with traveling to social gathering places, participating in activities, and visiting local attractions should be within the financial means of elderly people.

c. Facilities and Environment: There are plenty of venues available for elderly people to participate in social gatherings, including activity centers, schools, libraries, community centers in residential areas, parks, and gardens. These locations should be easily accessible, with convenient facilities to accommodate the disabled and those in need of special care.

d. Activity Promotion: Ensure effective communication of social venues and event information to elderly people, including specific details of the activities and transportation options.

e. Alleviating Elderly Isolation: Enhance elderly participation by personally inviting them to events through customized invitations. Social workers should proactively support isolated elderly people in integrating into the community, employing strategies such as home visits or regular phone calls.

f. Fostering Community Integration: Encourage individuals of diverse age groups to make use of community facilities for a range of activities, fostering interaction and communication among various segments of the community.

(5) Respect for the elderly and social inclusion

a. Elderly-friendly and Inclusive Services: Public institutions, volunteer organizations, and businesses should seek input and suggestions from the elderly community when providing services, in order to better meet their needs. Services and products offered by these entities should be tailored to cater to the preferences and requirements of the elderly. Service personnel should be well-mannered and adequately trained to provide excellent service to the elderly.

b. Positive Public Image of Aging: Public media should portray the image of the elderly in a positive and proactive manner, avoiding the formation of stereotypes about elderly people among the general public.

c. Inter-generational Communication and Family Interaction: Community-based social spaces and activities should cater to the needs and preferences of people across different age groups. Community activities targeted at "families" should particularly encourage the participation of elderly people. Regular events should be organized with the aim of bringing together people from different generations, fostering mutual appreciation and enrichment among different age groups.

d. Public Education: Incorporate education about aging and elderly people into the curriculum of elementary and secondary schools. Encourage regular and active participation of elderly people in local school activities, fostering communication with children and teachers. Create opportunities and platforms for elderly people to share their knowledge, life experiences, and skills with the younger generation.

e. Community Integration: When community decisions involve elderly people, their full participation should be ensured. The community should not only acknowledge the contributions elderly people have made in the past but also value their current contributions. In activities aimed at strengthening neighborly relationships and mutual assistance, elderly people should be regarded as key informants, advisors, actors, and beneficiaries.

f. Economic Inclusion: Ensure that economically disadvantaged elderly people have access to services and activities provided by public, voluntary, and private institutions.

(6) Citizen engagement and employment opportunities

a. Volunteer Opportunities: Offer a wide array of volunteer opportunities specifically designed for elderly people. Ensure that volunteer organizations thrive with robust training programs and an abundance of dedicated volunteers. Align volunteers' skills and interests with suitable positions, and provide them with favorable support, including provisions for transportation and parking expenses.

b. Employment Opportunities: Offer a diverse range of employment opportunities that are suitable for elderly people. Implement relevant policies to prevent age discrimination. Emphasize retirement as a personal choice rather than a mandatory requirement, allowing older individuals to explore flexible employment options such as part-time positions or second careers. Establish dedicated programs and employment agencies that cater specifically to the needs of elderly people seeking reemployment. Encourage and support elderly people to engage in volunteer work and provide incentives for employers to hire and retain experienced older workers.

c. Training Opportunities: Provide older individuals who have retired with opportunities for vocational training, such as acquiring new skills.

d. Civic Engagement: Include elderly people in advisory committees and organizational boards. Support their active involvement in the planning and implementation of meetings and community initiatives. Encourage their participation in local political activities.

e. Respect and Recognition: Acknowledge and honor the significant contributions that elderly people have made to society. Employers and institutions should prioritize meeting the needs of older individuals. Promote the advantages of hiring and retaining older employees within workforce.

f. Entrepreneurial Opportunities: Support elderly people in entrepreneurship and self-employment endeavors (such as establishing farmer's markets, providing training for small businesses, and offering small-scale financing options to elderly people). Support small businesses in adapting their products to suit the needs of older people.

g. Fair Compensation: Ensure elderly people receive equitable remuneration. Reimburse volunteers for any expenses incurred during their voluntary services.

(7) Information and communication

a. Information Access: A basic and comprehensive information system should be established, including written information, broadcast information, and communication information. Ensuring that information reaches the homes of elderly people or the locations where they engage in daily activities. Setting up information dissemination centers to coordinate information dissemination within the community and serve as a "one-stop hub" for accessing information. Mass media and specific media should regularly provide information and radio programs that cater to the interests of older people.

b. Printed Information: Ensure that text in official forms, TV subtitles, and display screens is presented in large font size. Use clear and bold headings for outlines and documents.

c. Concise Language: Use concise and familiar language in printed materials and verbal communication, keeping sentences short and straightforward.

d. Automated Communication Devices: The voice prompts for telephone answering services should be delivered in a slow and clear manner, ensuring that listeners are informed about how to replay the prompts. Users should have the choice to engage in conversations with live service representatives or leave messages and await a callback. Electronic devices, such as mobile phones, radios, televisions, and ticket vending machines, should feature large keypads and utilize a larger font size for text display. Service machines in banks, post offices, and other service-oriented establishments should have brighter display screens and offer screens positioned at various heights to accommodate the needs of diverse individuals.

e. Computers and Internet: Computers and internet access should be widely available in public spaces, such as government offices, community centers, and libraries.

(8) Community support and health services

a. Service Accessibility: In urban or community settings, health services and social services should be distributed, located in close proximity to each other, and accessible by various modes of transportation. Institutions that provide residential care, such as retirement homes and nursing homes, are situated near various services and residential areas to ensure that residents receiving inpatient care can integrate into the surrounding community. Service facilities are structurally safe, convenient for the access and use of the disabled. Clear and understandable information is provided to elderly people to assist them in accessing health and social services. Administrative and service personnel should treat elderly people with respect. Economic barriers that could hinder the use of health and community services are minimized. Designated cemeteries should be recommended for elderly people.

b. Service Delivery: Ensure ample availability of healthcare services and community support services to restore, maintain, and enhance the well-being of residents. Home care services should encompass medical assistance, personal care, and household service. Tailor health and social services to address the needs and concerns of elderly people. Professional service providers should possess the necessary skills to effectively communicate with and serve the elderly.

c. Volunteer Support: Ensure a diverse range of volunteers across different age groups to assist elderly people in different healthcare facilities and community settings.

d. Emergency Preparedness and Medical Aid: Services should be provided based on the needs and physical capabilities of elderly people.

| Step Two | Identify Age Discrimination and Its Consequences

The environment of an age-friendly community is a necessary condition for healthy aging, active aging, and meaningful social participation of older people, where they can do something in old age and find joy in their later years. However, ageism remains a pervasive social issue that can occur in any community. One of the most prevalent forms of ageism is the tendency to underestimate the cognitive abilities and work capacity of older individuals, labeling their ideas as outdated, and consequently marginalizing them in everyday life. This lack of understanding their actual needs, as well as their psychological and physiological characteristics, leads to a lack of respect in daily interactions and, in extreme cases, elder abuse.

1 The meaning of ageism

Ageism refers to the prejudice directed towards older individuals based solely on their age. Many people tend to view aging in a negative light, associating it with dependence, cognitive decline, depression, physical and mental deterioration, or a lack of emotional vitality. Overall, there is fear and misunderstanding among the general public regarding the natural aging process, leading to biases against elderly people. Their impressions of elderly people are often negative, and they may perceive elderly people as having little value or consider it acceptable to provide them with subpar and unequal treatment conditions. It is necessary for the majority of people, including some elderly social workers, to increase self-awareness regarding age discrimination. These negative attitudes may stem from past experiences, media influence, and outdated beliefs.

2 The harms of ageism

The improper attitudes and prejudices towards elderly people not only affect how professionals and society treat them but also impact how older individuals perceive themselves. By internalizing negative stereotypes about aging, elderly people may develop a sense of negativity and restrict their own activities. The fear of aging is a widespread phenomenon, and ageism reinforces the perception that growing old is undesirable and unappealing. It is imperative that we confront our own apprehensions about aging. Research has demonstrated that ageism has significant detrimental effects on elderly people: (a) If elderly people believe that diseases are an inevitable part of the aging process, they may be less inclined to seek treatment for their ailments. ② Due to a lack of confidence in their ability to recover, elderly people may be reluctant to actively participate in rehabilitation programs. (b) If elderly people, social workers, or healthcare providers perceive depression as a normal aspect of aging, they may be less motivated to pursue proactive treatment options. (c) If elderly people, social workers, or healthcare providers hold the belief that aging inherently limits capabilities, they may unintentionally reinforce negative attitudes and behaviors in elderly people, potentially encouraging a sense of helplessness. Consequently, these limitations can contribute to increased dependence among elderly people. This behavior is defined as "disabling support" in contrast to "enabling support.

Extended Reading

Testing if You Hold Negative views Towards Elderly people

In daily life, ageism may occur unconsciously or inadvertently. Many people unknowingly hold various negative attitudes towards elderly people. By answering the following questions, you can assess or reflect on whether you have negative perceptions of elderly people.

a. Do you believe that elderly people are capable of acquiring new knowledge?

b. Do you believe that elderly people can maintain a healthy lifestyle for another 30 years after retiring at the age of 60?

c. What is your greatest fear regarding the aging process?

d. Do you believe that cognitive impairments are an inevitable part of aging?

e. Reflecting on two individuals you know who are over 80 years old—one appearing youthful and the other appearing old—what factors do you think contribute to their different appearances?

f. What are some things that elderly people now possess that they didn' t have when they were younger?

g. What are some things that elderly people had during their youth but have since lost?

Elderly social workers need to be mindful of their own attitudes towards the aging process and elderly people. However, it is a reality that society harbors many widely accepted negative stereotypes about elderly people, even though these stereotypes may not be based on factual evidence. Many people firmly believe in these negative stereotypes. For instance, many individuals assume that elderly people are frail and stubborn, when in fact, many elderly people are healthy and adaptable. They enjoy physical activities, embrace learning new things, and face challenges head-on. The aforementioned questions are intended for social workers to engage in self-reflection and assess whether they may unknowingly hold ageist views. Please note that there are no absolute right or wrong answers to these questions, so it is not necessary to strive for definitive responses.

| Step Three | Approaches to Integrating into the Elderly Community

Understanding the community is the foundation for developing community service plans. It is both an important step in community work and an essential process. Only by understanding the community, integrating into the community environment, can one explore the community's needs, assess community resources, and identify community issues. This, in turn, allows for the development of community action plans to effectively achieve work goals.

1 Preparation for community integration

Prior to engaging with a community, social workers must acquire essential knowledge about their role, which includes understanding the organization they work for, understanding the organizational structure, and distribution of tasks within the institution, and getting to know their colleagues.

(1) Understanding the organization they work for

When engaging in community work, social workers undoubtedly rely on the support of their employing organization. Therefore, it is essential to have a fundamental understanding of the organization they work for. Firstly, social workers should familiarize themselves with the organization's mission and philosophy, grasping its core values and inclinations. Understanding whether the organization prioritizes providing specific services or empowering the community is crucial. The former focuses on utilizing professional staff and expertise to address community issues, while the latter emphasizes the exploration of community resources and collaborative problem-solving. Secondly, social workers need to discern the organization's target population in the community, the rationale behind this selection, and whether the organization maintains a conservative or innovative approach in its operational style. Lastly, social workers should be aware of the organization's relationship with other community entities and groups, as well as its reputation, influence, and visibility within the community. This comprehensive understanding allows for an accurate positioning of the organization and facilitates the implementation of appropriate strategies when collaborating with other organizations in future endeavors.

(2) Understanding the organizational structure and distribution of tasks within the institution

Organizations usually have various departments, which are divided based on functional, geographical, or project-related aspects. These divisions allocate specific tasks and responsibilities to staff members, outlining their roles within the organization. Social workers need to understand their roles within the organizational structure, including the areas of work they are responsible for, the extent of their authority and responsibilities, and the decision-making autonomy they possess. It is important for social workers to be aware of which matters they can handle independently, which ones require reporting to superiors, and which ones require approval before taking action.

(3) Getting to know the colleagues

Social workers in community settings often work as part of a team, and it is crucial for them to develop a solid understanding, trust, and rapport with their colleagues. This enables effective communication, mutual support, and successful collaboration in their professional endeavors.

2 Approaches to understanding the community

There are various ways and channels to understand a community, and social workers should make use of different methods and channels to gather information. For example, actively participating in important community events, visiting community residents or leaders, organizing community activities, actively engaging in community affairs, and creating community resource maps, among others.

(1) Actively participating in significant community events

For example, participating in community events held during holidays or traditional activities that have already been established in the community, and seizing opportunities to make appearances in these events. Usually, there is a larger turnout of residents for such events, and various community groups and organizations (such as property management companies) also delegate representatives to attend. Therefore, it is a good opportunity to get to know the community residents and gradually make oneself known and familiar to them.

(2) Organizing community activities

The organization where social workers are employed can initiate community activities and extend invitations to residents and other community groups. This proactive approach creates opportunities for interaction with other community members and serves as a platform to promote and introduce the services provided by both the social workers and their organization.

(3) Actively engaging in community affair

Social workers should actively participate in community discussions, attend relevant meetings, and contribute their insights and recommendations. They should also provide assistance within their capacity to support community needs. Through these avenues, social workers have the opportunity to showcase their organization's mission, service philosophy, available resources, and service offerings to community residents, groups, and organizations, thus establishing a foundation for future collaboration.

(4) Conducting visits to community residents or leaders

Social workers can engage in individualized home visits or conversations with community residents or leaders, which allows for a deeper understanding of their specific needs and collection of personalized information. Besides conducting field observations provides a more comprehensive understanding of the community dynamics. In some cases, social workers may even choose to reside within the community they serve for a period of time, allowing them to acquire a more profound understanding of its needs and challenges. Furthermore, visiting community residents or leaders is beneficial for social workers to establish working relationships with service users. However, it is important to acknowledge that individualized home visits require a considerable amount of time and effort, and social worker need to be patient in organizing fragmented information afterward.

3 Getting acquainted with the community background

Getting to know a community often requires a process that takes time and may involve several stages; it cannot be achieved overnight. However, social workers should still be prepared to have a comprehensive and all-encompassing understanding of the community because only then can they truly outline the community's profile. Becoming familiar with the community's background and acquiring knowledge of its basic information is the primary task in gaining a comprehesive understanding of community.

Gaining a thorough understanding of the community background not only strengthens social workers' knowledge of the community but also provides valuable insights for identifying target populations, selecting service activities, and planning future projects.

(1) Geographical environment of the community

Information about the geographical environment of a community can generally be obtained from the district government and neighborhood offices. It includes aspects such as location and boundaries, environmental design and land use, transportation, infrastructure, social services, commercial services, and economic factors. However, the concept of community boundaries may have different meanings for residents, who may define their community based on factors such as their living area, important landmarks, or historical memory. Social workers can organize community resident activities and invite residents to collectively define the community's geographical area and environment.

(2) Demographic profile of the community

The population status of a community primarily includes the total population, gender ratio, age distribution, and characteristics of the resident groups, including ethnic minorities and migrant populations. This data can be obtained from the local community committee or police station. However, it's important to consider that due to factors like new home purchases and rental situations, there may be frequent changes in household composition within the community. Therefore, if necessary, social workers can conduct household surveys to gain a practical understanding of the resident population in the community. By obtaining this information, they can be utilized not only for community introductions but also to gain a more accurate understanding of the potential needs of community residents and the available resources such as human resources, material resources, and financial resources that can be developed. Additionally, social workers also need to grasp the state of neighborhood relationships within the community and how residents influence one another.

(3) Community resources

The resources within a community primarily include public facilities, educational institutions, healthcare units, community organizations, financial institutions, commercial establishments, and more. Social workers can gain an understanding of community resources through the following aspects: (a) Location, daily operations, and impact on community residents' lives; (b) Utilization of resources; (c) Community involvement. In addition, social workers need to be aware of the social services currently available in the community and how these services benefit the residents of community.

Task Work Order

Understanding the Social Work Service Environment for the Elderly in the Community

<table>
<tr><td>Task Name</td><td></td><td>Credit Hours</td><td></td><td>Training Object</td><td></td></tr>
<tr><td>Student Name</td><td></td><td>Contact Number</td><td></td><td>Task Grade</td><td></td></tr>
<tr><td>Task Device</td><td></td><td>Operating Time</td><td></td><td>Operating Location</td><td></td></tr>
<tr><td>Scenario Introduction</td><td colspan="5">Grandma Li, aged 74, has two sons. She suffers from rheumatic pain in her lower back and legs, chronic bronchitis, and palpitations, requiring regular medical visits and medication. While she is capable of managing her daily life, rainy and windy weather exacerbates her pain and diminishes her mobility, particularly when getting up from the toilet. Due to limited financial means, Grandma Li has not purchased any retirement insurance and relies solely on a monthly “elderly allowance” of CNY 300 and support from her children. Currently, she resides in the same building as her younger son, occupying the attic between the first and second floors, while her son’s family resides on the second floor. Grandma Li prefers to stay on the first floor for her daily activities and is generally content with this arrangement. However, the stairs leading to the attic lack handrails, leaving her to cautiously navigate by relying on the wall for support. Unfortunately, she had a fall while descending the stairs once, which has since instilled fear in her when going up and down. Grandma Li desires a change in her current living environment but is unsure about how to proceed</td></tr>
<tr><td>Task Description</td><td colspan="5">If you were a social worker, how would you help Grandma Li</td></tr>
<tr><td>Task Analysis</td><td colspan="5">Mrs. Li has been dealing with chronic illnesses, and as she ages, her body is starting to experience the effects of aging and deterioration, making it difficult for her to get up from the toilet. Moreover, Grandma Li lives in an attic without handrails, posing certain safety risks in her home environment.
Although she didn’t suffer serious injuries, Grandma Li has developed a sense of fear after her fall</td></tr>
<tr><td>Mission Purpose</td><td colspan="5">a. Develop a thorough understanding of the definition of elderly social work.
b. Explore the objectives and significance of elderly social work.
c. Acquire proficiency in the scope and distinctive features of elderly social work</td></tr>
<tr><td>Operation Precautions</td><td colspan="5">a. When evaluating the service recipient’s home safety environment needs, it is crucial to engage the service recipient in joint discussions and consultations.
b. Considering the service recipient’s specific requirements and financial situation, the social worker should facilitate connections to relevant resources, assisting the service recipient in making modifications to their home for enhanced safety.
c. Throughout the service provision, it is important to guide the service recipients in fostering communication and interaction with their children, thereby gaining additional support</td></tr>
</table>

(Continued)

Task Implementation	Preparatory work	
	Implementation process	
	Implementation summary	
	Implementation evaluation	
Teacher Evaluation		

Task 2 Acquire skills to assess the needs of the elderly in the community

The ultimate goal of providing elderly community work services is to assist the elderly in the community in addressing their needs. The primary task is to understand and assess the needs of the elderly in the community. It is through obtaining a comprehensive and multifaceted understanding of their requirements that we can deliver more precise and tailored services to cater to their unique circumstances.

Working Steps

Master the Fundamentals of Needs Assessment

↓

Multi-dimensional Needs Assessment of the Elderly in Community

↓

Steps for Implementing Elderly Needs Assessment

Activity Contents

If you were Fangfang, please conduct research and assess Grandma Gao's service needs based on her specific circumstances.

Scenario Introduction

Fangfang is a social worker who works at a community-based elderly care service center. Grandma Gao, aged 89, retired from a machine tool factory and receives a monthly pension of CNY 2, 000. She lives alone in an old building, and her only daughter is married and lives in another province. Her daughter visits her once a year and provides a monthly living allowance of CNY 500. Grandma Gao is introverted and has limited social connections within the community. She suffers from diabetes and hypertension, and her physical abilities have been gradually declining. Tasks such as grocery shopping and cooking have become challenging for her. She has a low sense of self-worth and feels increasingly frustrated, believing that she is unable to do things properly. A previous incident occurred when Grandma Gao accidentally fell in the bathroom while bathing, which led to her being closely monitored by the community-based elderly care service center. However, another unfortunate incident happened when she fell in the living room and was unable to move for three days. This fall experience has left a deep psychological impact on Grandma Gao, causing her to limit her movement downstairs and only venture out once a month. She also worries about the possibility of passing away at home without anyone noticing. Upon learning about Grandma Gao's situation, the community has assigned Fangfang to handle her case, hoping that she can share strategies and techniques employed by social workers in dealing with similar challenging cases involving elderly residents in the community, with the aim of preventing such incidents from happening.

Thinking and Discussion

What are the issues and requirements of elderly people facing challenges within the community? How can social workers assist elderly people in the community, what approaches can they employ, and how can they evaluate the effectiveness of their services?

| Step One | Master the Fundamentals of Needs Assessment

1 Identifying types of community needs

Understanding community needs or identifying community issues can provide guidance for subsequent services by social workers. British scholar Brad Shaw has categorized community needs into the following four types.

(1) Normative needs

Normative needs refer to the standards identified by professionals, administrators, or experts based on their expertise and existing regulations. For instance, the National Demonstration Standards for Community Services in Urban Areas issued by Chinese Ministry of Civil Affairs in 1995 specify that each district should have a community service center of approximately 1, 000 square meters and outline the necessary service provisions. When the actual service facilities and provisions do not meet these prescribed standards, normative needs exist.

(2) Perceived needs

Perceived needs refer to the needs expressed by individuals when asked if they require specific services. Perceived needs are based on the assumption that the individual's expressed expectations and desired services, as reflected in their self-statements during interviews, represent their subjective perception of needs. In the community, when a majority of residents feel that certain needs and expectations are not being met and express them, these are considered perceived needs of the residents. These needs can be subjective perceptions or arise from objective facts. Nevertheless, regardless of the nature, the expression of perceived needs serves as an indication of the residents' willingness to engage with the services. Hence, it is imperative to thoroughly consider the residents' expressed subjective needs during the planning and design of services, aiming to enhance their relevance and utilization. It is important to note that residents' perceived needs may sometimes be exaggerated or even unrealistic.

(3) Expressive needs

When individuals express and demonstrate their perceived needs through actions, it becomes expressive needs. Expressive needs primarily reflect the demand for a certain quantity of social services by individuals or groups, but it does not necessarily imply dissatisfaction with the quality of services. For instance, if a community nursing home with 50 beds is fully occupied, but there are still 20 elderly people on the waiting list, this phenomenon would be classified as an "expressive need," indicating that such community nursing homes and their services are required by the elderly in the community.

(4) Comparative needs

Comparative needs arise when individuals compare their own circumstances with those of others. For instance, some residents may receive certain services while others in similar situations do not, leading to a recognition of this disparity and the emergence of new needs. These needs, shaped through comparisons within the community, are referred to as comparative needs. They can be expressed by residents themselves or identified by experts. For example, consider two neighboring communities, Community A and Community B, both characterized as aging neighborhoods with approximately 20% of the population aged 60 or above. Both communities have vacant spaces within their building complexes. Recently, Community A installed fitness equipment. Upon learning about this, elderly residents from Community B approached the community committee, requesting the installation of fitness equipment as well. This request exemplifies a "comparative need."

2 Methods for assessing community needs

When social workers engage in community work, they commonly seek input from individuals representing different sectors, embracing a range of perspectives on community needs, and subsequently develop work policies and strategies.

(1) Utilizing existing data for assessment

In the process of community needs assessment, secondary data plays a significant role. These data sources not only provide useful insights but also offer valuable information, especially when there are time and resource constraints. Secondary data includes various sources such as government-issued statistics, research findings in specific fields or relevant topics. They provide crucial information from multiple perspectives to evaluate social issues and needs comprehensively. Although secondary data may have certain limitations in community needs assessment, they serve as a valuable reference in establishing normative demands.

(2) Investigating community supply resources

To conduct an investigation into the available resources within the community that can be utilized to serve the target population, and to identify the characteristics of these community supply resources.

a. Service providers: Who can deliver the services?

b. Service locations: Where are the services provided?

c. Service offerings: What types of services are provided?

d. Service capacity: How much service is available?

e. Service eligibility: What are the qualifications or restrictions for accessing the services? This analysis is conducted from the perspective of community supply. While it may not directly reflect the demand side, it helps in assessing the alignment between resources and needs, enabling effective resource utilization.

(3) Analysis through quantitative research methods

In conducting needs assessment, the use of social survey methods not only embodies the evidence-based principles of social work practice but also serves as a robust approach to evaluating needs. Social surveys focus on two key aspects: Firstly, it involves confirming the respondents' perceptions of their needs, thereby obtaining detailed and effective information about the target population and enhancing the clarity and specificity of the identified needs. Secondly, it entails gaining insights into the existing service conditions in order to ascertain any barriers encountered in terms of funding, spatial distribution, or attitudes that may hinder service delivery. Social survey methods typically involve collecting data through means such as questionnaires, rating scales, experiments, and other techniques. Subsequently, the collected quantitative data is subjected to statistical analysis and other relevant methods.

(4) Gathering data through qualitative research methods

The quantitative methods discussed earlier offer a relatively objective depiction of the current state of needs. In contrast, qualitative research methods enable the acquisition of more detailed and structured data, focusing specifically on certain needs or issues.

① Focus group interviews

As a qualitative research method, focus group interviews can provide specific data on a particular social issue. Typically led by a trained facilitator, a focus group brings together a pre-selected group of individuals to engage in in-depth discussions on a specific question or topic. The value of this approach often stems from the unanticipated insights that arise during the open and spontaneous group dialogue.

② Key informant interviews

Key informant interviews allow for the assessment of the severity and significance of a social issue. A valuable approach to identifying key informants is through snowball sampling, whereby initial informants are asked to identify other informants who are knowledgeable about the research topic. These key informants consist of existing stakeholders and potential stakeholders for new projects, possessing in-depth insights into the characteristics and needs of the issue at hand.

③ Community meetings

Community meetings are typically conducted as public gatherings, inviting residents from the target community or area to participate and express their opinions related to the needs at hand. The primary benefit of community meetings lies in their adherence to a democratic decision-making process, offering residents a platform for social involvement and voicing their opinions. Additionally, community meetings serve to clarify issues related to needs. However, organizers must engage in substantial preparation before convening a community meeting.

Social workers should generally consider the uniqueness and limitations of each assessment method when deciding which approach to use for gathering needs-related data. By employing various methods of needs assessment, social workers can gain a more accurate understanding of community needs.

3 Principles for assessing the needs of elderly in the community

In the practice of social work, it is important to adhere to professional values that include acceptance of service recipients, respect and inclusiveness towards them, individualization of services, self-determination and informed consent, as well as maintaining confidentiality. Social workers uphold seven key principles: individualization, purposeful expression of emotions, appropriate emotional engagement, respect, acceptance of personal privacy, non-judgmental attitude, and self-determination for service recipients (including information and data confidentiality). Therefore, when conducting comprehensive assessments of elderly people, it is crucial to follow these professional values and principles. Particularly, it is essential to strike a balance between the independence and dependence of elderly people in caregiving and actively involve them in the assessment process.

(1) Principle of Individualization

Elderly people living in the same time period and environmental conditions may face common issues and needs such as health conditions, caregiving, and family relationships. However, there are also individual differences among them, both in the manifestation of problems and needs, as well as in their abilities and available resources to address them. Therefore, when conducting multidimensional assessments of elderly people, social workers can develop assessment frameworks and questions based on common issues. However, it is essential to adhere to the principle of individualization during the actual home assessment. Elderly people should be seen as unique individuals, and while identifying their problems during the assessment process, it is also important to understand their efforts, abilities, and available resources to address these issues. For instance, consider two elderly people both dealing with hypertension and self-care challenges. However, their specific circumstances differ: one individual is illiterate and struggles with medication recognition and expiration dates, while the other person has a preference for pickled foods and faces difficulties in managing the dietary choices. Similarly, two elderly people both experience social isolation due to lack of social activities, but the causes are different: one person has limited mobility and cannot leave the house, resulting in reduced social engagement, while the other person recently moved to a new environment and lacks familiarity with neighbors, leading to a lack of social connections.

(2) Principle of respect and acceptance of personal privacy

As elderly people experience gradual declines in physical functioning, they may encounter embarrassing situations such as incontinence or disability. Therefore, during the assessment process, social workers need to show particular respect for the personal privacy of elderly people and accept the presence of such conditions. Elderly people with urinary incontinence may need to frequent the restroom, and if not managed properly, there may be unpleasant odors in the living environment. Social workers should mentally prepare themselves and manage their facial expressions before conducting the initial home assessment. With elderly people's consent, they can open windows for ventilation. If elderly people expresses apologies for the cleanliness of their home or related issues, social workers can offer understanding and reassurance in a timely manner. With elderly people's permission, a safety assessment of the bathroom can be conducted. In cases where elderly people have wounds, long-term bedridden individuals with pressure sores on areas such as the sacrum, hips, and ankles, or individuals with diabetic foot conditions, it is recommended that social workers conduct wound examinations in the presence of medical professionals. Additionally, social workers need to mentally prepare themselves, particularly when addressing elderly people's pain during wound treatment and the presence of unpleasant odors from necrotic tissue.

(3) Principle of appropriate emotional involvement

During the multidimensional assessment of elderly people, social workers aim to gain a comprehensive understanding of various aspects of their lives, including past experiences and current circumstances. These experiences are often intertwined with emotions, and social workers may find themselves emotionally influenced by elderly people. However, it is essential for social workers to maintain awareness of their professional boundaries and remain calm. The principle of appropriate emotional engagement emphasizes the establishment of a "professional relationship" rather than a "friendship. " When elderly people express negative emotions during their conversations, social workers should engage in purposeful listening rather than adopting a judgmental attitude. They should accept elderly people's feelings without getting deeply entangled in feelings of "helplessness" or "pessimism". When necessary, social workers can provide appropriate guidance to help elderly people see exceptions and miracles, while avoiding emotional transference and countertransference. Especially when assessing elderly people who are elderly people unable to care for themselves or are burdened by multiple illnesses, they may convey a sense of low self-worth and a feeling of being useless. In such cases, social workers need to demonstrate emotional engagement and empathy to help feel warmth and support. However, it is important for social workers to maintain a sense of calmness and rationality.

(4) Principle of self-determination for service recipients

The principle of self-determination, also known as the principle of autonomy, emphasizes the rights of elderly people to express their concerns and needs during the assessment process. They have the right to make choices regarding the services they receive and the ability to decline services if they so choose. However, in the practice of elderly social work, the realization of self-determination for service recipients can be challenging. Some elderly people, due to age-related physical limitations or cognitive impairment, may face difficulties in participating in assessments, providing relevant answers, or expressing their preferences. In such cases, family members or caregivers may need to assist and provide proxy responses during the assessment process. Hence, the principle of self-determination does not imply that family members should be completely excluded during the assessment process. However, if family members or other third parties are present during the assessment, it is important to consider how their opinions may influence the thoughts and preferences of elderly people. Social workers should demonstrate flexibility, keen observation, and appropriate responsiveness throughout the assessment process. While respecting elderly people's perspectives, it is vital for social workers to take necessary action if they identify cases of elder abuse or situations where elderly people's life may be in danger. Even if elderly people insists that everything is fine, social workers may need to proactively involve relevant authorities when necessary.

(5) The Principle of confidentiality of information and data

The principle of confidentiality of information and data is not only a fundamental ethical standard for social workers but also a vital element in establishing a trustworthy professional relationship with elderly people. Therefore, social workers must ensure that elderly people are aware of and understand the principle of confidentiality before conducting a multidimensional assessment. This involves providing a detailed explanation of the principle, including any exceptions to confidentiality such as cases involving life-threatening situations or supervision and program evaluation. By doing so, social workers can instill a sense of security in elderly people and enhance the authenticity and accuracy of the information obtained during the assessment process. In the event that elderly people have any concerns or questions regarding the principle of confidentiality, social workers should patiently and thoroughly address them before proceeding with the multidimensional assessment. Additionally, the meticulous organization and safekeeping of data during the assessment process are crucial, as they demonstrate the level of importance social workers place on their work and contribute to elderly people's confidence in the process.

| Step Two | Multi-dimensional Needs Assessment of the Elderly in Community

Multi-dimensional assessment typically includes four aspects: personal basic information, physical assessment, psychological assessment, and social assessment. Gaining insights into the elderly's personal background enables social workers to pinpoint focal areas for their physical, psychological, and social evaluations. For instance, when assessing elderly people living alone, the emphasis lies on understanding the challenges and pressures they encounter in their daily lives, as well as identifying available support resources. In the case of elderly people requiring ongoing care and unable to independently manage their daily activities, the assessment not only considers the quality of care they receive but also evaluates the physical well-being and caregiving stress experienced by their primary caregivers.

1 Personal basic information

Personal basic information includes the following details: name, gender, age (date of birth), marital status, place of origin, educational background, language proficiency, religious faith, interests and hobbies, pre-retirement occupation, financial status, identification number, status, family situation, primary contact person, contact telephone number, contact address, and more.

(1) Language

In China, there are different regional dialects spoken throughout the country. It is particularly common for the elderly and those living in rural areas to not be fluent in Mandarin. As a result, social workers should proactively consider the potential communication barriers and make prior arrangements or develop strategies to address this issue effectively.

(2) Financial status

The financial status of the elderly is a sensitive topic. Social workers usually broach this topic with the elderly once a certain level of trust has been established, as it is less likely to cause discomfort. During the initial assessment, social workers can inquire about the sources of income for the elderly, including retirement pensions, subsidies from children, financial support from relatives or friends, and other forms of assistance. Generally, elderly people who had stable employment before retirement receive a pension, with retirees from government agencies and state-owned enterprises receiving higher pensions compared to ordinary workers. Elderly people with specific statuses may also receive welfare subsidies from the government, which can be verified through the local community committee. In the assessment process, many elderly people often mention that they have insufficient funds and enumerate various expenses. Social workers need to approach this issue rationally during the assessment.

(3) Identity

Elderly people with specific statuses (such as extreme poverty, subsistence allowance disabilities, advanced age, preferential treatment, returned overseas Chinese, only child disability, etc.) are eligible for corresponding welfare benefits. This may include the welfare support already received by the service recipients. The concepts and defining scope of these identities can be researched in advance through community workers and online resources.

(4) Family situation

The family situation includes the number and basic information of elderly people's descendants, as well as the nature of their residence and living conditions. This aspect is closely linked to the social assessment of elderly people, especially with regards to their living arrangements, such as living alone or living with their children.

(5) Primary contact person

The primary contact person is typically the main caregiver for the elderly individual. Usually, the primary caregiver collaborates well with social workers, offering service suggestions and providing feedback on the effectiveness of the services rendered.

2 Physical assessment

The physical assessment involves evaluating the individual's physical health function and ability to perform daily activities.

(1) Evaluation of physical health function

As a social worker, it is important to have an understanding of the normal aging process before conducting an assessment. This knowledge allows them to observe which physical changes in elderly people cause significant distress and which changes deviate significantly from normal aging. When meeting with elderly people, social workers should begin the assessment by making observations. The assessment covers the following areas:

a. How is their general health?

b. Do they experience any difficulties with walking?

c. Do they have difficulties getting up from or sitting down on a chair or bed?

d. Do they exhibit any issues with limb coordination, tremors, or symptoms of paralysis?

e. Do they display any symptoms of stroke, such as slurred speech or partial paralysis?

f. Do they experience breathing difficulties or shortness of breath after performing simple activities?

Furthermore, it is important to consider that the assessment process starts right at the "doorstep." It allows for valuable observations regarding the surrounding environment of the older individual. Who answers the door, elderly people themselves or their family members? Is the interior well-lit with ample natural light? Are there any unpleasant odors or is the living space clean and tidy?

Stroke is the most prevalent condition among the elderly, significantly impacting their cognitive abilities and physical mobility. Some elderly people may experience temporary "confusion" following a stroke, but prompt rehabilitation training can lead to improved or even restored physical functioning. Falls are another major factor that compromises the overall physical well-being of older individuals. Due to age-related muscle weakness, osteoporosis, and slower reflexes, falls often result in fractures, particularly hip fractures. If left untreated, hip fractures can severely hinder an elderly people's mobility, potentially leading to prolonged bed rest and giving rise to caregiving challenges such as pressure sores.

A comprehensive evaluation of the physical well-being and functional capacity of elderly people typically encompasses an assessment of their medical conditions, medication usage, vision and hearing conditions, dietary habits, toileting abilities, sleep patterns, and potential experiences of abuse.

① Medical conditions and medication usage

The health status and medical conditions of elderly people can be addressed as the first aspect of assessing their physical well-being. Generally, elderly people are more willing to communicate about this matter. However, social workers are not doctors or nurses. They can request to review the medical records or prescriptions from the hospital and assess elderly people's memory and logical thinking based on these documents. Elderly people generally suffer from long-term chronic diseases, with younger elderly people possibly having one type, while middle-aged and older elderly people often suffer from multiple types. Social workers need to understand when the diagnoses were made, whether the individuals are taking medications, if they have regular medical check-ups, and the convenience of obtaining prescribed medications. For instance, there are various medications available for treating high blood pressure, and it is important to follow the doctor's instructions regarding their usage. Elderly people with diabetes can manage their blood sugar levels through medication or by administering insulin injections. The dosage of medication or insulin reflects the fasting blood sugar levels of elderly people. With elderly people's consent, social workers can examine the labels on their medication to ensure that they are appropriate for their symptoms. Simultaneously, they can evaluate elderly people's ability to handle their medications, such as storing them in a cool place and checking their expiration dates. In the case of elderly people with hypertension, social workers can also gather information about their regularity in measuring blood pressure and whether they use a mercury sphygmomanometer or an electronic blood pressure monitor for measurements. For elderly people with diabetes, social workers can inquire about their habits of monitoring blood glucose levels and the frequency of such measurements. If elderly people maintains a habit of recording their blood pressure and blood glucose values, social workers can review these records together and ask the individual to provide an overview of the values. In cases where such habits are absent, social workers can encourage elderly people to start keeping records and provide guidance on how to do so effectively. Social workers should pay special attention to elderly people who have long-standing high blood pressure and elevated blood sugar levels but are reluctant to undergo medication-based treatments. These individuals often turn to various herbal remedies or dietary adjustments recommended by others, commonly referred to as folk remedies. It is crucial to ensure that these seniors are aware of how to respond and seek assistance in case of hazardous situations. Furthermore, social workers need to ascertain the type of healthcare coverage elderly people have, whether it is public healthcare, employee medical insurance, resident medical insurance, commercial health insurance, or any other form of coverage.

② Vision and hearing conditions

Typically, the hearing condition of elderly people becomes evident at the onset of the assessment. Certain elderly people may utilize hearing aids, requiring social workers to raise the volume and potentially repeat information multiple times when evaluating elderly people. Those with hearing impairments might provide unrelated responses or disregard questions from social workers. To foster effective communication with elderly people experiencing hearing loss, the following recommendations are suggested.

a. When addressing older individuals, ensure that your pronunciation is clear.

b. Speak in a location with good lighting and minimal background noise.

c. Adjust your speaking pace to a slower, more deliberate rhythm, enunciating each word clearly.

d. Use facial expressions and gestures to provide helpful cues to elderly people.

e. If necessary, rephrase your statements or questions to enhance understanding.

f. Maintain patience and adopt a positive and relaxed demeanor throughout the interaction.

g. If elderly people is able to read and write, consider using pen and paper as aids for communication and expression.

Many elderly people may experience some degree of vision loss, and it is crucial for social workers to assess how this decline affects their daily lives. For instance, elderly people who used to enjoy reading may give up this hobby, struggle with messy eating, or feel hesitant about going out alone. Those with visual impairments may squint or tilt their heads to better focus on sound sources. Some seniors can improve their condition through the use of reading glasses or opt for surgical treatments.

③ Dietary habits

Engage in communication with elderly people about their dietary habits and whether they cook for themselves, assessing the adequacy and comprehensiveness of their nutrition. With the consent of elderly people, social workers can inspect their dining table and refrigerator to determine if they have sufficient food and identify any expired or spoiled items. If necessary, assist elderly people in discarding expired food items. Some elderly people with hypertension may have a particular fondness for pickled food, requiring health education to promote healthier choices. For elderly people living alone who receive regular meals from their children, there may be instances where certain dishes have become moldy. Due to visual impairment or reluctance to discard food, they may still consume these items. It is crucial to communicate with elderly people and, if possible, provide feedback to their children in such cases. Regarding smoking and alcohol consumption, information can be obtained by detecting odors in the environment, observing the condition of elderly people's teeth, and consulting with family members. However, if it causes elderly people to feel offended, it may be challenging to obtain accurate information.

④ Toilet situation

Elderly people often face issues such as urinary incontinence and constipation when it comes to using the toilet. These topics can be sensitive, as many elderly people are hesitant to disclose their urinary incontinence. However, social workers can make assessments based on other indicators, such as the presence of unpleasant odors (urine scent) on the person or in their home. Constipation is also a common problem among the elderly, which can typically be managed through dietary adjustments and medication. In cases where conventional methods are ineffective, the use of enemas may be necessary. Bathrooms pose a high risk of falls for the elderly, so it is crucial to evaluate whether the bathroom is conveniently located, well-lit, free of odors, and maintains a dry floor.

⑤ Sleep quality

The sleep duration of elderly people is generally around one hour less than that of the average adult. Many seniors experience various levels of sleep disturbances. Research conducted abroad has shown that over 80% of individuals aged 60 to 90 years old exhibit different forms of sleep disorders. These may include difficulties falling asleep, early awakenings, light sleep, easy awakenings, or the inability to fall back asleep after waking up during the night. Sleep disorders not only affect the quality of life for elderly people but can also worsen or trigger certain physical ailments, leading to feelings of anxiety, restlessness, and emotional instability. When evaluating the sleep quality of elderly people, it is useful to inquire about their bedtime, sleep quality, duration of sleep, and any routines or preparations they typically engage in before sleep.

⑥ Elder abuse

A growing number of elderly people are experiencing various forms of abuse, including physical abuse, emotional or psychological abuse, sexual abuse, financial exploitation, and neglect by others. Physical abuse can be identified through physical examinations of elderly people. Emotional or psychological abuse may be noticed during conversations with elderly people, such as when they express feelings of worthlessness or a lack of purpose. Neglect by others can be observed through elderly people's living conditions and daily routines, such as spoiled food or a poor home environment. It is important to observe if elderly people has any unexplained physical injuries or suspicious bruises that they are hesitant to discuss. If elderly people has a caregiver, it is advisable to inquire about their well-being when the caregiver is not present. Elder abuse is a significant concern, and if there is suspicion of elder abuse, it should be reported to the local community committee for appropriate action and educational interventions for the family members.

(2) Assessment of activities of daily living

Assessing the activities of daily living (ADL) and instrumental activities of daily living

(IADL) is crucial in evaluating the functional abilities of elderly people. Additionally, evaluating the safety of the home environment is necessary.

① Activities of Daily Living (ADL)

ADL assessment determines whether elderly people can independently perform basic self-care tasks, including eating, toileting, transferring, bathing, dressing, and grooming. The assessment categorizes the individual's self-care abilities into four levels: independent, partially independent or requiring partial assistance, requiring extensive assistance, and completely dependent. Please refer to Table 3 – 1 for further details. If an elderly people has limitations in one or more ADLs, it indicates the need for supportive services.

Table 3 – 1 Assessment Scale for Activities of Daily Living (ADL)

Item	Score	Criteria
Feeding: The process of using utensils to transfer food from a container to the mouth, chewing, and swallowing	□Points	10 points: Able to feed independently (able to independently eat prepared food within a reasonable amount of time)
		5 points: Requires partial assistance (requires some help during the feeding process, such as assistance with holding utensils)
		0 points: Requires extensive assistance or complete dependence on others, or has a feeding tube in place
Bathing	□Points	5 points: Able to bathe independently when provided with prepared bathwater
		0 points: Requires assistance from others during the bathing process
Grooming: This refers to activities such as washing the face, brushing teeth, combing hair, and shaving	□Points	5 points: Able to independently perform activities such as washing the face, brushing teeth, combing hair, and shaving
		0 points: Requires assistance from others for grooming
Dressing: This refers to the ability to put on and take off clothing, fasten buttons, zip up zippers, and tie shoelaces	□Points	10 points: Able to it independently
		5 points: Requires some assistance (can dress/undress but needs help with organizing clothing, fastening buttons/zippers, tying shoelaces)
		0 points: Requires extensive assistance or complete dependence on others
Excretion Control	□Points	10 points: Can maintain control over excretion
		5 points: Occasionally experiences loss of control (less than once a week) or requires reminders from others
		0 points: Complete loss of control over excretion (bowel movements)

(Continued)

Item	Score	Criteria
Urination Control	□Points	10 points: Able to maintain control over urination
		5 points: Occasionally experiences minor loss of control (less than once a day, but more than once a week) or requires occasional reminders from others
		0 points: Complete loss of control over urination or relies on the use of a catheter
Toilet use refers to the ability to independently manage the process of using the toilet, including going to the restroom, undressing and dressing, wiping, tidying clothing, and flushing	□Points	10 points: Able to independently complete all aspects of toilet use
		5 points: Requires some assistance, such as needing support to get to the restroom or assistance with flushing or tidying clothing
		0 points: Requires significant assistance or is completely dependent on others for toilet use
Body Turning	□Points	15 points: Able to independently turn the body
		10 points: Requires some assistance (such as needing support or using a cane)
		5 points: Requires significant assistance, relying heavily on others for support and help
		0 points: Completely dependent on others
Walking on Level Ground	□Points	15 points: Able to independently walk 45 meters on level ground
		10 points: Requires partial assistance (due to physical disabilities, poor balance, excessive weakness, visual impairments, etc.) and may need assistance from others, walking aids such as canes or walkers
		5 points: Requires significant assistance (due to physical disabilities, poor balance, excessive weakness, visual impairments, etc.) and heavily relies on others for support or moves using a wheelchair
		0 points: Completely dependent on others for walking
Going Up and Down Stairs	□Points	10 points: Able to independently go up and down stairs, including consecutive climbing of 10 to 15 steps
		5 points: Requires partial assistance (needs assistance from others, holds onto the railing, uses a cane, etc.) while going up and down stairs
		0 points: Requires significant assistance or is completely dependent on others while going up and down stairs
Total Points		

Note: The scoring for this assessment ranges from 0 to 100, with 100 indicating normal functioning in Activities of Daily Living (ADL) without the need for assistance. A score between 65 and 95 suggests mild ADL impairment, where the individual can manage basic self-care tasks in their daily life. A score between 45 and 60 indicates moderate ADL impairment, requiring some level of assistance in daily activities. Scores between 40 and 25 reflect severe ADL impairment, with a notable dependence on others for daily functioning. Scores below 20 indicate complete ADL impairment, necessitating full reliance on caregivers. It is worth noting that individuals with scores above 40 tend to experience the most significant treatment effects.

② Instrumental Activities of Daily Living (IADL)

The assessment of Instrumental Activities of Daily Living (IADL) is more complex than assessing basic self-care abilities. However, the evaluated tasks are essential for maintaining an independent lifestyle. They include activities such as making phone calls, shopping, cooking, doing household chores, doing laundry, using transportation, managing medication, and handling finances. Please refer to Table 3 – 2 for further details.

Table 3 – 2 Assessment of Instrumental Activities of Daily Living (IADL)

Item	Criteria		Score
Making phone calls	□ 3. Can independently use the telephone, including looking up numbers and dialing □ 2. Can only dial familiar phone numbers □ 1. Can only answer calls, unable to dial □ 0. Cannot use the telephone at all or not applicable	Mark as disabled if selected 1 or 0	
Shopping	□ 3. Can shop for all items independently □ 2. Can purchase everyday essentials independently □ 1. Requires someone to accompany for shopping each time □ 0. Unable to go shopping at all	Mark as disabled if selected 1 or 0	
Cooking	□ 3. Can independently prepare a proper meal □ 2. Can prepare a proper meal if ingredients are provided □ 1. Can reheat a prepared meal □ 0. Requires someone to cook and serve the meal	Mark as disabled if selected 0	
Household Chores	□ 4. Can handle heavy household chores or occasionally requires assistance (such as moving furniture, mopping floors, washing windows) □ 3. Can handle simple household chores like washing dishes, making beds, folding blankets □ 2. Can perform household chores but unable to achieve an acceptable level of cleanliness □ 1. Requires assistance for all household chores □ 0. Completely unable to perform household chores	Mark as disabled if selected 1 or 0	
Doing Laundry	□ 2. Can wash all clothes independently □ 1. Can only wash small items of clothing □ 0. Completely dependent on others for doing laundry	Mark as disabled if selected 0	

(Continued)

Item	Criteria		Score
Using Transportation	□ 4. Can independently operate a vehicle or ride a bicycle □ 3. Can independently use public transportation □ 2. Can independently take a taxi but not use public transportation □ 1. Can take a taxi or use public transportation with someone accompanying □ 0. Completely unable to leave the house	Mark as disabled if selected 1 or 0	
Taking Medication	□ 3. Can take the correct medication at the right time independently □ 2. Requires reminders or slight assistance □ 1. Can take medication independently if the dosage is prepared in advance □ 0. Unable to take medication independently	Mark as disabled if selected 1 or 0	
Managing Finances	□ 2. Can handle finances independently □ 1. Can handle everyday purchases, but requires assistance with banking or significant transactions □ 0. Unable to manage money	Mark as disabled if selected 0	
Total Scores			

Note: The assessment is based on the performance in the past month. If an item is not applicable, it is considered as a perfect score. If assistance is required in three or more out of the five items (Shopping, Using transportation, Cooking, Housekeeping, Laundry), it is considered as a mild impairment.

3 Psychological assessment

Psychological assessment of elderly people involves evaluating their mental well-being and cognitive functioning. It typically assesses the cognitive, behavioral, emotional, and self-related dimensions of elderly people. Psychological assessment process begins from the initial interaction with elderly people, aiming to understand their thinking patterns, memory recall, response to inquiries, and overall coherence in conversation. The assessment aims to evaluate the overall psychological and emotional status of elderly people and address specific cognitive, behavioral, and emotional needs and concerns they may have. For example, it assesses how elderly people perceive, think, and feel about their chronic illness, their emotional reactions (positive or negative), and their behavioral coping strategies (positive approach or negative avoidance).

(1) Psychological functioning

The assessment of psychological functioning includes cognitive ability assessment and personality assessment. The level of education should not be the sole indicator of evaluating the thinking and responsiveness of elderly people. Cognitive ability refers to the psychological processes through which individuals infer and judge objective phenomena based on their perception of external stimuli and information. It comprises eight components: sensation, perception, attention, memory, thinking, language, orientation, and intelligence. Therefore, the content of psychological functioning assessment covers personality, intelligence, memory, dementia, and delirium. Social workers, in addition to conducting professional evaluations of elderly people's psychological well-being, should also strive to understand their personal experiences and perspectives.

① Personality

Personality refers to the enduring patterns of behavior, thinking, and emotional responses that individuals exhibit when interacting with their social environment. Assessing personality in elderly people focuses on understanding how they perceive themselves, others, and the world, as well as their ability to maintain control over their current lives. In their professional role, social workers often engage in conversations with elderly people, encouraging them to share their life stories and experiences from their youth. These narratives provide valuable insights into their perspectives on self, others, and society, as well as their coping strategies when faced with stress. It is also important to inquire about any changes they are currently experiencing. Through these conversations, social workers can gauge the extent to which elderly people feel in control of their lives. If a sense of control is lacking, it may indicate the presence of significant stressors, such as serious illness or the loss of loved ones.

② Intellectual capacity

Intellectual capacity refers to the ability of individuals to comprehend and understand the world around them, as well as apply their knowledge and experiences to solve problems. Assessing intellectual capacity in elderly people aims to determine if their minds remain sharp and if they can rely on their intellectual abilities to solve problems. It's important to note that the level of education attained by elderly people should not be the sole criterion for assessing their intellectual capacity. To assess the intellectual capacity of elderly people, it is valuable to consider their engagement in activities that stimulate cognitive function. This may include activities like reading, playing strategic games (chess and card), or participating in intellectually challenging hobbies.

③ Memory

Memory refers to the process of storing, and retrieving information that individuals have processed and thought about. Assessing memory in elderly people revolves around their self-perception and awareness of their own memory capabilities. It is essential to observe their attitudes towards memory decline, whether they experience anxiety, fear, or acceptance as a natural part of the aging process. When evaluating memory in elderly people, engaging them in recalling both past and recent events can provide insights into their memory functioning. Satisfactory responses indicate well-preserved memory abilities. However, if they show confusion, repetitive narratives, or difficulty retaining information, further assessment is necessary to determine whether it is a normal age-related change or influenced by underlying conditions or medication. Severe cases may warrant investigation for conditions like depression or Alzheimer's disease.

④ Dementia

Dementia is a comprehensive syndrome caused by progressive and slow-brain diseases, commonly referred to as cognitive impairment. The most prevalent form of dementia among elderly people is Alzheimer's disease. Individuals affected by dementia exhibit difficulties in retaining recent memories while retaining long-term memories during the early stages of the condition. Moreover, their problem-solving skills, spatial orientation, language expression, mental state, and social abilities are also impacted. The diagnosis of dementia in elderly people requires evaluation and assessment by specialized institutions. Social workers can administer simple tests and encourage family members to seek medical evaluation for their elderly relatives. Timely intervention measures can help to some extent in slowing down the decline process in elderly people.

The most frequently utilized assessment tools for dementia identification include the Short Portable Mental Status Questionnaire (SPMSQ), Mini-Mental State Examination (MMSE), Montreal Cognitive Assessment (MoCA), and the Clock Drawing Test. The latter three assessment tools are accompanied by specific instructions for assessment and interpretation of results, so it is crucial to become familiar with them beforehand. If an elderly people obtains a significantly low score on these assessments, it is generally recommended to suggest further comprehensive evaluations at a specialized medical facility or hospital.

Short Portable Mental Status Questionnaire (SPMSQ)

Name: ________ Gender: ________ DOB: ________ Degree of Education: ________

Address: ____________________________ Date of Test: ________

S. N.	Test Questions	Instructions	Test Results (Please mark "√" for correct answers and "×" for incorrect answers)
1	What is the current year, month, and day?	Mark "√" if all the components (year, month, and day) are correctly stated	
2	What day of the week is it today?	Mark "√" if the specific day is accurately mentioned	
3	Where are we right now?	Mark "√" if any description of the current location is provided. Saying "my home" or correctly stating the name of a city, hospital, or institution is also considered correct	

(Continued)

S. N.	Test Questions	Instructions	Test Results (Please mark "√" for correct answers and "×" for incorrect answers)
4	What is your telephone number? (If there is no telephone, you can ask for the home address.)	Mark "√" if the provided information is accurate. Alternatively, during the conversation, if the same number can be repeated after a considerable time interval, it is considered correct	
5	How old are you this year?	It is considered correct if the age matches the date of birth	
6	What is your date of birth?	It is considered correct if the year, month, and day are provided accurately	
7	Who is the current President of the country?	Providing the correct surname is sufficient	
8	Who was the previous President of the country?	Providing the correct surname is sufficient	
9	What is your mother's name?	It is sufficient to provide a female name that is different from their own	
10	What is the result of subtracting 3 from 20, and then subtracting 3 from the obtained result, and so on until you can no longer subtract?	Any errors or inability to continue during the process will be considered incorrect	

The Simple Mental Status Questionnaire should be used after removing the instructions. The assessment criteria for the Simple Mental Status Questionnaire are as follows: 0 to 2 errors: Normal cognitive function; 3 to 4 errors: Mild cognitive impairment; 5 to 7 errors: Moderate cognitive impairment; 8 or more errors: Severe cognitive impairment. If the test subject has an educational level of primary school or below, one additional error can be allowed. Conversely, if the test subject has a high school or higher educational level, one error should be subtracted from the total count...

⑤ Delirium

Delirium, also known as acute confusion, is a distinct condition from dementia, although it is often mistaken for it. Delirium is characterized by a decrease in the clarity of consciousness, resulting in a loss of orientation to time, place, and people, as well as impaired self-awareness. It is accompanied by a plethora of hallucinations and illusions. Delirium is an acute and transient condition that requires immediate intervention to minimize long-term harm. Visual hallucinations, such as seeing insects, wild animals, ghosts, or war scenes, are commonly experienced during delirium.

(2) Emotional and affective state

Emotional and affective states refer to the subjective experiences individuals have based on whether objective circumstances align with their needs. These experiences can be positive or negative in nature. Emotions are intense and transient feelings, such as anger, fear, or joy. Affects, on the other hand, are enduring and profound emotional responses, encompassing aspects like self-esteem, sense of responsibility, enthusiasm, and love between family members. The assessment of emotional and affective states is closely intertwined with needs and motivations, particularly when elderly people have recently faced significant challenges or have been enduring long-term illnesses. It is crucial to evaluate the stability of elderly people's emotions, whether they are persistently immersed in negative emotions, and whether they exhibit signs of suicidal ideation, depression, or anxiety.

① Suicidal tendencies

Older individuals who have endured prolonged illness, limited mobility, and restricted physical capabilities, as well as those who have recently experienced the loss of a loved one, may be susceptible to suicidal tendencies. Elderly people with depression often exhibit recurring feelings of purposelessness, worthlessness, and burdening others, accompanied by thoughts of self-harm. During the assessment process, it is crucial to attentively listen to their narratives and closely observe their non-verbal cues to identify any signs of suicidal ideation. Elderly people may verbalize phrases such as "I no longer want to live" or "life seems meaningless," and they may even seek information about obtaining sleeping pills. Suicide is an extremely grave matter, necessitating immediate evaluation of the elderly individual's suicide risk. No direct or indirect indicators should be disregarded, and if necessary, inform family members and relevant authorities promptly while taking swift action.

② Symptoms of depression

When assessing the emotional state of elderly people, it is important to determine if they are experiencing symptoms of depression. The primary indicators of severe depression in older individuals are persistent feelings of sadness and a noticeable loss of interest in people, activities, and things. They may also exhibit prolonged periods of intense sadness, frequent crying, and disrupted sleep patterns, such as insomnia or excessive sleepiness. Individuals with depression may demonstrate fatigue, lack of energy, constant tiredness, a sense of time passing slowly, withdrawal from social activities, and a diminished sense of hope for the future. Since elderly people often have multiple physical complaints, they are frequently misdiagnosed with depression, even though many of their physical symptoms are considered normal for their age group. It is important to note that extreme sadness expressed by elderly people following recent significant life events, such as the loss of a loved one, is a normal reaction and should not be perceived as problematic. The Geriatric Depression Scale (GDS), developed by Brink et al. in 1982, serves as a screening tool for geriatric depression. Its 30 items encompass the core issues of depression in elderly people and provide a more precise assessment of the unique physical symptoms associated with geriatric depression. Using a simple "yes" or "no" response format for all items also facilitates ease of administration. In recent years, researchers have condensed the GDS to 15 questions, making it more convenient to use. It is important to note that a single assessment cannot definitively determine if an elderly people has depression, and social workers are not qualified to diagnose mental illnesses. Therefore, if the assessment scores indicate a high likelihood of depression, it is recommended that family members accompany elderly people to a specialized medical facility for a professional diagnosis, and if necessary, medication may be considered as part of the treatment plan.

Geriatric Depression Scale (GDS-15)

Name: ________ Gender: ________ DOB: ________ Degree of Education: ________

Address: ______________________ Date of Test: ________

Please indicate the response that most accurately represents your feelings over the past week by placing a checkmark ("√") in the "Yes" or "No" column for each question.

S. N.	Question	Score	
		YES	NO
1	Are you generally satisfied with your life?		
2	Have you given up many activities and things that you used to enjoy?		
3	Do you find life to be lacking meaning?		
4	Do you frequently experience feelings of boredom?		
5	Do you often feel mentally and emotionally well?		
6	Are you afraid of negative events happening to you in the future?		
7	Do you experience happiness on a regular basis?		
8	Do you frequently feel restless and unsettled?		
9	Do you often worry about things that will happen in the future?		
10	Do you feel like you have more memory issues compared to other people?		
11	Do you frequently experience feelings of sadness and misery?		
12	Do you feel worthless at the moment?		
13	Do you believe that many people have better circumstances than you?		
14	Do you often feel unhappy over small matters?		
15	Do you frequently have the urge to cry?		
Scoring:			

Note: Positive answers are marked as "0" and negative answers are marked as "1". Specifically, for questions 1, 5, and 7, select "Yes" as "0" and "No" as "1". For other questions, select "Yes" as "1" and "No" as "0". The scoring is as follows: 0 to 4 points indicates normal; 5 to 9 points indicates mild to moderate depression; 10 to 15 points indicates severe depression.

③ Anxiety symptoms

Anxiety and depression represent two opposite ends of the emotional spectrum. Anxiety refers to a state of restlessness and excessive worry about one's own and their loved ones' safety, future, and other concerns. It is characterized by a fear of something bad happening and a strong sense of inner discomfort. Physical symptoms often accompany anxiety, such as rapid breathing, heightened mental tension, body tremors, or headaches. Anxiety that arises from crisis situations, challenging or unpredictable events can be resolved once the situation has passed, which is considered a normal emotional response. Elderly people may express clear concerns related to their physical health or the safety of themselves and their family members, which is also a reasonable emotional response. However, if someone experiences long-lasting anxiety without any discernible cause, it may indicate an anxiety disorder.

4 Social assessment

Social assessment primarily involves evaluating the social support system and social participation of elderly people. This includes assessing the quantity and quality of their family support and social support, evaluating the frequency and number of their social interactions, and assessing their willingness to participate in or their current involvement in social activities.

During the assessment, it is beneficial to communicate with elderly people about their daily schedule and create a visual representation of their 24-hour routine. This can be done by creating a daily schedule chart that outlines activities, people involved, and locations at different time points throughout the day. This approach allows for a comprehensive understanding of the individual's daily patterns, interests, level of support, involvement in social groups, and participation in social activities. It helps identify suitable intervention opportunities and enables the invitation of elderly people to appropriate activities. Additionally, it provides insights into areas of their daily life where assistance and support may be needed. It is particularly important to understand the support system, relationships with family and friends, social integration, and available resources in times of crisis for elderly people who live alone or are empty nesters. Additionally, it is crucial to explore their perspectives and feelings regarding their current living arrangements. Some elderly people enjoy solitude and cherish their personal alone time, finding it comfortable and liberating. However, certain individuals may be confined to their homes due to physical limitations, which can significantly impact their emotions and mindset, making it challenging for them to engage in social activities. For elderly people who assist in caring for their grandchildren, their participation in social activities may be limited due to the need to bring their grandchildren along. This restriction affects their availability during specific activity times, but it also provides an opportunity to connect with peers in similar circumstances.

Common graphical representations are often used to illustrate the social support of elderly people, including family structure charts, social support network diagrams, and ecosystem diagrams. A family structure chart visually presents the relationships among three generations within elderly people's family, providing insights into their role and position within the family unit. It is essential to consider the specific meanings associated with different shapes and lines when creating a family structure chart. On the other hand, social support network diagrams center around the elderly and utilize concentric circles to depict various layers of support available to them. The process of creating a social support system diagram also involves organizing the interpersonal support situation of elderly people and identifying the important family members or friends in their life and assessing the quality and quantity of support they provide. An ecological system diagram provides a clear depiction of the interplay and mutual influence among individuals, families, groups, communities, and society. When creating an ecological system diagram, relationships are typically represented using line segments to indicate their strength, weakness, or tension, while arrows are used to show the direction of relationships and resource flow. Each of these three types of diagrams has its advantages and limitations, and social workers can choose the most appropriate one based on the specific situation.

Assessing the social support situation of elderly people often involves using the modified version of the Lubben Social Network Scale, which is both straightforward and easy to use.

Lubben Social Network Scale (modified version)[①]

Interactions with relatives (family members with whom you have blood ties or marital relationships)

1. How many relatives do you have who you interact with at least once a month?
0 = None 1 = One 2 = Two 3 = Three to four 4 = Five to eight 5 = Nine or more

2. Do you frequently engage with the relative with whom you have the most contact?
0 = Never 1 = Rarely 2 = Sometimes 3 = Often 4 = Always 5 = Whenever needed

3. How many relatives do you have whom you can confide in and discuss personal matters with?
0 = None 1 = One 2 = Two 3 = Three to four 4 = Five to eight 5 = Nine or more

4. How many relatives do you have who have a good relationship with you and you can rely on for help?
0 = None 1 = One 2 = Two 3 = Three to four 4 = Five to eight 5 = Nine or more

5. If a relative needs to make an important decision, do they consult with you?
0 = Never 1 = Rarely 2 = Sometimes 3 = Often 4 = Always 5 = Whenever needed

6. When you need to make a major decision, can you find at least one relative to discuss it with?
0 = None 1 = Rarely 2 = Sometimes 3 = Often 4 = Always 5 = Whenever needed

Interactions with Friends (friends who reside in the same community)

7. How many friends do you have who you interact with at least once a month?
0 = None 1 = One 2 = Two 3 = Three to four 4 = Five to eight 5 = Nine or more

8. Do you frequently engage with the friend you have the most contact with?
0 = Never 1 = Rarely 2 = Sometimes 3 = Often 4 = Always 5 = Whenever necessary

9. How many friends do you have whom you can trust to discuss personal matters with?
0 = None 1 = One 2 = Two 3 = Three to four 4 = Five to eight 5 = Nine or more

10. How many friends do you have with whom you have a strong relationship and can seek help from?
0 = None 1 = One 2 = Two 3 = Three to four 4 = Five to eight 5 = Nine or more

11. If a friend needs to make an important decision, do they consult with you?
0 = Never 1 = Rarely 2 = Sometimes 3 = Often 4 = Always 5 = Whenever needed

12. When you need to make a significant decision, can you find at least one friend to discuss it with?
0 = Never 1 = Rarely 2 = Sometimes 3 = Often 4 = Always 5 = Whenever needed

Note: Each question is assigned a score ranging from 0 to 5, and the total score falls between 0 and 60. A lower score indicates a more limited social network and a higher risk of social isolation. According to research conducted by Lubben and his colleagues, they recommend using 19 as a threshold value. They suggest that individuals who score 19 or below may be at risk of experiencing social isolation.

---

① Lubben (Eds.), Elderly Chinese in Pacific Rim Countries: Social Support and Integration [M]. Hong Kong: HongKong University Press, 2014.

| Step Three | Steps for Implementing Elderly Needs Assessment

The implementation of the elderly needs assessment can be divided into three stages: the assessment planning stage, the assessment implementation stage, and the analysis of assessment results stage. In each stage, various tasks and relevant techniques are involved to conduct a comprehensive multidimensional assessment.

1 Assessment planning stage

During the initial phase of multidimensional assessment for elderly people, known as the assessment planning stage, several tasks need to be completed, including understanding basic information, scheduling the assessment, team allocation of responsibilities, preparation of materials and resources, external appearance preparation and internal mindset preparation.

① Understanding basic information

When conducting home visits or file-based assessments for the elderly, it is common to obtain a list of elderly people with their basic information beforehand. This list typically includes essential details about elderly people. To prepare for the assessment, social workers can proactively reach out to community committee members or relevant personnel to acquire additional insights. However, it is crucial to remain aware of any biases or stigmatization. In the case of individual assessments, social workers can gather basic information about the elderly individual and their specific needs and concerns from "the person who initially proposed the assessment."

② Scheduling the assessment

The second step involves scheduling the assessment for both the elderly and the multidisciplinary team members. It is important to plan ahead and allow 1-2 days for the elderly to prepare and arrange their daily routines accordingly. In urban communities, appointments can be made over the phone, while in rural areas, volunteers or village officials can assist with scheduling or the assessments can take place directly at the seniors' homes. Additionally, it is crucial to schedule the team members' appointments in advance, especially for healthcare professionals. However, it is essential to be flexible and adaptable in case of any unexpected circumstances on the assessment day.

If a new project is being initiated and the social work team is entering a specific area to provide services for the elderly, it is recommended to seek assistance from members of the community working group to conduct the initial home visits and documentation assessments. If this option is not feasible and elderly people are not familiar with the social workers in advance, it is important to make a telephone appointment ahead of time. During the phone call, the social worker should introduce themselves and explain the purpose of the appointment. You can say something like, "Hello, my name is [Your Name], and I am a social worker from [Community/Department]. The government is committed to caring for the elderly and has arranged social services for their benefit. We would like to visit you to understand your current situation and explore ways in which we can offer assistance."

③ Team allocation of responsibilities

Typically, an assessment team should consist of at least two members and no more than four. The key members for the assessment day include the primary assessor, recorder, and photographer. The primary assessor is responsible for communicating with the elderly individual, the recorder is in charge of documenting essential information, and the photographer is responsible for taking photos, with elderly people's consent obtained beforehand. When multiple professionals from different disciplines collaborate in the assessment, social workers usually take the lead, supported by healthcare professionals and others. It is important to ensure smooth coordination and collaboration between different specialties throughout the assessment process.

④ Material preparation

The preparation of materials involves gathering both written and equipment-related resources. Written materials include multidimensional assessment scales, project brochures, and specialized documents like service confirmation forms. When conducting the initial home assessment, it is crucial to swiftly establish trust with the elderly and help them feel at ease. Offering services such as measuring blood sugar levels and blood pressure is generally well-received by most seniors. Thus, prior to the assessment, it is important to collaborate with healthcare professionals to ensure the accuracy of mercury sphygmomanometers, check the battery life of electronic blood pressure monitors and blood glucose meters, and stock up on an ample supply of disinfectant alcohol, cotton swabs, and other necessary items. Additionally, it is essential to have notebooks, pens, and any other required supplies readily available.

⑤ External appearance preparation

Preparing for external appearance involves ensuring that you wear your work badge, dress professionally, and maintain a clean and polished appearance. It is crucial to dress in a clean and well-groomed manner. During the summer, it is important for both male and female social workers to avoid wearing shorts, short skirts, tank tops, low-cut tops, or overly tight-fitting clothing. Pay attention to facial cleanliness and grooming. Men should shave their facial hair, trim their sideburns, and avoid having a mustache or a full beard. Women can apply light and natural makeup, avoiding heavy or excessive makeup, and should refrain from using strongly scented cosmetics. Prior to work, avoid consuming strongly flavored foods to ensure a fresh and odor-free mouth.

⑥ Internal mindset preparation

One of the most essential aspects of inner attitude preparation is proactively getting yourself into a positive working mindset. This includes being energetically present, wearing a warm smile, and adopting a friendly demeanor when engaging with elderly people. It is equally important to cultivate mental resilience, enabling you to maintain composure and respond appropriately in the face of untidy or less favorable circumstances. It's crucial to avoid exhibiting any expressions or using tones that might convey disgust while in the presence of elderly people.

If an elderly people resides in a building without an elevator, the following considerations should be kept in mind: Firstly, social workers should refrain from discussing elderly people's situation while ascending or descending the stairs. Secondly, when an elderly people resides on a higher floor, social workers may experience shortness of breath while climbing the stairs. To maintain a steady heartbeat, it is advisable to take deep breaths in advance, preferably one floor before reaching the designated floor.

2 Assessment implementation stage

During home visits, documentation processes, or individual needs assessments involving the elderly, it is essential for social workers to utilize empathy and acceptance skills. By employing these techniques, social workers can establish a rapport and gain the trust of the elderly. It is important to genuinely listen to their stories, observe their reactions, and take note of their environmental context, all while avoiding stigmatizing them as individuals with issues.

① At the doorstep

The assessment process officially begins when the social worker arrives at the doorstep of elderly people's home. Take a moment to observe the surroundings and wait for elderly people or their family member to open the door. If there is a doorbell, ring it; if not, knock on the door. Control the rhythm and volume of the knocks, and it is recommended to knock three times in a row. For elderly people with advanced age or hearing difficulties, increase the volume of the knocks if necessary. While knocking on the door, it can be helpful to simultaneously inquire, "Is Mrs. /Mr. /Grandma/Grandpa [name] at home? We are social workers from [name of the community]. "

② Upon entering

Upon entering, it is important to attend to a significant task: selecting seating arrangements. Firstly, kindly assist the elderly in finding a comfortable seat. Ideally, the primary assessor should sit adjacent to the elderly, maintaining an angle of approximately 120 degrees. Alternatively, a face-to-face seating arrangement can be chosen, and if appropriate, gentle physical contact such as touching or holding hands during conversation (with consideration for gender differences) can be used to create a sense of warmth and rapport.

Ensuring that the chairs of both the elderly and the primary assessor are at a similar height is advised, as it avoids the elderly having to tilt their head back or bend down in order to communicate with the social worker. A balanced seating arrangement not only promotes equality but also signifies equal standing between both parties.

③ During the assessment

When the multidimensional assessment officially begins, it is important to follow certain steps. Firstly, provide a brief introduction of the assessment team members and explain the purpose of the assessment to the elderly individual. Secondly, take advantage of the opportunity to assist with measuring blood pressure and blood sugar as a means to establish a closer rapport and assess their physical well-being. From there, proceed to evaluate their psychological and social aspects. Engaging in casual conversation can also offer insights into elderly people's physical condition, which can be integrated into the assessment process. During the assessment, it is advisable for the social worker to speak at a slightly slower pace and use a moderate tone. However, for elderly people with hearing impairments, it may be necessary to speak louder and even repeat questions. Social workers can assess the needs of the elderly based on their facial expressions and reactions. During the assessment process, it is possible for elderly people to repeat certain things, express certain viewpoints, or talk at length about minor matters. In such situations, social workers must show patience and avoid displaying any signs of impatience. They can employ tactful techniques to politely interrupt and redirect the conversation if needed. If elderly people shows confusion or inconsistencies in their memories or statements, social workers can share their own understanding of the situation and gently inquire if their interpretation aligns with the person's recollection (avoiding direct confrontation over contradictions). Additionally, social workers may seek confirmation from elderly people's family members or the community committee afterward to ensure accurate information.

During the assessment process, it is crucial to observe and analyze elderly people within specific environments. This involves gathering data on their physiological, psychological, and social dimensions. Social workers should apply their professional expertise to make initial judgments regarding potential needs and issues that elderly people may have. Consequently, data collection should focus on understanding the causes and evolving nature of identified needs and issues, as well as the available resources and capabilities of elderly people, including their previous efforts. When determining the problems faced by elderly people, social workers should consider the following aspects: understanding the issues from elderly people's perspective, involving them in defining the problems, being mindful of personal biases, and avoiding oversimplified attributions. During the assessment, it is appropriate to employ genuine appreciation techniques. Similar to children, elderly people often respond positively to praise and recognition. Particularly when social workers discover elderly people's previous efforts, acknowledging their problem-solving awareness and motivation can be highly effective. Moreover, expressing sincere appreciation for the contributions elderly people has made to their family and society creates a lively and warm atmosphere during the conversation.

During the assessment process, social workers can progressively create a daily schedule for elderly people, encompassing a 24-hour timeframe. This allows them to gain insights into the individual's routine and identify opportune moments for intervention or engaging them in suitable activities. Furthermore, it helps determine which aspects of their daily life require assistance and support. Additionally, it provides an understanding of elderly people's interests, hobbies, specific activity arrangements, and relationships with others, thus promoting a comprehensive social assessment.

Ensuring the safety of elderly people takes top priority throughout the process of multidimensional assessment. Firstly, it involves evaluating their psychological well-being, including any signs of suicidal tendencies and their proficiency in using mobility aids like wheelchairs or walkers. Additionally, assessing their physical condition, such as muscle strength and coordination, is crucial to identify potential fall risks. Secondly, evaluating the safety of their living environment becomes essential. This entails checking for dry floors, rounded furniture corners, the presence of grab bars in bathrooms, and adherence to electrical safety protocols. Lastly, assessing the strength of their support network and their capacity to seek assistance is vital. This includes assessing whether there are sufficient resources, including human, material, and financial support, available to help and assist elderly people during emergencies or crises.

During the assessment process, it is crucial for the recorder to diligently record elderly people's information on the assessment form. When providing additional details, it is important to focus on the most relevant aspects. Specific data, such as the number of children, blood pressure readings, blood sugar levels, and birthdates, should be documented accurately and without any ambiguity or mistakes.

For example, when conducting an initial assessment of an empty-nest elderly people living alone, the social worker encounters a 65-year-old widowed individual. Since elderly people lives alone, the primary focus of the assessment is on their social support system, including support from family members, colleagues at work, and neighbors. The next step is to evaluate elderly people's daily life arrangements, such as meal schedules and leisure time, in order to understand their feelings of loneliness. This information is then used to create a 24-hour daily routine for elderly people. Furthermore, if the assessment reveals that elderly people has been struggling with insomnia, the social worker acknowledges their strong desire to find solutions and evaluates their previous efforts and current habits related to physical well-being. Throughout the assessment, the social worker demonstrates meticulous observation skills and perceptive insights to identify crucial issues and uses them as a basis for the assessment. By conducting the assessment through casual conversations, the process becomes more relatable and comfortable, fostering the establishment of a solid professional relationship and laying a strong groundwork for future interventions.

During the assessment process, there may arise certain unique situations. For instance, when entering elderly people's home, they may offer tea and snacks, and it is important for the social worker to be prepared by bringing their own tea. While it may be difficult to refuse the offered refreshments, the social worker can accept them graciously and place them nearby while promptly proceeding with the assessment. After the assessment is complete, the social worker can simply place the tea and snacks back on the coffee table. During the assessment, elderly people may express appreciation by saying, "You volunteers are so kind." In such cases, the social worker should briefly respond, clarifying the distinction between a social worker and a volunteer. They can explain that social workers are professionals who dedicate themselves to assisting the elderly, while volunteers offer their help during their free time.

④ After the assessment

Social workers should aim to keep the assessment duration within the range of 30 to 60 minutes, taking into consideration the physical well-being of the elderly. In the case of seniors who tend to engage in lengthy conversations, it is important to tactfully steer the discussion back to the assessment's main focus. Once all the necessary information has been gathered, social workers should conclude the assessment in a timely and warm manner, and may even arrange a future visit or set a specific time for further communication with the elderly.

3 Analysis of assessment results stage

The stage of assessment results analysis involves the tasks that need to be undertaken after the assessment has been implemented. This includes analyzing the assessment findings, organizing the collected photos, and planning for subsequent follow-up actions.

① Analysis of assessment results

The analysis of assessment results entails organizing and evaluating the assessment data. Organization involves categorizing the assessment data based on the physical, psychological, and social aspects. This task is initially performed by the recorders and then reviewed and verified by the primary assessor to ensure the accuracy and completeness of the information recorded on the assessment forms. Analysis involves examining the collected data from a "Issues vs. Abilities" perspective, drawing conclusions, determining follow-up actions, and generating an assessment report. The preliminary assessment results for elderly people may include various categories such as: no identified specific needs, health monitoring, medication guidance, caregiver instructions for family members, cognitive and emotional concerns (such as depression, dementia, delirium, anxiety disorders), grief counseling, emotional support, risk prevention and intervention (suicide, abuse, home safety), policy advice, resource connections, and hospice care. In the previous case study, let's consider the example of an elderly people experiencing insomnia. To analyze this issue, we can examine it from three dimensions: physiological, psychological, and social environment. Furthermore, we can categorize and organize the available resources that the elderly possesses. Although the individual lives alone and lacks strong neighborhood support, they do have some level of familial support and caring friends. Therefore, for the time being, we can classify this particular case as a typical case.

② Photo documentation

In order to keep a record of the services rendered, it is important to capture photographs during the process, with elderly people's permission. These photographs should be organized and categorized based on the date and individual's name for proper documentation.

③ Follow-up actions

Whether it's the assessment within elderly people assessment program or the home visits and documentation assessments within the elderly service program, as well as individual case assessments, appropriate follow-up is crucial based on the unique circumstances of each elderly people. Following supervision approval, an intervention plan is devised and individual case services are implemented. In the case of the former, follow-up typically entails organizing and reporting assessment data once the large-scale assessment is completed, providing valuable data support for government departments in policy development. For the latter, follow-up encompasses five main categories: no further follow-up needed, transferring to individual case services, regular visitation services, activity invitations, and volunteer engagement. For elderly people at high risk, urgent follow-up actions are undertaken in collaboration with the community, consultation with healthcare professionals is sought to address their physical well-being, and consultations and discussions are initiated with relevant departments to provide policy support for vulnerable elderly people, including those who are "unattended", "unvisited" or "uncared for."

Task Work Order

Assessing the Service Needs of the Elderly in the Community for Social Work Services

<table>
<tr><td>Task Name</td><td></td><td>Credit Hours</td><td></td><td>Training Object</td><td></td></tr>
<tr><td>Student Name</td><td></td><td>Contact Number</td><td></td><td>Task Grade</td><td></td></tr>
<tr><td>Task Device</td><td></td><td>Operating Time</td><td></td><td>Operating Location</td><td></td></tr>
<tr><td>Scenario Introduction</td><td colspan="5">Grandma Li, aged 74, has two sons. She suffers from rheumatic pain in her lower back and legs, chronic bronchitis, and palpitations, requiring regular medical visits and medication. While she is capable of managing her daily life, rainy and windy weather exacerbates her pain and diminishes her mobility, particularly when getting up from the toilet. Due to limited financial means, Grandma Li has not purchased any retirement insurance and relies solely on a monthly “elderly allowance” of CNY 300 and support from her children. Presently, she resides in the same building as her younger son, occupying the attic between the first and second floors, while her son’s family resides on the second floor. Grandma Li prefers to stay on the first floor for her daily activities and is generally content with this arrangement. However, the stairs leading to the attic lack handrails, leaving her to cautiously navigate by relying on the wall for support. Unfortunately, she had a fall while descending the stairs once, which has since instilled fear in her when going up and down. Grandma Li desires a change in her current living environment but is unsure about how to proceed</td></tr>
<tr><td>Task Description</td><td colspan="5">If you were a social worker, how would you help Grandma Li</td></tr>
<tr><td>Task Analysis</td><td colspan="5">Grandma Li has been dealing with chronic illnesses, and as she ages, her body is starting to experience aging and deterioration, making it difficult for her to get up from the toilet. Moreover, Grandma Li lives in an attic without handrails, posing certain safety risks in her home environment.
Despite not suffering serious injuries, Grandma Li has developed a sense of fear after her fall</td></tr>
<tr><td>Mission Purpose</td><td colspan="5">a. Develop a thorough understanding of the definition of elderly social work.
b. Explore the objectives and significance of elderly social work.
c. Acquire proficiency in the scope and distinctive features of elderly social work</td></tr>
<tr><td>Operation Precautions</td><td colspan="5">a. When evaluating the service recipient’s home safety environment needs, it is crucial to engage the service recipient in joint discussions and consultations.
b. Considering the service recipient’s specific requirements and financial situation, the social worker should facilitate connections to relevant resources, assisting the service recipient in making modifications to their home for enhanced safety.
c. Throughout the service provision, it is important to guide the service recipients in fostering communication and interaction with their children, thereby gaining additional support.</td></tr>
</table>

(Continued)

Task Implementation	Preparatory Work	
	Implementation process	
	Implementation summary	
	Implementation evaluation	
Teacher Evaluation		

Task 3 Implement of Community Social Work Services for the Elderly

After integrating into the community environment and gaining an in-depth understanding of the needs of the elderly, social workers can plan and provide distinctive basic and personalized services that meet both the characteristics of the community and its elderly residents.

Working Steps

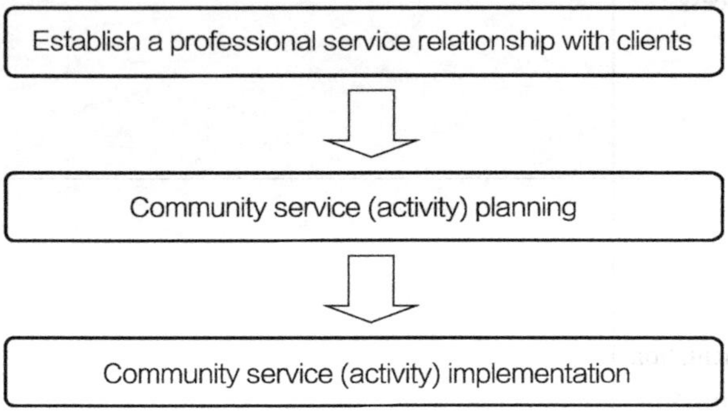

Activity Contents

Read the case and imagine yourself as a social worker for the elderly. Can you analyze the needs of the elderly in communities L and N based on their situation? Can you design different service plans based on their needs?

Scenario Introduction

Community L is located in the core area of the city, and its residents have a high overall quality. Its aging rate has reached 28.87%, and those over 80 years old account for 30% of the total elderly population in Community L. They have high needs for home safety, daily care, errands, and spiritual consolation. There are also many seniors who have recently retired and now have the time and energy to do things within their capabilities.

N is an old community with a high concentration of elderly residents. Due to the lack of public infrastructures like benches, elderly residents here are forced to rest on stone stairs when they become tired of walking and must bring their own stools when chatting with each other. Furthermore, there is a bus stop located near Community N. As there are no public toilets nearby, some passengers have to find hidden places to relieve themselves, which has a great impact on the community residents, especially during summer. They have complained to the community neighborhood committee about it, but no improvement has been seen after a year. Therefore, they are placing their hopes on social workers.

Thinking and Discussion

Do you know the four common modes of community work? Please refer to the information for further discussion.

____

____

| Step One | Establish a Professional Service Relationship with Clients

Relationship building essentially involves creating a connection or bond. The establishment of a professional service relationship between social workers and their clients, that is a working relationship, marks the beginning of work and serves as the cornerstone for its sustainable development. It is a goal-oriented activity in which social workers work in a planned and leave a prepared manner to achieve the elderly's goals or accomplish specific tasks.

1 The process and method of contacting community residents

① The preparation for the visit

Think clearly about the purpose and starting point of your contact. Is it for collecting information, enhancing understanding, offering help, or building an image? What kind of social workers does the interviewee need, one who is kind and helpful or one who is resourceful? Clear goals are conducive to achieving better assessment results.

Select the object with which to establish a relationship. Select appropriate interviewees based on the purpose of the interview, such as residents who have been previously contacted, relevant individuals affected by certain events, or members of specific interest groups. Determine an order that neither omits necessary people nor wastes time by talking to unnecessary ones.

Choose the time of your interview. It should vary depending on the purpose and objects. For example, there is a significant difference in visit time between housewives and female employees; when visiting people with religious beliefs, it is best to avoid weekends; important holidays, vacations, popular TV shows broadcast times, cooking, and lunch breaks should be avoided as far as possible.

Prepare for the topics by knowing the needs of interviewees in advance. Social workers can discuss the hobbies of the elderly people or highlight their own appeal to engage them.

Dress appropriately. Pay attention to the cultural background, values, and impressions that you want to leave on your interviewees. During the first visit, social workers should make their interviewees feel at ease, but they should not dress too casually. T-shirts, jeans, and slippers are not suitable for the occasion. Wearing school uniforms are also inappropriate. Social workers should give their interviewees the impression of being neat and reliable.

Anticipate potential problems and plan ways to overcome them. It's best to rehearse or discuss possible situations with others in advance, which can help you stay calm, confident, and unaffected.

Understand the place that will be visited. The location can be determined based on the interviewee's attitude towards the visit. It can take place at the resident's home, in a park, at a restaurant, or on the roadside.

② The implementation of the visit

In the first contact, try to establish a trusting relationship to elicit conversation, which can be done in stages.

Introduce yourself. Social workers should prepare one or two opening remarks and adopt different ways of introduction depending on the situation and the interviewees. For example, you can inform the interviewee that you were introduced by their friends; you can take activities that both you and the interviewee are familiar with as a clue to introduce yourself, like last week's summer party and community performance that were planned by you. For those who do not trust you, show them your documents to ease their concerns. Give them some items or leaflets to enhance their trust and leave a positive impression of you. Be warm and sincere, clearly explain your purpose, and express your concern for them.

Start the conversation. In cases where permission is obtained or not refused, social workers should seize the opportunity to continue the conversation and gradually steer towards the point, but be careful to avoid sensitive topics. Your topic should progress from simple to complex, from specific to general and then to abstract, from emotional to rational, and from superficial to deep. Social workers can also take what is happening around them as a starting point for conversation.

Keep the conversation going on. Depending on the purpose of the visit, social workers should discuss the topic as early as possible to alleviate any doubts their interviewees may have. At this point, the conversation shifts from being closed to being open. Social workers should listen attentively, ask questions proactively, and show sincere and thoughtful concern for interviewees and their families to make them feel cared.

③ The end of the visit

The initial contact should not be too long, unless the interviewee has special personal issues that need to be understood in a timely and thorough manner. At the end of the interview, social workers should summarize the situation, provide their contact information before leaving, and encourage interviewees to reach out if necessary.

④ After the interview

Record the main information. After the interview, social workers should record useful information and data about interviewees' background, impressions left during the conversation, whether interviewees were responsive and easy to mobilize, as well as their interpersonal networks.

Summarize the achievement of the goal, your feelings about the interviewees, evaluate changes in the interviewees, and identify something inappropriate and omissions in the work.

In addition, there should be a differentiation in the mode of visit between voluntary and involuntary clients. Voluntary clients refer to seniors who take the initiative to seek help from social workers. They may have learned about social work services by chance, but are proactive and have strong motivations to seek changes. Generally speaking, it is easier to communicate with them. However, they may not express their truest thoughts during the initial contact. Therefore, social workers should actively show their empathy, sincerely accept and respect the elderly, listen to their stories without criticizing or judging based on their own values. Social workers should not only help seniors open up as soon as possible with a variety of verbal and nonverbal skills, but also being mindful of guiding the conversation towards the intended goals. The depth of communication increases as the intervention progresses.

Involuntary clients refer to seniors who are identified through social workers' outreach or referred by community or other organizations. Firstly, social workers should gather as much information as possible about the elderly from various sources in order to understand the reasons behind their predicament. Secondly, social workers need to clarify their intentions, express goodwill towards the elderly, and inquire whether they are willing to accept assistance. Finally, if an involuntary client continues to refuse after repeated attempts at interviewing, the social worker may reach out to a third party who has a close relationship with them, such as community staff members or the elderly person's children and friends. Upon gaining the trust of the third party, the social worker can be introduced by the third party to the elderly.

In general, interview is the beginning of establishing a professional service relationship. However, during the initial communication process, there may be some difficulties due to the fact that both parties are unfamiliar with each other. Therefore, social workers should mentally prepare themselves and think from the perspective of the elderly in order to develop a comprehensive plan. They should communicate sincerely with the elderly in order to understand the elderly's needs and bridge the gap.

2 Considerations for establishing a relationship with the elderly

Social workers should take the initiative to introduce their identities. Elderly people tend to be wary of social workers when they first meet them. Therefore, social workers should first introduce themselves by stating their identities, work unit, work content and intention. They should also answer the questions of "who you are, where you are from, and what you want to do." If necessary, social workers can present their work documents stamped with official seals from government departments or work units to prove the legitimacy of their identities. Secondly, social workers should warmly express their friendliness to the elderly and convey expectation of gaining trust from them while providing services.

The privacy of the elderly should be treated with caution. Before establishing a deep and stable service relationship, it is advisable to avoid inquiring about their resident ID numbers, contact information, family income and other private and sensitive matters. These information may make seniors feel uneasy and worried about their privacy being compromised. While fully understanding the concerns of seniors, social workers should also inform them frankly about the confidentiality principle in social work. Social workers should make it clear that they will strictly maintain confidentiality and obtain relevant information only for the purpose of providing better services. If an elderly person's situation requires access to sensitive information, the social worker can seek assistance from other professionals like community workers, and invite them to participate in the process while ensuring that the elderly client is informed.

Clearly state the content and purpose of the services. Currently, social work services for the elderly are still in the developmental stage and lack understanding and awareness from the general public. However, developing these services is an important way for social workers to introduce their work to the elderly. Therefore, social workers should provide the elderly with a preliminary understanding of their service's purpose, significance, time, location, content and other relevant information before delivering it. During the process, social workers should communicate with the elderly by a common language.

Understand the current situation of elderly clients. With the gradual decline of physical function, some seniors may develop hearing and speech impairments. During conversations with social workers, they may exhibit unclear expressions and repeat themselves semantically. At this point, social workers should demonstrate enough patience, provide proper guidance, and listen carefully. In the current social environment, social workers provide services not only for relatively healthy individuals but also for vulnerable ones in many cases. Some of them are neglected by their children, some are impoverished and distressed, some have poor personal hygiene, and some suffer from diseases. Social workers should keep in mind the ethical values of social work, which include respecting and accepting clients, caring for them, and assisting them.

Help elderly clients understand and acknowledge their own feelings. They may feel uncomfortable about accepting help from others. Research has shown that the more seniors receive caregiving from their families, the more likely they are to become depressed. They may feel useless when they are constantly being cared for and receiving help. Failure to provide support and assistance to their children may also cause seniors to feel guilty. Social workers should understand their complex emotions and their families in order to provide effective help. Social workers should identify with the feelings of seniors, enhance their confidence in problem-solving, and make them feel respected and empowered.

Increase the involvement of elderly clients in the service process. Social workers should not make decisions for them, but rather play a dynamic and enabling role in providing services. Social workers should maintain a neutral and objective attitude to guide seniors in actively participating in self-exploration, goal design, and learning how to think and deal with their own problems. This will help seniors master problem-solving skills and live well on their own after social workers have completed their services.

| Step Two | Community Service Planning

Community service planning is a future-oriented, service-based planning process. That is, after comprehensively considering the actual situation in all aspects and soliciting the opinions of various community residents, the content and form of services are determined systematically to achieve specific goals. Community service planning is a rational process that involves evaluating community issues and needs scientifically at the beginning of the planning, as well as widely soliciting the opinions of community residents or clients; during the planning stage, it is important to fully consider the available resources, evaluate the quality and abilities of staff, determine service goals and plan content and processes as well as personnel allocation; at the later stage of planning, the effectiveness assessment method of the services should be determined. A scientific, rigorous, and step-by-step planning scheme ensures predictability, stability in service implementation, and the ability to systematically achieve specific goals.

1 Analysis before planning a service

(1) Client analysis

For example, for whom do social workers believe they are responsible for serving? Approximately, how many individuals require social work services? How many people are currently receiving services? Why are some clients not receiving or participating in services? What criteria are used to select clients for the service project? How many people are expected to benefit from this service?

(2) Problem analysis

For example, who in the community is affected by this problem? Whose problem has been solved? Who believes that this problem needs to be resolved? What is the cause of this problem? What services are currently being offered to address this problem? What would be the consequences if the relevant services were no longer provided? How can existing services be improved to effectively address this problem?

(3) Logical step analysis

Define and confirm problems → set goals to be achieved → determine assessment indicators → find feasible solutions → calculate the cost of each solution (including manpower, materials, and time) → evaluate the effectiveness of each solution → conduct comparative analysis for solutions.

2 The Process of planning a service

a. Identify the needs of the community. Community needs can be defined as normative, felt, expressed, and comparative.

b. Understand the characteristics of community residents or clients, including their strengths, weaknesses, abilities, lifestyles, leisure activities, and relationships with other people in the community.

c. Setting work objectives for a service involves three elements: first, define the clients; second, list the content; third, evaluate effectiveness by considering possible changes in community residents or clients after their participation in the service.

d. Capacity assessment involves evaluating the capabilities of service providers and their staff members. The capacity of an institution mainly consists of its ability to allocate people, money and materials effectively, as well as arrange time reasonably. The competence of staff refers to their professional knowledge and skills. The assessment should include the external opportunities and challenges faced by the institution and its staff, as well as their internal strengths and weaknesses. A practical and feasible service plan should be formulated based on the evaluation content. If the institution and its staff are not competent, they should seek external assistance or revise their objectives.

e. Make a work schedule by dividing the plan into three stages: initiation, implementation, and assessment. List the tasks to be completed in each stage along with their deadlines, and then prioritize them based on the deadlines to ensure timely completion of the service.

f. Arrange the procedures. The service project consists of a series of activities that are related to specific goals, with each activity having its own particular objective. Therefore, it is necessary to sort these services not only according to the timing of implementation but also based on their objectives, venue environment, resources and other factors.

| Step Three | Community Service Implementation

The implementation of the community service projects should be carried out in stages, as follows.

1 Preparation

The preparation stage mainly involves personnel allocation, financial planning, and material procurement, as well as the publicity and promotion of services. In terms of fundraising, the main ways are to apply for government subsidies and raise funds from society. Clients or residents can also be charged a reasonable fee for certain developmental and recreational projects. In terms of personnel allocation, professional social workers are the main force, with recruited volunteers serving as a supplement. In terms of venue arrangement, consideration should be given to the area and location of the venue, as well as equipment such as lighting, sound, microphones, computers, and projectors.

2 Execution

The main tasks carried out at this stage include budget management, time schedule management, service quality management, incentives and promotion.

(1) Budget management

In accordance with the principle of frugality and living within means, all income, including government subsidies, social donations, and service charges, should be clearly recorded. On the other hand, it is important to keep track of expenses such as venue rental fees, costs for printing promotional material and purchasing props and materials, souvenirs and game prizes, lunch allowances and transportation allowances for volunteers as well as any other miscellaneous items.

(2) Time schedule management

First, determine the deadline for the entire services , such as completing it within a week or a month. Next, manage the progress of each stage. Lastly, arrange time for specific service, such as completing volunteer training within 45 minutes.

(3) Incentives and promotion

The main purpose of motivating and enhancing the morale of professional social workers and volunteers who provide services and carry out activities is to increase their sense of accomplishment and make them feel that their work and efforts are valuable. Specific methods: announcing the progress and achievements of each individual through forms such as oral praise and wall newspapers; commending outstanding social workers and volunteers for their work achievements through honor lists and other forms of recognition.

3 Completion

The tasks that need to be handled after the completion of services are as follows. First, the reimbursement of expenses. Social workers should familiarize themselves with the financial systems of government and social service institutions in advance, understand the procedures for fund use and reimbursement review, promptly handle fund reimbursement after completing services, to ensure normal funding for subsequent ones. In addition, the expenditure on services should be promptly disclosed to enhance credibility. Second, timely archiving of service data. Service data includes survey reports for service demand, service proposals, service record sheet, video and photography materials, service satisfaction questionnaires, and feedback from community residents or clients. Third, recognition for professional social workers and volunteers. Due to the public welfare and non-profit nature of community service, it is necessary to incentivize staff through commendation. However, social workers and volunteers should reflect carefully on the implementation of their work and objectively evaluate their performance and service effectiveness. Fourth, assessment of service effectiveness. It should include both the process and results of service.

4 Assessment

The purpose of community service assessment is to understand whether the community service has achieved the expected goal, how satisfied the community residents or clients are, and the advantages and disadvantages that exist in the process of implementation. The assessment results can serve as a reference for the future work of the neighborhood committees and workstations (service stations) in both their own community and other communities.

① Assessment methods for community service project

The assessment methods of community service projects include both quantitative and qualitative assessments. The characteristics of the quantitative assessment method are as follows; First, the assessment results are reflected in numbers. Second, the assessor presupposes some answers in advance that are selected by community residents or clients who participate in the service. The qualitative assessment method is characterized by the following features: First, the assessment results are expressed in words. Second, the assessor does not assume answers in advance, and community residents or clients who participate in the service express their opinions and views, which the assessor then concludes and summarizes.

② Assessment content of community service project

Assessment content of community service project includes effectiveness assessment and process assessment.

There are two methods for evaluating effectiveness: One is quantitative, which involves collecting satisfaction feedback from community residents and clients through questionnaires after they have participated in the service; the other is qualitative, involving assessment of the effectiveness of the community service project through in-depth interview, observation, and file analysis.

Process assessment is generally limited to qualitative method, with a focus on summarizing the project's basic situation during its design, preparation, execution, and completion stages.

Task Work Order

Implementation of Community Social Work Services for the Elderly

<table>
<tr><td>Task Name</td><td></td><td>School Hours</td><td></td><td>Training Object</td><td></td></tr>
<tr><td>Student Name</td><td></td><td>Contact Number</td><td></td><td>Task Grade</td><td></td></tr>
<tr><td>Task Device</td><td></td><td>Operating Time</td><td></td><td>Operating Location</td><td></td></tr>
<tr><td>Scenario Introduction</td><td colspan="5">There are some seniors living alone in the community whose children cannot take care of them due to their busy work or other reasons. Those seniors usually do not like to go out and are convinced of the efficacy of some medicine or health care products advertised on TV or in newspapers. They often insist on buying them regardless of their children's persuasion</td></tr>
<tr><td>Task Description</td><td colspan="5">If you are a professional social worker, please create a service project based on the above situation</td></tr>
<tr><td>Task Analysis</td><td colspan="5">a. It is essential not only to consider the needs of the elderly but also to explore and integrate community resources
b. Adhere to the significant principle of "person – in – situation"</td></tr>
<tr><td>Task Objectives</td><td colspan="5">a. Be proficient in the process of community social work services
b. Understand the main content of community social work services</td></tr>
<tr><td>Operation Precautions</td><td colspan="5">A service project usually consists of at least four parts: objectives, strategies, implementation, and assessment</td></tr>
<tr><td rowspan="4">Task Implementation</td><td>Preparatory work</td><td colspan="4"></td></tr>
<tr><td>Implementation process</td><td colspan="4"></td></tr>
<tr><td>Implementation summary</td><td colspan="4"></td></tr>
<tr><td>Implementation evaluation</td><td colspan="4"></td></tr>
<tr><td>Teacher Evaluation</td><td colspan="5"></td></tr>
</table>

Item Ⅳ
Social Work Services for the Elderly in Institutional Care Settings

Project Information

Task name

Social work services for the elderly in institutional care settings.

Task Objectives

1. Understand the types and characteristics of elderly care institutions.

2. Internalize the professional ethics and service etiquette of elderly care practitioners in institutions.

3. Become familiar with the service content and role functions of social work in institutional elderly care.

Task decomposition

Task 1: Understands the service environment in elderly care institutions.

Task 2: Master the process of providing institutional elderly care services.

Task 3: Familiarize oneself with other works related to institutional elderly care services.

Task 1 Understanding the Service Environment in Elderly Care Institutions

Being familiar with the service environment of elderly care institution is the first task for a social worker when they takes up their positions, and it serves as the foundation for providing services in the future.

Working Steps

Understand the Basic Knowledge of Institutional Elderly Care

↓

Understand Organizational Structures and Department Functions of Elderly Care Institutions

↓

Familiarize Oneself with the Basic Requirements for Institutional Elderly Care Practitioners

Activity Contents

Read the case and help Xiao Zhang answer the question.

Scenario Introduction

Xiao Zhang is a social worker at a nursing home where nearly 100 seniors live. Due to the decline in physiological function, an increasing number of seniors are unwilling to go out and participate in activities or socialize, resulting in them staying indoors every day. Some of them even express negative thoughts to their caregivers, saying that they are just waiting for death here. The director of the nursing home is concerned and has asked Xiao Zhang to help come up with ways to enhance the daily lives of the elderly clients and improve their quality of life.

Thinking and Discussion

What preparations do you think are necessary when starting social work services for the elderly?

| Step One | Understand the Basic Knowledge of Institutional Elderly Care

1 Intension of institutional elderly care and classification of elderly care institutions

(1) Intension of institutional elderly care

Institutional elderly care refers to the care provided by professionals in institutions for the elderly, including centralized residence, life care, medical and health care, and social work. As an important form of elderly care, Institutional care, along with home care and community care, constitutes a long-term care system for the elderly.

In a broad sense, institutional care is provided for all seniors. Currently, its clients mainly consist of elderly individuals with disabilities, semi-disabilities, or seniors who can no longer receive home care due to the physiological decline and other reasons. The main reason why seniors choose institutional care is a lack of family support or the inability of home care services to meet their needs. However, with the development of society and the gradual improvement of institutional elderly care, more and more seniors and their families are beginning to accept care services from institutions. Some seniors, even those who are capable of taking care of themselves, choose institutional care services proactively.

(2) Classification of elderly care institutions

Elderly care institutions can be divided into three types based on client categories: self-care institutions, assisted-care institutions, and nursing-care institutions. Self-care institutions mainly provide services such as auxiliary life care, spiritual consolation, and cultural entertainment to the elderly clients who are in good health and able to take care of themselves. Assisted-care institutions mainly provide life care, rehabilitation nursing, spiritual consolation, and cultural entertainment services for the elderly clients who are semi-disabled or in poor health conditions. Compared to self-care institutions, assisted-care institutions have a higher proportion of life care services and include rehabilitation nursing service. Nursing-care institutions mainly provide life care, rehabilitation nursing, spiritual consolation, cultural entertainment and hospice care for seniors with disabilities and poor health conditions. Compared to assisted-care institutions, nursing-care institutions provide more comprehensive life care services with a higher level and proportion of rehabilitation nursing, as well as hospice care.

Elderly care institutions can be classified into three categories based on their operating entities. The first category includes public care institutions, such as social welfare homes and nursing homes, which are directly managed by government departments. Its main clients are seniors who live in difficult circumstances, such as the "Three-without" persons (those without dependents, financial resources or the ability to work), and those who receive minimum living guarantee or destitute reliefs. Public institutions provide free or low-cost care services for elderly people mentioned above. At present, it can also accommodate other seniors depending on the availability of beds and at a relatively low cost. The second option is elderly care institutions jointly operated by the government and society, which provide services to the majority of seniors at charging standards that are generally affordable for their economic situation and payment level. The third type is private elderly care institutions, which are profit-making organizations operated by social forces in accordance with market principles. Their fee standards are set under the supervision of government departments, based on the level of services they provide.

There are also differences in the types of elderly care institutions based on the management of different government departments. The elderly care institutions managed by the civil affairs department mainly include social welfare homes, gerocomium, retirement homes, senior apartments and retirement communities. Their services mainly focus on providing life care, rehabilitation nursing, and spiritual consolation. Nursing homes managed by the National Health Care Commission focus on providing medical rehabilitation services.

2 Content of institutional elderly care services

Institutional elderly care services refer to the care provided by social workers based on personalized care plans for elderly individuals. Currently, institutional elderly care services mainly include health, life, meal, and social work services.

(1) Health services

To meet the basic health needs of the elderly clients, services include establishing basic health records, conducting regular ward rounds, paying attention to physical and psychological changes, and providing vital signs measurement and drug management services; maintaining and improving the physical health, carrying out health education, providing specialized medical care services for the elderly such as prevention, diagnosis and treatment of common and frequently occurring diseases as well as 24-hour first aid and hospital transfer; rehabilitation plans should be formulated based on the actual situation of seniors, rehabilitation guidance and training should be carried out according to the plans, and regular assessments for rehabilitation should also be conducted.

(2) Life services

Life services mainly refer to daily care and personal hygiene services, which provide continuous care for the elderly clients to ensure that they enjoy a comfortable and clean life. Life services include assistance with eating, dressing and undressing, washing, laundry, turning over and changing position to prevent bedsores, and helping with bowel movements; regular cleaning of room and personal utensils, as well as replacement of bedding. With the gradual improvement of institutional elderly care, life services are showing a trend towards diversification and humanization. These include equipment maintenance, green conservation, accompanying outings, and handling affairs on behalf of clients such as newspaper subscription and collection, parcel delivery and collection, and taxi hailing.

(3) Meal services

Elderly care institutions generally provide personalized meal services based on principles of health and safety. There are basic meals and special meals available. Basic meals refer to regular meals, while special meals refer to soft foods, minced foods, cereals, liquid diets, vegetarian diets, therapeutic diets, tube feeding diets and so on. In order to meet the individual needs of the elderly clients and demonstrate service quality, some institutions provide other types of meals such as afternoon tea, desserts, and banquets.

Institutions should establish dietary records for each elderly clients to understand their preferences and special needs, and continuously pay attention to their diets. After obtaining consent from elderly individuals and their families who are at risk of malnutrition or similar conditions, nutritional intervention should be carried out for them. Additionally, the nutrition and dietary status of the elderly clients should be regularly tracked and recorded.

(4) Social work services

Social work services refer to the rational use of professional social work methods and skills in institutions, fully stimulating the potential of the elderly clients, enabling them to adapt to institutional environments and improve their quality of life. Social work services include the following aspects: organizing daily and themed activities, providing spiritual care, offering support to families, and managing volunteers.

a. Organization of daily activities. Social workers design and implement various activities, such as singing, dancing, handicrafts, chess and cards, calligraphy and painting, puzzle games, and knowledge learning based on the interests and needs of the elderly clients. Social workers also take into account the physiological characteristics of elderly people to enhance their spiritual well-being.

b. Themed activities refer to indoor and outdoor activities carried out around certain themes, such as festivals, holidays or other special dates, like the Mid-Autumn Festival, Double Ninth Festival, Spring Festival, birthday parties and spring outings. Social workers should develop detailed and feasible activity plans in advance, which include themes, objectives, content, division of labor, budget, and contingency plans to ensure the activities implement smoothly.

c. Spiritual care refers to addressing the psychological needs of the elderly clients and maintaining their mental health. The range of services includes daily rounds, heart-to-heart talks, psychological counseling, case work, mental crisis intervention and hospice care. Social workers should monitor the emotional changes of the elderly individuals in real-time to provide professional solutions.

d. Family support. In order to enhance family support for the elderly clients in institutions, social workers provide relevant support services to their families. These services include promoting mutual understanding between seniors and their family members, coordinating relationships, resolving conflicts among them, and providing grief counseling to the family members of deceased elders.

e. Volunteer management. Institutions recruit volunteers based on the elderly individuals' living and spiritual needs, providing personalized volunteer services to meet their requirements. They also train, assess, and manage volunteers to establish a platform that offers elderly care.

| Step Two | Understand Organizational Structures and Department Functions of Elderly Care Institutions

1 The basic organizational structure of elderly care institutions

Organizational structure should be established based on the nature, scale, service content and other scientific arrangements of elderly care institutions. It should follow the principles of simplification, professionalism and efficiency while complying with national, industry and local policies, regulations and management norms. The focus should be on the development needs of institutions' core business in order to establish an organizational structure with reasonable business modules and appropriate management scope, and to set up posts reasonably according to the principle of "setting posts based on needs, and assigning responsibilities based on posts." Institutions should subdivide their services through organizational structure design, further distinguish the types and interrelationships of management work, and determine effective combined methods.

2 Departments and functions of elderly care institutions

a. The director's office is responsible for the overall operation and management of the institution, is the first department to oversee it. It mainly consists of the director, vice director or assistant director. In a small institution, there is usually only one director. The department is responsible for formulating the overall work strategy and annual business plan of the institution, achieving business objectives and targets, as well as directing, supervising and inspecting the work of each department to continuously improve the management and service level of the institution.

b. The marketing department is required to meet the institution's occupancy targets. Its main tasks include promoting the brand, expanding client acquisition channels, and managing reception and move-in procedures. The goal of its work is to increase the institution's occupancy rate.

c. The nursing department is responsible for providing medical and health services, as well as life services, to clients in the care institution. It is one of the most important departments, typically staffed by nurses, caregivers, or a physician if there is an infirmary on site. The main tasks include assessing the level of care, developing and implementing care plans, adjusting them as necessary, handling emergencies and adverse events, and communicating with families about the physical and mental conditions of elderly clients.

d. The catering department, also known as the food department, is responsible for providing nutritious meals to clients in the elderly care institution and working meals for its employees. The catering department must ensure food safety and create a healthy and hygienic eating environment in strict accordance with food safety standards.

e. The social work department is mainly composed of social workers who are responsible for assisting seniors in adapting to the institutional environment, enriching their spiritual lives, and improving their quality of life. The main tasks include organizing daily and themed activities, providing spiritual care, offering support to families, and managing volunteers. In addition, the social work department collaborates with other departments to lead or support related work. This include conducting admission needs assessments with the nursing department, providing mental crisis intervention in conjunction with other departments, and offering staff training for other departments.

f. The general department serves as the operational support for the entire institution, comprising personnel, finance, administration, and logistics. Large institutions may also have these branches as separate departments. General department is fully responsible for the daily operation and management of the institution, including quality control, repair and maintenance, external affairs, material supply, safety management, fire protection as well as assessment and management of outsourcing services.

| Step Three | Familiarize Oneself with the Basic Requirements for Institutional Elderly Care Practitioners

1 Professional ethics of institutional elderly care practitioners

The professional ethics of institutional elderly care practitioners (hereinafter referred to as practitioners) refer to the code of conduct that guides their interactions with seniors, families, other practitioners, and relevant personnel in accordance with the characteristics of the institutional elderly service profession. It embodies the professional ethics of the institutional elderly care industry, which mainly includes the following principles.

(1) The principle of respect

The decline in physiological functions makes the elderly more vulnerable. Therefore, they desire greater understanding and respect from society and pay more attention to society's attitude towards them. When carrying out institutional elderly care services, it is necessary to pay attention to and understand the contributions that the elderly have made to society, and give them full respect and recognition. Practitioners should prioritize the actual needs of the elderly clients, adhere to the basic principle of "the elderly first" in service, safeguard and protect their rights and interests, and truly consider their well-being. Respect for the elderly is not only an embodiment of a practitioner's moral and professional qualities, but also a prerequisite for establishing good service relationships.

(2) The principle of individuation

The elderly population is large and diverse, with different physical conditions, social backgrounds, life experiences, and personality traits. Different seniors have different needs and problems. Practitioners should not only reflect basic professional ethics in their services, but also consider individual differences, understand the personalized needs of their clients, and provide them with differentiated service content and approaches.

(3) The principle of confidentiality

During the service process, practitioners are responsible for explaining to the elderly clients the principle of confidentiality and its limitations. The confidentiality principle is to respect clients' privacy and not disclose their personal information, such as letters, audio and video recordings, without their permission. When it is necessary to provide clients' information to the outside world, practitioners should keep important client information (such as names, portraits, and addresses) confidential and ensure that the provided information does not infringe upon or harm their clients.

(4) The principle of introspection

When implementing services, practitioners need to pay special attention to the habits and taboos of elderly clients. If any disagreements arise, practitioners should communicate with them, understand their situation and difficulties, listen to their opinions, actively assist them in solving practical problems, and sincerely apologize when necessary. At the same time, when dealing with differences, practitioners need to adjust their mentality and handle complex issues calmly, orderly and tactfully in a sensible, reasonable, and legal manner.

2 Service etiquette of institutional elderly care practitioners

Service etiquette of institutional elderly care practitioners refers to the service mode and behavioral attitude adopted by practitioners in expressing respect and care for elderly clients in institutions. It is the external manifestation of elderly service theory, mainly including the following aspects.

(1) Dress code

Standardized attire can fully demonstrate practitioners' spiritual outlook and professional quality, thereby enhancing the trust relationship between social workers and their clients. Practitioners must strictly adhere to the dress code for their services, which includes wearing clean and tidy work clothes as well as polished shoes. Workers who provide direct services to elderly clients should not wear any accessories. Practitioners in different positions should wear appropriate work clothes and have intact work cards, so that seniors can easily identify them and seek help. Standardized dress can not only urge practitioners to conscientiously fulfill their duties and provide high-quality services for their clients, but also showcase practitioners' rigorous, confident, and upright work style to outside society.

(2) Grooming

The grooming of staff represents the image of elderly care institutions, and a practitioner's clean appearance also reflects an attitude of respect towards their clients. Keeping groomed includes having a clean face free of sweat or stains, neat hair without odor, and fresh breath that is not affected by eating smelly food before the service; male practitioners should have short hair that does not cover their eyes, ears, or neck, and they should also be clean-shaven; female practitioners with long hair should tie their hair up, have a natural hair color, and avoid bangs that cover their eyes; keep their hands clean by diligently washing them, regularly trimming nails, and avoiding excessive embellishment such as colored nail polish.

(3) Propriety of language

When communicating with elderly clients, practitioners should speak appropriately and address them accurately to show respect. It is best not to call them by their first name. Instead, address them as "aunt" "uncle" "grandpa" "grandma" "Mr. /Mrs. ×" or "Dr. ×" based on their age, gender, and occupation. Practitioners should use appropriate language that corresponds to the educational level and comprehension ability of elderly individuals. Their wording should be precise and accurate, in line with ethics and morals, using everyday language instead of network buzzwords. Practitioners should speak in a moderate tone and speed due to hearing loss in some seniors. If they cannot hear clearly, the practitioner can approach their ear gently and repeat slowly and a bit louder, or use body language or written forms to help them understand. Do not inquire about questions that elderly people are unwilling to answer.

(4) Squatting position

When serving elderly clients who are in wheelchairs or bedridden, practitioners should assume a squatting position. For seniors in wheelchairs, practitioners can squat halfway next to them and keep their eyes at the same level to communicate on an equal footing. For seniors who are bedridden, practitioners can squat beside the bed and lean slightly forward to facilitate effective communication. As some seniors have decreased hearing, practitioners should communicate closely with them to ensure clear understanding. Practitioners are prohibited from standing and looking down at seniors.

3 Social workers in elderly care institutions

In institutional elderly care industry, social workers provide services not only to elderly clients but also to their families, institutions, and society as a whole. The professional nature of social workers and the needs of institutional services also determine that social workers play multiple roles in institutions. Social workers can be divided into roles that directly impact clients and roles that indirectly impact clients.

(1) Roles that directly impact clients

① Service provider

Traditional care services are mainly provided by nursing, medical, and support staff in institutions. In addition to ensuring the basic livelihood of elderly clients, modern elderly care institutions also place importance on their physical and mental health. Therefore, more and more elderly care institutions are introducing social workers to provide services related to social work, such as environmental adaptation, leisure activities, spiritual care, and case work for the elderly.

② Assessor

Social workers collaborate with other professionals to assess the care level of seniors using a professional assessment scale before they are admitted to institutions. The main levels of care include self-care, nursing care, and total care. The standards for classifying care levels vary among different institutions. Social workers are primarily responsible for assessing factors such as mental health status, social participation capability, social support systems, hobbies, and personal habits. For older persons already admitted to residential care, the level of care can be re-assessed to determine the new status. Social workers need to pay attention to the physical and mental changes of elderly individuals in their daily work. If they find that the level of care provided to an elderly client is inadequate, they should immediately initiate an assessment with the nursing department to prevent any potential risks.

③ Coordinator

The coordinator is responsible for coordinating relationships between seniors and other individuals, including other seniors, their family members, caregivers, and institutions.

Conflicts are inevitable when many seniors live together in an institution. It is necessary to create a harmonious and friendly atmosphere, and promote communications between elderly people and reducing their friction. Moreover, family is one of the crucial social support systems for the elderly, and familial conflicts can significantly impact their spiritual life. Therefore, social workers should pay attention to the relationship between seniors and their families, and proactively contact their families for coordination when conflicts arise.

Conflicts between elderly client and their caregivers, as well as institutions, often arise due to dissatisfaction with services or unmet demands. Social workers should understand their clients' comments on the services, provide timely feedback on their reasonable demands to relevant departments, and ensure that services are provided. Social workers should sincerely communicate with the elderly clients who make unreasonable demands, helping them understand the hard work of caregivers and the service standards of the institution.

(2) Roles that indirectly impact clients

① Resource integrator

Firstly, in public elderly care institutions, social workers organize caring units and kind-hearted people in society to donate money and goods to alleviate the difficulties of financially challenged elderly. Secondly, the integration of volunteer resources is also a part of social workers' daily work. Social workers recruit volunteers from various social sectors, such as schools, enterprises and public institutions, to provide diverse services for elderly clients. Thirdly, when the conditions of the institution cannot meet the needs or wishes of elderly individuals, social workers are not limited to internal resources of the institution. Instead, they integrate relevant external resources, such as seniors' family members, relatives and friends, former work units, original communities and other social systems to help seniors achieve their wishes.

② Team supporter

In elderly care institutions, front-line staff, especially caregivers who provide long-term care for disabled, cognitive impaired, and terminally ill seniors, experience high work pressure and heavy tasks. They often lack a sense of accomplishment and are prone to numbness and fatigue. At this point, social workers should provide psychological support for these staff members and encourage them to share, communicate and vent their negative emotions through support teams and other means. This will help relieve their pressure and enhance their enthusiasm, thereby creating a relaxed and harmonious working environment.

③ Administrator

In addition to providing direct services, social workers also need to effectively manage and control the service process through administrative means. This involves implementing the latest policies for elderly-care, developing and promoting service projects, writing service documents, and regularly reporting work to institutional leadership. Social workers in some large or public elderly care institutions also need to establish and improve a standardized service system and working mechanism for social work, participate in practical research topics, in order to enhance the quality and efficiency of their services, and even provide professional guidance to other institutions.

④ Promoter

A respectful atmosphere towards the elderly is conducive to the physical and mental health of elderly clients in institutions. Social workers can promote the service concept of "all work centered on the elderly" to all staff through staff meetings, training and other means. At the same time, deeply implant the value of "people-oriented, respecting and honoring the elderly" in the hearts of staff, families of the elderly, and even the elderly themselves by making handmade posters and posting propaganda slogans. This will create a positive atmosphere both inside and outside the institution, promoting respect and care for the elderly while preventing discrimination against disabled and cognitively impaired individuals.

Task Work Order

Understanding the Service Environment in Elderly Care Institutions

<table>
<tr><td>Task Name</td><td></td><td>School Hours</td><td></td><td>Training Object</td><td></td></tr>
<tr><td>Student Name</td><td></td><td>Contact Number</td><td></td><td>Task Grade</td><td></td></tr>
<tr><td>Task Device</td><td></td><td>Operating Time</td><td></td><td>Operating Location</td><td></td></tr>
<tr><td>Scenario Introduction</td><td colspan="5">Uncle Wang, who is 73 years old, has limited mobility. Although he can take care of himself, he still needs the care of others. His son and daughter-in-law have to work, which makes it difficult for them to take care of him full-time. Uncle Wang moved into a nursing home so as not to burden his children. However, he found it difficult to adapt to life there because he had to strictly follow rules for daily routine and meals. This makes him feel that the nursing home is not sufficiently free and humane.
Uncle Wang usually prefers to be quiet and stay at home. He also does not like to participate in outdoor activities organized by the nursing home, which makes him seem like a "weirdo" in everyone's eyes. Uncle Wang felt lonely in the nursing home because he could not make any friends to communicate with</td></tr>
<tr><td>Task Description</td><td colspan="5"></td></tr>
<tr><td>Task analysis</td><td colspan="5">a. Based on the above materials, identify the problems that exist in the nursing home where Uncle Wang is residing.
b. Considering Uncle Wang's problems and needs, what measures can the nursing home take to improve its services</td></tr>
<tr><td>Task Objectives</td><td colspan="5"></td></tr>
<tr><td>Operation Precautions</td><td colspan="5"></td></tr>
</table>

(Continued)

Task Implementation	**Preparatory work**	
	Implementation process	
	Implementation summary	
	Implementation evaluation	
Teacher Evaluation		

Task 2 Master the Process of Providing Institutional Elderly Care Services

Providing social work services in elderly care institutions is an important means of improving the quality of institutional services and enhancing the quality of life for elderly individuals. Therefore, mastering the process and content of social work services in elderly care institutions can help social workers adapt to the working environment and effectively address issues related to their clients.

Working Steps

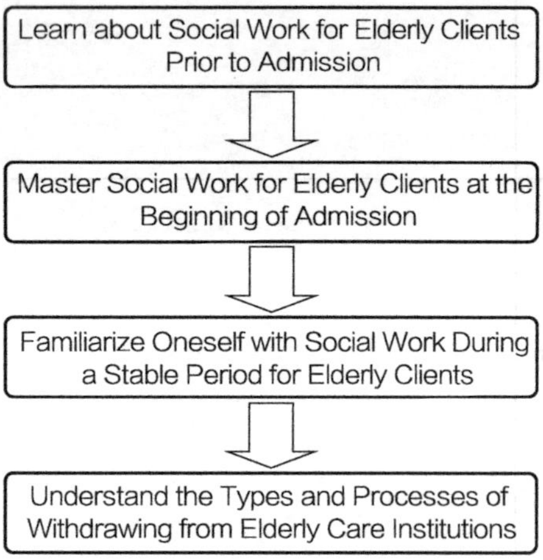

Activity Contents

Read the case. If you were a social worker at the nursing home in the following case and Uncle Zhang was your client, what would you do?

Scenario Introduction

Uncle Zhang, who is 86 years old, has three sons and one daughter, all of whom have retired. Uncle Zhang usually lives with his eldest son, while his other children live in different cities and provide him with less care. A month ago, his eldest son was diagnosed with a malignant tumor and needed hospitalization, so he is no longer able to take care of his father. After discussing the problem, Uncle Zhang's four children decided to send their father to a nursing home. Uncle Zhang was very angry and felt that he had raised his children in vain. After moving into the nursing home, Uncle Zhang felt depressed, and refused to talk to anyone, eat or drink water for three days.

Thinking and Discussion

If you are a social worker in a nursing home, list your daily task.

____

____

| Step One | Learn About Social Work for Elderly Clients Prior to Admission

Social workers usually begin preparing for elderly clients before they move into nursing homes. For example, they assist elderly individuals and their families in visiting and getting to know elderly care institutions, as well as completing pre-admission assessments.

1 Visit reception

Before moving in, seniors and their families usually compare different senior care institutions based on various aspects such as location, environment, facilities, service offerings, and prices. Therefore, they will visit the the institutions on-site. The marketing department is primarily responsible for the reception work of an elderly care institution, with social workers providing assistance in subsequent tasks.

(1) Talks

After the visit reception, social workers have a talk with potential resident and their family members to inform them about the services provided by institutions and social workers. This helps seniors gain a correct understanding of institutional elderly care services, eliminate unreasonable emotions, and mentally prepare for moving in.

(2) Pre-assessment

While introducing senior care institutions, social workers can pre-assess whether elderly individuals are suitable for institutional care and whether the services provided in certain institutions match their needs. This can effectively help families solve the problem of caregiving and assist both seniors and their families in making informed choices.

(3) Initial data collection

During the reception, social workers gather information about the personal and family situations of elderly individuals, including physical condition, mental health status, family situation, and social support systems to facilitate the provision of appropriate care services.

2 Admission assessment

Elderly care institutions need to conduct a comprehensive assessment of their clients in order to understand their needs and problems, determine the level of care required, and develop corresponding care plans. The assessment is mainly carried out by medical staff and social workers in collaboration. The main components of the assessment comprise physical and mental health status, cognitive ability, perceptual and communicative skills, social participation capability, economic status, as well as social support systems. Social workers assess factors such as mental health status, social participation capabilities, social support systems, interests, and personal habits. After the assessment results are generated, social workers need to communicate the care plan with elderly clients and their families. The final level of care is determined by the assessors, the clients, and their family members.

In addition to admission assessment, some seniors also require a level-of-care assessment. As people age, their illnesses increase, and this leads to a decline in their ability to take care of themselves. Seniors who are able to take care of themselves gradually become unable to do so, semi-disabled seniors become fully disabled, and the degree of disability deepens over time. This is where the issue of shifting the level of care arises. Social workers should collaborate with medical staff to comprehensively assess the elderly clients' ability for self-care, and improve their level of care after communicating with both them and their families.

3 Pre-admission preparation

After the marketing department completes move-in procedures for elderly clients, the social work department will collaborate with the catering, nursing, and general departments to arrange their admission and ensure that they receive appropriate services. The catering department is responsible for arranging meals. The nursing department is responsible for arranging caregivers, nurses, rooms and beds, as well as preparing documents such as care plans. The general department is responsible for preparing door plates and room cards (keys), as well as working with the nursing department to ensure that the facilities in assigned rooms are in good condition. The social work department is mainly responsible for the following tasks.

a. Establish an admission file for each elderly client based on the information obtained during their admission assessment, and store it in an orderly manner.

b. Communicate with elderly clients and their families in advance, and inform them to prepare necessary items to alleviate anxiety and tension when leaving home.

c. Determine the move-in time and prepare for a welcome ceremony. Prepare welcome cards in advance and remind staff members to introduce themselves.

| Step Two | Master Social Work for Elderly Clients at the Beginning of Admission

When seniors move into care institutions, the tasks of social workers increase. Some seniors may have difficulty adapting to new environment, and some may feel abandoned by their families upon moving in. All of these require personalized follow-up services provided by social workers.

1 General questions at the beginning of move-in

(1) Maladaptation to environment

After moving into nursing homes, seniors are separated from the families with whom they have lived for many years. They must adapt to unfamiliar surroundings and learn everything anew. Faced with a completely different environment, introverted seniors may feel uneasy, anxious, lost and reluctant to connect with others.

Seniors have their own lifestyles and habits at home. After moving into nursing homes, they need to adjust their lives according to the institutions' schedule due to communal living, and some may have to adapt to their roommates' habits. These can cause confusion and maladjustment in some seniors for a short period of time.

(2) The uneasiness of being deprived of living space

Personal space provides a person with a sense of self, security, and control. When personal space is violated, individuals feel a loss of privacy and a sense of coercion. When seniors move into nursing homes, they leave the space where they have lived for many years, transition from solitary living to communal living, and their own life and even privacy are exposed to others, which can make them feel helpless and anxious. There are even seniors who refuse to leave their rooms and remain in a state of high vigilance.

(3) The loneliness of being marginalized by family members

Home care is the traditional Chinese concept of old-age care. Some seniors do not voluntarily come to care institutions, but rather to alleviate the burden on their children. They consider themselves to have been rejected by their families. Therefore, they may experience a sense of loss and yearn to return to their families. After not living with their own families, seniors may experience negative emotions such as despondency, loneliness and inferiority, and feel more lonely, especially when their children are unable to visit them frequently.

(4) Pressure to build a new social circle

After moving into elderly care institutions, seniors are separated from their familiar social circle, including relatives, friends and neighbors. They need to make new acquaintances and join a new social circle. Some seniors may have difficulties managing their relationship with roommates. Passively integrating into daily group activities can also cause stress for them.

2 Providing adaptive care services

(1) Holding a welcome ceremony

To eliminate the sense of unfamiliarity that arises when elderly individuals move into care institutions, social workers can organize a simple welcome ceremony for them on the day of moving in. All relevant staff members take the initiative to introduce themselves, as well as the institution's environmental facilities and interpersonal relationships such as roommates, neighbors, activity rooms, rehabilitation and medical rooms, schedules for activities and meals, and personalized services. This helps newly admitted elders feel respected and accepted, thus shortening their adaptation time to the new environment.

(2) Providing a sense of security

In elderly care institutions, areas such as beds and bedside tables that are used by elderly individuals are considered their personal spaces. Upon entering the room, staff members should knock on the door and obtain consent from seniors who reside inside, especially those who may have hearing sensitivities due to visual impairment. Staff members should provide explanations when rendering services to seniors, such as making beds, picking up items, and doing laundry. When social workers find that the elderly have negative emotions due to a violation of their personal space, they should remind the staff members involved to apologize and explain promptly in order to avoid conflicts.

(3) Helping seniors build social circles

Due to their unfamiliarity with the institution's schedule or lack of proactivity, newly admitted elders may miss activities. Social workers should actively encourage them to participate in daily activities and join interest groups. Social workers can organize suitable seniors to communicate with and get to know each other based on their personality traits and interests. This can help seniors establish a new social circle, thereby enhancing their sense of identity and belonging to institutions.

(4) Eliminating loneliness

Social workers should provide psychological counseling to elderly clients, and conduct in-depth analyses of current policies and trends related to institutional elderly care. This helps elderly people understand that living in a nursing home is an important part of social care for them, and by no means does it mean they have been abandoned by their family or society. Relevant staff members should have more contact with elderly clients to better understand their psychological needs and effectively communicate with their families, persuading them to visit as much as possible in order to alleviate the seniors' loneliness.

| Step Three | Familiarize Oneself with Social Work During a Stable Period for Elderly Clients

After helping elderly clients adapt to nursing homes, social workers shift their focus to improving quality of life rather than providing personalized adaptive services. At this stage, social workers need to not only respond to the common problems of the elderly through group work, community work and other methods, but also use case work to address their individual issues.

1 Daily rounds

Social workers should conduct regular rounds, communicate with the nursing department to gain an in-depth understanding of each elderly client's situation, pay attention to their emotional changes, and seek their suggestions on the activities carried out in the institution. Special attention should be paid to seniors who require total care, are newly admitted, are at the end of life, or have poor interpersonal relationships. After identifying elderly individuals with abnormal emotions, social workers should thoroughly understand the reasons, pay special attention, and promptly report any relevant information to the nursing department in order to provide psychological counseling for them. Social workers should complete daily-round records after each round of work, and they should develop and implement case work plans tailored to the needs of seniors who require case intervention while keeping records.

2 Planning and carrying out daily activities

Daily activities are the regular activities carried out by elderly care institutions on a weekly basis. Social workers prepare a weekly activity schedule in advance based on the needs of elderly clients and the actual situation of their institution. They usually announces the activity schedule for the following week at the end of each week. During activities, social workers need to ensure safety and prevent any unexpected risks. Additionally, social workers should regularly conduct satisfaction surveys and gather feedback on activities.

(1) Types of daily activities

① Interest-based activities

Interest-based activities include singing, dancing, reciting, handicrafts, chess, painting and calligraphy. Through a series of interest-based activities, social workers can enrich the spiritual lives of elderly clients, promote communication among them, and provide more topics for discussion. At the same time, they broaden the social circle of elderly clients in nursing institutions and make their lives more fulfilling.

② Fitness activities

Fitness activities include Tai chi, senior aerobics, gate ball, and so on. Many elderly people suffer from chronic diseases, and in such cases, they need to exercise properly. Exercise can effectively improve body function and strengthen immunity in the long term. When carrying out fitness activities, social workers should follow the principle of "safety first" and avoid exercising within half an hour after meals or before going to bed. The exercise yard should meet the requirements of allowing seniors to move freely, and the floor should be non-slip to prevent injuries.

③ Educational activities

Educational activities include classroom teaching, study tours, and research experiences. Elderly care institutions with good conditions are equipped with facilities and equipment needed for elderly education classes, including teaching equipment and textbooks. They also develop courses that are suitable for characteristics and needs of the elderly, with content aimed at improving their quality of life. Social workers should encourage seniors to choose various educational activities, support those with similar interests in forming diverse learning teams, and facilitate knowledge exchanges among them.

(2) The process of daily activities

① Before the activities

a. Create an activity plan.

b. Prepare the materials for the activity.

c. Publish the activity notice and invite seniors to participate.

d. Contact volunteers and related personnel for assistance if necessary.

e. Arrange the venue and debug the equipment properly.

② During the activities

a. Carry out the activity and ensure good organization and coordination.

b. Pay attention to the physical and mental conditions of elderly participants.

c. If any abnormalities are found, contingency plans shall be carried out in accordance with the rules and regulations of the elderly care institution.

③ After the activities

a. Clean up the activity venue.

b. Complete the daily activity log.

c. Pay return visits to elderly participants in order to improve activity quality.

3 Planning and carrying out large-scale activities

Elderly care institutions organize large-scale indoor or outdoor activities on festivals, holidays, and other special occasions. These activities include Mid-Autumn Festival celebrafions, Double Ninth Festival events, Spring Festival activities, themed birthday parties, and spring outings. The forms of activities include performances, forums, banquets, and garden parties. Social workers should submit the budget for large-scale activities for the following year at the end of each year.

(1) The process of large-scale activities

a. Determine the activity project according to the annual plan, formulate an activity plan, and submit it for approval at each level.

b. After approval, the overall person in charge and specific division of labor should be determined according to the activity plan, and a preparatory meeting should be held.

c. Follow up on preparations according to the division of labor, and determine the activity's venue, equipment, materials and personnel.

d. Organize relevant staff to rehearse in advance, and make timely adjustments and improvements when problems are discovered.

e. Publish the activity notice and invite seniors and guests to participate in the event.

f. Conduct training for volunteers.

g. Set up the venue and check the equipment before the event to ensure safety, smooth operation, and prevent accidents.

h. If any abnormalities occur during the activity, handle them in accordance with the risk prevention and disposal system for large-scale activities.

i. Clean up the venue after the event.

j. Complete the records for large-scale activities and maintain relevant photos and videos.

k. Cooperate in organizing and releasing press releases as necessary.

l. Organize staff members to review, summarize, and write activity summary reports.

m. Sort out and archive materials related to activities.

n. Pay return visits to the elderly participants and collect their suggestions for improving the database of large-scale activities.

(2) Risk prevention and disposal system for large-scale activities

The social work department is responsible for organizing large-scale activities. Other departments should actively cooperate with the social work department and conscientiously implement the safety responsibility system.

a. The nursing department registers and verifies the registration of eligible seniors who are willing to participate in the activities.

b. During outdoor activities, the nursing department should assign doctors and nurses to accompany the team in order to prevent elderly participants from getting sick. Commonly used emergency drugs and medical equipment should also be prepared.

c. During outdoor activities, the nursing department should bring wheelchairs in case elderly participants experience physical exhaustion.

d. To ensure smooth and safe outings, the social work department creates a participant list before each trip and assigns staff members to manage seniors based on the list. Count the number of seniors getting on or off the vehicles each time.

e. Each senior participant wears an information card to prevent them from getting separated. Staff members should accompany them to the restroom to prevent any accidents.

f. Organize training for the accompanying staff members and instruct them to take good care of elderly participants during the activity with a high degree of responsibility.

g. Management of emergency situations. If any senior experiences sudden health problems during the activity, the accompanying doctors and nurses will provide emergency treatment first. If the situation is serious, make an emergency call immediately and take the elderly patients to the hospital for treatment.

4 The psychological counseling of institutional elderly care

If elderly clients are found to be in a bad mood during daily rounds and activities, appropriate professional methods should be promptly used to regulate their moods and maintain emotional stability.

(1) Update mental health records for elderly clients

Upon moving into institutions, social workers collect basic information about the elderly clients, including their former work units, families, social circles, living habits, taboos, and mental health conditions. Based on basic information, social workers need to regularly update relevant information and maintain a mental health record for the clients. When psychological problems arise, social workers can use their basic information and mental health records to identify potential causes and address the problem effectively.

(2) Help elderly clients to achieve good psychological adjustment

To help elderly clients to make good psychological adjustment, social workers should assist them in establishing a psychological adjustment mechanism and guide them in properly dealing with the problems encountered in their lives, such as illness, family conflicts, and discord with other elderly individuals. Encourage them to accept themselves, maintain an optimistic attitude, find joy and happiness in life at the elderly care institution, and realize their own value.

(3) Help elderly clients to relieve bad mood

Social workers need to identify the loneliness, anxiety, tension, loss and other negative emotions experienced by elderly clients and promptly address their psychological problems. Social workers should also communicate with and direct elderly individuals to prevent the development of more serious psychological problems. Once negative emotions are detected in seniors, appropriate psychotherapies such as psychoanalytic therapy, cognitive behavioral therapy, and rational emotive therapy can be adopted in a timely manner to regulate their emotional stability.

(4) Encourage elderly clients to explore new things

In order to promote the mental health of elderly clients, social workers should encourage them to explore new things. With the continuous development of society, the widespread use of the Internet has made our lives more and more convenient, but most elderly people do not use Internet devices. This causes them to feel disconnected from society, resulting in low self-esteem and fear, which in turn affect their mental health. Social workers should encourage them to explore new things, teach them basic Internet skills in daily activities, and help them enjoy modern technology while maintaining a vibrant energy and rich spiritual life.

| Step Four | Understand The Types and Processes of Withdrawing from Elderly Care Institutions

1 Types of withdrawal

(1) Voluntary withdrawal

There are many reasons for clients to voluntarily withdraw from elderly care institutions, and it is complicated mainly due to the following factors.

a. The institution's services do not meet their needs in terms of content and quality. An older person's needs for services will change; for instance, sudden illness may require more advanced medical care. If the quality of services declines and affects their lives, they are likely to choose another institution with better quality services or higher medical technology, or they may return to their families after recovering in the hospital.

b. Due to their financial circumstances, elderly clients are unable to continue paying for accommodation fees at the institution. When their income and savings cannot sustain the cost, they may choose to withdraw voluntarily. In such cases, seniors typically opt for a less expensive facility or return to their families.

c. Choose to return home due to environmental maladjustment. The initial period in elderly care facilities are critical for seniors. Many of them quickly move out because they do not adapt to the new environment and had feelings of rejection from the beginning of their stay. There are also some seniors who have lived in the institution for a period of time but eventually choose to move out because they finally cannot adapt to the environment.

d. Conflicts with other elderly individuals make it impossible for some seniors to continue living in the nursing facility. When there is significant friction between elderly clients and the nursing institution fails to address their conflicts in a timely and effective manner, some seniors may choose to leave their residence voluntarily.

(2) Passive withdrawal

Passive withdrawal mainly refers to the grief counseling provided by elderly care institutions for family members after the death of their elderly clients, as well as the subsequent procedures for leaving the institution.

2 Process of withdrawal

a. Follow the principle of "freely withdrawing" and respect the choices made by elderly clients and their families.

b. Any staff members who receive an application for move-out shall immediately inquire about the reasons and notify both the nursing department and social work department.

c. The social work department further investigate the reasons for moving out and complete the Reason for Withdrawal Questionnaire.

d. After confirmation, the social work department issues a withdrawal notification and initiates the withdrawal process. The nursing department, general department, and director's office should also be notified for approval.

e. After the process is completed, the social work department notifies the nursing department to assist elderly individuals and their families with relevant procedures and inventory of belongings.

f. The general department assists elderly individuals and their families with account closing procedures.

g. The social work department and other relevant staff bid farewell to the clients and their families, seeing them out of the institution.

h. The general department cancels the room card.

i. The social work department collects and archives all the files of the elderly clients who have withdrawn from the institution.

j. The nursing department cleans and disinfects the rooms and the beds.

k. For seniors who voluntarily withdraw from the institution, the social work department conducts a telephone follow-up within a week, as well as on holidays, to understand their situation and to express care and concern for them. For those who do not like to be disturbed, follow-up calls will be reduced or stopped.

Task Work Order

Mastering the Process of Institutional Elderly Care Services

Task Name		**School Hours**		**Training Object**	
Student Name		**Contact Number**		**Task Grade**	
Task Device		**Operating Time**		**Operating Location**	
Scenario Introduction	Xiao Min is a senior social worker in an elderly care institution. Recently, the institution has hired five interns who are majoring in social work. Xiao Min needs to conduct induction training for them in order to help them become familiar with the institution's environment, understand the processes and content of elderly care services, grasp key work points, and make their work more effective. Before the training began, Xiao Min familiarized herself with their learning needs. Through the training, the interns hope to gain a quick understanding of the role and positioning of social workers in elderly care institutions, as well as the main processes and contents of institutional elderly care services. If you were Xiao Min, how would you create a training plan based on the given situation				
Task Description					
Task Analysis	a. What are the tasks of a social worker when potential elderly clients visit an elderly care institution? b. What problems do elderly people typically encounter at the beginning of their stay in elderly care institutions? c. Try to develop a plan for a large-scale activity				
Task Objectives					
Operation Precautions					

(Continued)

Task Implementation	Preparatory work	
	Implementation process	
	Implementation summary	
	Implementation evaluation	
Teacher Evaluation		

Task 3 Understand Other Tasks Related to Institutional Elderly Care Services

In elderly care institutions, social workers are required not only to provide professional services and carry out daily work, but also to assist with other tasks such as volunteer management, hospice care services, and suicide crisis intervention.

Working Steps

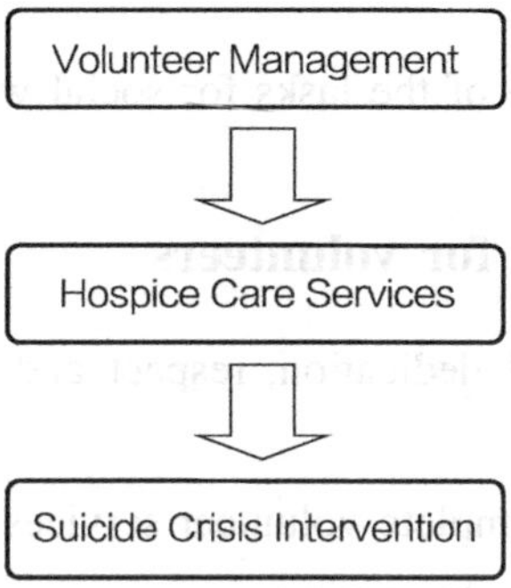

Activity Contents

Read the case. If you were a social worker in the nursing home, how would you handle Grandpa Wang's case?

Scenario Introduction

Grandpa Wang, who is 81 years old, has a son and two daughters. His son is settled abroad, and his two daughters are working in the province. However, they are busy and have no time to take care of Grandpa Wang. To allow their father to spend his old age in peace, they placed Grandpa Wang in a nursing home. When he first moved in, Grandpa Wang suffered from various illnesses and was incontinent. Under the care of the institutional staff, his physical condition improved, and both his children and Grandpa Wang himself were satisfied. He spent his 82nd birthday at the nursing home. On his birthday, Grandpa Wang had been waiting for his children to come and accompany him. However, he was very disappointed when they did not show up due to being busy with work. Although the nursing home had bought a birthday cake for Grandpa Wang and wished him a happy birthday, he remained sullen and sad. In the following days, a staff member discovered that Grandpa Wang was hiding some medicine and showing signs of constant depression. He even expressed the view that nobody cared about him and that his life had no meaning. The staff member reported Grandpa Wang's situation to the social worker, hoping that the institution could assist him in managing his negative emotions and preventing the risk of suicide.

Thinking and Discussion

If you are a social worker in an elderly care institution, what other special tasks do you think you may encounter in your work?

____

____

| Step One | Volunteer Management

Volunteer management is one of the tasks for social workers in elderly care institutions.

1 Basic requirements for volunteers

a. Have a spirit of love and dedication, respect and care for the elderly, and provide services to them sincerely.

b. Be able to perform and complete volunteer services, possessing the basic qualities and abilities that are compatible with volunteering.

c. Abide by the law and comply with institutional management.

d. Pay attention to safety during the service process.

2 The rights and responsibilities of volunteers

a. Volunteers choose service projects and fulfill their service commitments on a voluntary basis.

b. Volunteers respect the wishes of elderly people, consciously safeguard their rights and interests, and protect their privacy.

c. Participate in knowledge and skills training related to volunteering.

d. Provide reasonable suggestions and comments to the institution regarding voluntary service.

e. Other rights and obligations of volunteers are stipulated by relevant laws and regulations.

3 Volunteer application procedures

a. Individual volunteers or groups should apply to the social work department of the elderly care institution and provide valid personal certification materials as required.

b. The application is approved after being reviewed by the social work department, and both parties agree on the service intention.

c. The individual volunteers or group representative register and sign the statement.

d. If necessary, the social work department provide knowledge and skills training for volunteers.

e. The social work department determines the type of volunteer services based on both the service content and the willingness of individual volunteers or groups.

f. Assign volunteer service identifiers to volunteers.

4 Incentives for volunteers

a. Issue certificates to volunteers who have completed their services.

b. Regularly organize and conduct volunteer recognition activities.

c. Invite outstanding volunteers to participate in the institution's annual gala activities.

| Step Two | Hospice Care Services

The main clients of hospice care services are seniors who have been admitted to institutions due to various acute or chronic injuries or illnesses that cause failure in organs such as the heart, liver, spleen, brain, lungs and kidneys. These individuals are facing life-threatening conditions or have advanced malignant tumors, particularly elderly patients who experience extreme physical and mental suffering due to severe pain. The purpose of hospice care is not to treat disease or prolong life, nor to hasten death, but rather to improve the quality of life for elderly clients by providing palliative care, pain control, and symptom management.

1 Principles of hospice care services

(1) Caregiving-oriented

The services for elderly people at the end of life shift from a primarily curative approach to a comprehensive one based on nursing care and complemented by symptomatic therapy. These seniors have lost hope for treatment and only require physical comfort, pain relief, symptom relief, as well as spiritual and psychological support. This can only be obtained through careful and meticulous nursing. Therefore, in hospice care services, staff members often consider how to provide the most timely and appropriate care for elderly clients. Such care is based on the premise that the actual needs of the elderly clients are taken into account, and that care is provided in accordance with their wishes and those of their families, so that they can pass the final stage of life comfortably and with dignity.

(2) Preserving human dignity

The personal dignity of the elderly should not be neglected due to a reduced quality of life, nor should their rights be denied due to physical exhaustion. As long as an elderly person is conscious and has thoughts and feelings, others should respect their personality, protect their personal rights and interests. This includes allowing them to know about their illness, keeping their privacy and lifestyle intact, involving them in the development of medical care plans, and letting them choose how they want to die.

(3) Improving the quality of life during hospice care

Some people think that the hospice care period is just a waiting game for death, and that life holds no value. The emotions of the dying elderly become extremely depressed, and they may lose interest in everything. From the perspective of hospice care, dying is a unique form of life. Social workers must learn and master the knowledge and techniques to improve the quality of life for elderly individuals who are dying, provide them with psychological counseling, and fulfill their final wishes.

(4) Facing death together

Social workers themselves should hold the view that people begin to face death from the moment of birth, and that everyone will eventually pass away. Only by understanding this can social workers guide the dying elderly to face death calmly, accept it, and cherish the life that is about to end. At the same time, social workers, other related staff and family members should face death together with the dying elderly. They should put themselves in the shoes of the elderly person and approach problems from their perspective. This can alleviate feelings of loneliness, helplessness, fear, or pain in the elderly person who is dying. Thus, the elderly person can maintain a calm psychological state and face death with a realistic attitude while actively pursuing quality of life in their final days.

2 The content of hospice care services

a. Given the illness and symptoms experienced by elderly individuals who are dying, it is necessary to provide them with professional and comprehensive physical and mental care.

b. Help elderly people who are dying maintain a normal quality of life.

c. Appropriate adjustments to medication and dosage should be made based on the condition of the terminally ill elderly.

d. Social workers provide psychological counseling and life education for the dying elderly, offering them the greatest comfort and strongest support.

e. Provide emotional counseling to family members of elderly clients who are dying.

f. Provide the elderly clients who are at the end of life with living spaces that allow them to maintain their independence and privacy.

g. Offer condolences to the family members of elderly clients who have passed away.

| Step Three | Suicide Crisis Intervention

1 Analysis of the causes of suicide among elderly individuals

(1) Physiological cause

Physical illnesses, such as chronic illness, pain that cannot be controlled, and perceived health deterioration, have a greater impact on suicidal behavior in elderly individuals than in other age groups. Due to the inability to effectively alleviate pain and the fear of becoming a burden on family members, some seniors may consider suicide as an option to escape reality.

The main reasons for seniors to move into nursing institutions are a decline in physiological function leading to a decrease in self-care ability, as well as a lack of family caregivers. Poor physical health can reduce elderly client's ability to participate in institutional activities. Decreased social participation may lead to feelings of loneliness and inferiority. Poor physical health can also trigger serious psychological problems in elderly people, such as anxiety and depression, which threaten their quality of life. Some elderly people view suicide as a means of escaping the harsh reality of physical decline.

(2) Psychological cause

The traditional Chinese concept of old-age care involves adult children providing home care for their elderly parents in accordance with the principle of filial piety. Some elderly people do not voluntarily move into elderly care institutions, but subjectively believe that their children are not filial and have "abandoned" them, causing them to loss face. Elderly people with high self-esteem struggle to accept the decline of physical function, as well as their children's "unfilial" behavior. Lack of motivation and hope makes them more susceptible to suicidal ideation.

Loneliness is also a significant factor in the development of suicidal ideation. Elderly people who leave their familiar environment to reside in a nursing home often experience difficulty adapting to an unfamiliar environment. Due to their limited ability for self-care and social interaction, they may feel abandoned, which leads to a sense of loneliness and even thoughts of ending their lives.

(3) Social cause

Lack of social support can also contribute to suicidal ideation among seniors. The elderly mainly rely on their families for social support, and they are highly dependent on their family members. When seniors leave home and move into a nursing institution, the emotional support from their families weakens, resulting in anxiety, confusion, loneliness and loss for them.

Being removed from familiar living environments also reduces seniors' connections with social support systems, such as their friends, neighbors, and communities. If they are unable to establish a new social support system in a senior care facility, they may be prone to developing psychological barriers. The death of a loved one, particularly a spouse or old friend, can easily drive an older person to suicide.

2 Elderly individuals at risk of suicide and their behavioral characteristics

(1) Elderly individuals at risk of suicide

a. Elderly individuals with serious chronic diseases, advanced malignant tumors, disability due to disease, or AIDS

b. Elderly individuals with mental and psychological disorders, such as major depression

c. Elderly individuals who have been hospitalized for a long time, and are experiencing financial difficulties and poor treatment outcomes

d. Elderly individuals who lack family and social supports

e. Elderly individuals who are addicted to alcohol or drugs

f. Elderly individuals with a history of suicide attempts

(2) Behavioral characteristics

Times: Suicide is most likely to occur during hours when there are fewer staff members or when they are fatigued and have low energy, such as noon, late at night, or early in the morning. There may be times when staff members are busy and unattended, particularly during holidays.

Sites: Elderly people often choose isolated places, such as toilets, windowsills, stairwells, courtyard ponds, gardens, and roof decks for committing suicide. Some also select places outside of elderly care institutions.

Methods: Jumping from a building is the most common method of suicide, followed by hanging oneself, taking poison, cutting one's wrists, electrocution, throwing oneself into a river, or refusing to eat.

3 Prevention measures and emergency response for elderly suicide

(1) Prevention measures

a. Organize training sessions to equip staff members with knowledge related to elderly suicide.

b. All staff members should be required to master the high-risk factors of elderly suicide and raise awareness of prevention.

c. Social workers need to master basic crisis assessment and psychotherapy techniques.

d. Seniors with psychological characteristics such as introversion, unsociability, low self-esteem, depression, recent emotional and behavioral abnormalities, and major negative life events should be considered as key targets. Social workers should be on high alert, especially for those who have recently self-harmed or attempted suicide.

e. If an elderly person is found to have suicidal tendencies, report the situation immediately to the director's office.

f. Inform all staff members to take necessary precautions, including confiscating sharp objects and locking doors and windows, in order to prevent accidents.

g. Inform the family members and ask them to accompany the elderly person. When family members leave, they should inform the staff member on duty to carefully change shifts.

h. Pay close attention to and care for elderly clients, accurately understanding their psychological state and providing psychological counseling.

(2) Emergency response

a. If an elderly person is found to have committed suicide, medical staff should be immediately notified to rush to the scene with necessary rescue items and drugs.

b. Assess the vital signs of suicider and perform appropriate rescue measures.

c. If the rescue operation fails, protect the scene.

d. Immediately report to the director's office and relevant personnel, notify the police station if necessary, and cooperate with any investigation.

e. Notify the family members of the elderly person who has committed suicide.

f. Keep records of events.

g. Ensure that routine work is carried out in an orderly manner and provide psychological counseling to other seniors in the elderly care institution.

Task Work Order

Understanding Other Tasks Related to Institutional Elderly Care Services

<table>
<tr><td>Task Name</td><td></td><td>School Hours</td><td></td><td>Training Object</td><td></td></tr>
<tr><td>Student Name</td><td></td><td>Contact Number</td><td></td><td>Task Grade</td><td></td></tr>
<tr><td>Task Device</td><td></td><td>Operating Time</td><td></td><td>Operating Location</td><td></td></tr>
<tr><td>Scenario Introduction</td><td colspan="5">Grandma Huang is 89 years old, and her husband has been deceased for many years. She has two sons and two daughters, but both of her daughters have married and moved far away. Grandma Huang initially took turns living in the homes of her two sons, but now lives in a nursing home due to disharmony with her two daughters-in-law. Her two daughters pay for her care expenses, but they rarely visit her because they live out of town, and her two sons also seldom visit her due to their busy work. The family members of other elderly people in the institution often come to visit them, which makes Grandma Huang feel very sad
Grandma Huang suffers from severe hypertension and has a hard time whenever she has an attack. Feeling abandoned by her family and that no one cares about her, she had the idea of suicide. Grandma Huang used insomnia as an excuse to ask staff members and other elderly people for sleeping pills, and she had accumulated a certain amount of them. However, cleaner Xiao An found the pills while cleaning her room and reported the situation to the staff members</td></tr>
<tr><td>Task Description</td><td colspan="5">a. What predicament does Grandma Huang face?
b. If you were a social worker in this institution, how would you conduct intervention work</td></tr>
<tr><td>Task Analysis</td><td colspan="5"></td></tr>
<tr><td>Task Objectives</td><td colspan="5"></td></tr>
<tr><td>Operation Precautions</td><td colspan="5"></td></tr>
</table>

(Continued)

Task Implementation	**Preparatory work**	
	Implementation process	
	Implementation summary	
	Implementation evaluation	
Teacher Evaluation		

References

[1] Mo Shimin. Eleven Exercises for New Social Workers[M]. Beijing: China Social Press, 2020.

[2] Chen Hui, Zhang Qiuxia. What to do about the poor sleep quality of the elderly[N/OL]. Yangcheng Evening News, 2019 - 10 - 24[2022 - 12 - 15]. http://www.sohu.com/a/349298836_115354.

[3] Mei Chenyuchan, Lin Yixing, Qi Yi. Social work for the elderly: from theory to practice [M]. second edition. Shanghai: Gezhi Press, 2017.

[4] Editorial Board of Textbooks for the National Social Workers Professional Level Examination. Social Work Practice [M]. tenth edition. Beijing: China Social Publishing House, 2021.

[5] Xu Yongxiang. Community practice [M]. Beijing: Higher Education Press, 2004.

[6] Xi Weidong, Shao Wenjuan. Management and Service of Elderly Care Institutions [M]. Beijing: Tsinghua University Press, 2021.

[7] Xu Liya. Case Study [M]. second edition. Beijing: Higher Education Press, 2013.

[8] Wei Peng. Analysis of Stakeholders in Social Work Institutions [J]. Social Work (First Half Month), 2010, (6): 52 - 53.

[9] Fan Minglin, Ma Dandan. Aging and challenges: Case study of social work for the elderly [M]. Shanghai: East China University of Science and Technology Press, 2018.

[10] Zhao Xuehui. Theory and Practice of Elderly Social Work [M]. Beijing: Peking University Press, 2017.

[11] Catherine McKinnis Dietrich. Elderly Social Work: Evaluation and Intervention in Physiology, Psychology, and Society [M]. second edition. Translated by Sui Yujie. Beijing: China Renmin University Press, 2008.

[12] Wu Yushao, Wang Lili, Kong Wei, et al. Research on the Development of Chinese Elderly Care Institutions [J]. Aging Science Research, 2015 (8): 13 - 24.

[13] Zhou Bo, Wang Wei, Zheng Wenxia. Rural Elderly Care: Analysis of World Elderly Care Project Construction [M]. Nanjing: Jiangsu Phoenix Science and Technology Press, 2016.

[14] YANG Guangping. Healthy lifestyle can reduce the risk of Alzheimer's disease [J]. Family Medicine, 2022 (3): 33.

[15] CHI I, CHAPPELL N Y, LUBBEN J. Elderly Chinese in pacific rim countries: social support and integration [M]. Hong Kong: Hong Kong University Press, 2014.